Justifier la guerre ?

SCIENCES PO

LES PRESSES

SCIENCES PO

Mondes

Justifier la guerre ?

De l'humanitaire
au contre-terrorisme

Sous la direction de

Gilles Andréani
Pierre Hassner

SCIENCES PO

LES PRESSES

Catalogage Électre-Bibliographie (avec le concours des Services de documentation de la FNSP)
Justifier la guerre ? De l'humanitaire au contre-terrorisme / Gilles Andréani et Pierre Hassner (dir.) – Presses de Sciences, 2005. – (Collection Références.)
ISBN 2-7246-0967-0
RAMEAU :
- Guerre juste
- Terrorisme : Lutte contre
- Intervention (droit international)
- Sécurité internationale
DEWEY :
- 341.7 : Coopération internationale en vue de la sécurité et de la défense des États
Public concerné : public universitaire et intéressé

SOMMAIRE

Deuxième partie
Guerre et contre-terrorisme

Ont contribué à cet ouvrage

- Gilles ANDRÉANI, ancien directeur du Centre d'analyse et de prévision (CAP) au ministère des Affaires étrangères, est professeur associé à l'Université Paris II Panthéon-Assas. Sa carrière diplomatique a concerné en particulier les questions de sécurité internationale et les relations transatlantiques. Il a été chercheur à l'Institut international d'études stratégiques (IISS). Il collabore régulièrement à la revue *Commentaire*.

- Mats BERDAL occupe la chaire de sécurité et développement du Département des études sur la guerre au King's College de Londres. Il a été directeur des études de l'Institut international d'études stratégiques (IISS). Il a beaucoup écrit sur l'évolution du rôle des Nations unies en matière de paix et de sécurité après la guerre froide.

- Christoph BERTRAM travaille sur les problèmes de sécurité internationale depuis son arrivée à l'Institut international des études stratégiques de Londres (IISS) dont il fut le directeur de 1974 à 1982. Il a été correspondant diplomatique de l'hebdomadaire allemand *Die Zeit* jusqu'en 1998, puis directeur de l'Institut allemand pour les affaires internationales et de sécurité à Berlin (SWP).

- Pierre BUHLER est professeur associé à l'Institut d'études politiques de Paris. Ancien conseiller diplomatique du ministre de la Défense, ancien directeur adjoint du Centre d'analyse et de prévision (CAP), ancien conseiller culturel à New York. Il est l'auteur de *Histoire de la Pologne communiste : autopsie d'une imposture* (Karthala, 1997).

- Ariel COLONOMOS est chercheur au CNRS (CERI, Fondation nationale des sciences politiques) et maître de conférences à l'Institut d'études politiques de Paris. En 2005, il a été professeur invité à Columbia où il a enseigné l'éthique des relations internationales. Dernier ouvrage paru : *La Morale dans les relations internationales. Rendre des comptes* (Odile Jacob, 2005). Il a dirigé « La moralisation du capitalisme », *Revue internationale des sciences sociales* (184, juin 2004).

- Éric CHEVALLIER a été impliqué dans la gestion de la plupart des crises internationales de la dernière décennie, en occupant des fonctions de responsabilité au sein de structures gouvernementales françaises, d'ONG ou d'organismes des Nations unies. Il a notamment été conseiller spécial de Bernard Kouchner au Kosovo pendant toute la durée du mandat de ce dernier à la tête de la mission des Nations unies. Il enseigne à l'étranger et en France à l'Institut d'études politiques de Paris, à l'ENA et à l'Université Paris I Panthéon-Sorbonne.

– Antoine GARAPON, magistrat, secrétaire général de l'Institut des hautes études sur la justice (IHEJ), dirige la collection « Bien commun » aux Éditions Michalon et anime l'émission hebdomadaire « Le bien commun » sur France Culture. Il est l'auteur de nombreux articles et livres dont *Des crimes qu'on ne peut ni punir ni pardonner. Pour la justice internationale* (Odile Jacob, 2002) et *Les Juges dans la mondialisation* (avec Julie Allard, Le Seuil, 2005).

– Michael J. GLENNON est professeur de droit international à la Fletcher School de droit et diplomatie de l'Université Tufts à Medford (Mass.) aux États-Unis. Il fut le conseiller juridique auprès de la Commission des relations étrangères du Sénat. Il est l'auteur de nombreux articles sur le droit constitutionnel et international dont le célèbre « Why the Security Council Failed » dans la revue *Foreign Affairs* (mai-juin 2003) et de plusieurs livres, en particulier : *Limits of Law, Prerogatives of Power : Interventionism after Kosovo* (Palgrave, 2001) ; *United States Foreign Relations and National Security Law* (avec Thomas M. Franck, West Publishing Company, 1993).

– Pierre HASSNER est directeur de recherche émérite au CERI (Fondation nationale des sciences politiques). Il est l'auteur de *La Violence et la Paix* (Esprit, 1995 et rééd. Le Seuil, 2000) ; *La Terreur et l'Empire* (Le Seuil, 2003), *Washington et le monde. Dilemmes d'une superpuissance* (avec Justin Vaïsse, Autrement, 2003), et de nombreuses publications sur les relations internationales et la philosophie politique.

– Stanley HOFFMANN est University Professor à l'Université Harvard. Ses cours portent notamment sur la morale et les relations internationales et sur les problèmes éthiques du recours à la force. Plusieurs de ses ouvrages traitent de ces sujets et des problèmes de l'intervention, en particulier *The State of War* (Pall Mall Press, 1965), *The Ethics and Politics of Humanitarian Intervention* (The University of Notre Dame Press, 1997), *World Disorders* (1998) et *Chaos and Violence* (à paraître). Voir aussi *Une morale pour les monstres froids* (Rowman and Littlefield, Fayard, 1983) et *Une Amérique vraiment impériale* (avec Frederic Bozo, Audibert, 2003).

– Christian MELLON, jésuite, travaille au Centre de recherche et d'action sociales (CERAS) après avoir animé le service « Justice et Paix » de l'épiscopat français. Il a publié plusieurs livres et articles sur les questions éthiques liées à l'usage des armes, ainsi que sur les relations entre violence et non-violence dans la tradition chrétienne.

- Sir Michael QUINLAN est Consulting Senior Fellow pour l'Asie du Sud à l'Institut international d'études stratégiques (IISS) de Londres. Sa carrière de haut fonctionnaire britannique s'est déroulée principalement dans le domaine de la défense et s'est terminée avec le poste de sous-secrétaire d'État permanent au ministère britannique de la Défense de 1988 à 1992. Il est l'auteur de *Thinking about Nuclear Weapons* publié par le Royal United Services Institute for Defence Studies.

- Sir Adam ROBERTS occupe la chaire Montague Burton de relations internationales à l'Université d'Oxford, il est membre permanent au Balliol College. Il est membre de l'Académie britannique. Il a publié *Nations in Arms : The Theory and Practice of Territorial Defence* (Macmillan, 1986, 2ᵉ éd.), *United Nations, Divided World : The UN's Roles in International Relations* (avec Benedict Kingsbury, Oxford University Press, 1993, 2ᵉ éd.), *Documents on the Laws of War* (avec Richard Guelff, Oxford University Press, 2000, 3ᵉ éd.).

- Ward THOMAS est professeur associé de science politique au Holy Cross College de Worcester (Mass.). Il est l'auteur de *The Ethics of Destruction : Norms and Force in International Relations* (Cornell University Press, 2001) et d'articles publiés notamment dans *International Security, SAIS Review of International Affairs* et *The Boston Globe*. Ses recherches sont centrées sur l'éthique des relations internationales et sur les normes qui gouvernent l'emploi de la force dans le système international.

Introduction

Introduction

Gilles Andréani *et* Pierre Hassner

Cet ouvrage est le fruit d'un séminaire sur le thème de l'éthique et des relations internationales, animé depuis 2003 par Pierre Hassner au Centre d'études et de recherches internationales (CERI). L'idée de ce séminaire, conçue avec le Centre d'analyse et de prévision du ministère des Affaires étrangères, et le German Marshall Fund, était de confronter les visions de philosophes, d'intellectuels, d'hommes d'Église, à celle de praticiens, sur les dilemmes moraux posés par les nouvelles dimensions des relations internationales.

Le rôle des armes nucléaires avait fait l'objet d'interrogations dans des cercles comparables au temps de la guerre froide. Notre séminaire a cherché à identifier et à traiter les sujets qui ont succédé à la dissuasion au centre des dilemmes moraux de l'action internationale : les interventions humanitaires, le recours à la force, les sanctions et la justice internationales, la lutte contre le terrorisme, l'ordre international. Il s'est efforcé d'introduire une dimension comparatiste à ses travaux, en s'interrogeant sur ce qui, sur ces sujets, pouvait séparer ou rapprocher le Nord et le Sud, les États-Unis et l'Europe. Cette dernière dimension a été privilégiée, dans un contexte où la guerre d'Irak faisait subir à la relation transatlantique des tensions sans précédent. Le colloque organisé au CERI les 15 et 16 janvier 2004 sur les dilemmes moraux de l'intervention (on en trouvera le programme en annexe) visait notamment à approfondir sur ce thème un débat transatlantique, où les arguments moraux avaient abondé de part et d'autre, mais aussi les arrière-pensées et la polémique.

La plupart des textes réunis dans ce volume ont fait l'objet d'une première communication dans ce colloque. En vue de leur publication, ils ont été largement remaniés et actualisés.

Le retour de l'intervention

Depuis la fin de la guerre froide, les interventions internationales se sont multipliées. Elles ont aussi profondément évolué.

Au début des années 1990, deux interventions se succèdent qui semblent avoir valeur d'exemple : en 1991, la guerre du Golfe, mise en œuvre du principe de légitime défense collective, mais qui emprunte les formes d'une action de sécurité collective, par son caractère concerté et multilatéral, la part qu'y prennent les Nations Unies, le concert de soutiens qui l'entoure sur le plan régional et mondial ; en 1992, la mission humanitaire américaine en Somalie, bientôt relayée par les Nations unies. Deux registres distincts, le sécuritaire et l'humanitaire ; mais dans les deux cas, une combinaison de leadership américain, et de déférence au cadre onusien et au concert des nations, qui permet de parler de « nouvel ordre mondial ».

Pendant dix ans, jusqu'au 11 septembre 2001, c'est l'intervention humanitaire qui domine, et ses fortunes vont suivre une courbe hésitante. Pas moins de huit opérations majeures affichent un objectif humanitaire (outre la Somalie, déjà mentionnée, Haïti, la Bosnie-Herzégovine, le Rwanda, la Sierra Leone, le Kosovo, le Timor Oriental, la République démocratique du Congo). Ces opérations font apparaître, au fur et à mesure de leur déroulement, des problèmes qui divergent de ceux des opérations de maintien de la paix classiques : la protection de forces intervenant dans un conflit en cours, le décalage entre leur mandat et leurs moyens, leur difficile neutralité en cas de violation majeure du droit humanitaire, leur propension à se retrouver progressivement confrontées à une partie au conflit, la prise en charge, dans l'après-conflit, de tâches de consolidation de la paix civile, de réhabilitation économique et de (re)construction étatique (qui feront parler de « protectorat » international à propos de la Bosnie, du Kosovo ou du Timor Oriental, ou du besoin de définir un nouveau régime de « tutelle » internationale).

D'une distinction bien marquée entre l'humanitaire et le sécuritaire, on passe au Kosovo à un recours à la force ouverte, autrefois réservé au sécuritaire, mais pour des motifs humanitaires ; Le secours aux victimes a obligé, comme en Bosnie, à prendre parti et à choisir son camp ; choix progressif et contraint en Bosnie, délibéré au Kosovo. Le dilemme du recours à la force s'amplifie et en fait émerger de nouveaux : celui de savoir si la force doit servir en priorité à la protection des victimes ou à la coercition de l'agresseur ; celui de l'équilibre entre la sécurité des forces intervenantes et le risque de dommages collatéraux ; celui du degré d'autonomie souhaitable du militaire par rapport au politique dans ce type d'opérations.

À la problématique du droit, ou plutôt, comme dans le cas du Rwanda et de la Bosnie, du *devoir* d'intervention face au génocide et au massacre, devoir auquel la communauté internationale a failli, presque entièrement dans le premier cas, partiellement dans le second, s'ajoute la responsabilité des intervenants dans l'après-conflit. L'intervention tend à chercher sa justification non seulement dans le rapport entre son coût humain et les souffrances auxquelles elle met fin sur le moment, mais aussi dans son bilan final en termes de réhabilitation économique et institutionnelle, de capacité des communautés qui se sont opposées à (ré)inventer une vie commune. Bilan complexe, dont on ne sait quand peut venir le moment, et où la victime d'hier risque de faire figure d'oppresseur demain.

En dépit de ces évolutions vers un durcissement des interventions et un élargissement de leurs ambitions, en dépit de leur bilan mitigé, et des divisions que ces évolutions suscitent sur le plan des principes entre le Nord et le Sud, entre les États-Unis et leurs alliés, la distinction reste encore assez claire entre la guerre, que l'on décide pour la défense de soi-même ou de ses intérêts, et l'intervention, normalement désintéressée dans ses intentions, et mandatée par une organisation internationale.

Le 11 septembre allait tout changer et provoquer le retour, comme au temps de la guerre froide, d'interventions conduites par les États-Unis pour des motifs de sécurité nationale, cette fois dans le cadre de la guerre globale contre le terrorisme. Certes, l'intervention en Afghanistan qui visait un régime complice des terroristes, et qui était entourée d'un fort consensus régional et international, diffère sur ce plan de la guerre d'Irak de 2003, objet d'une division en forme de crise ouverte, et dont l'impact sur le terrorisme international reste aussi incertain que controversé. Mais Irak ou Afghanistan, la justification était sécuritaire.

Cependant, l'humanitaire devait faire son apparition dans les critiques, mais aussi, de façon plus inattendue, dans les justifications, dont ces opérations ont fait l'objet. La chute du régime taliban comme de la dictature baasiste, l'amélioration qu'elles ont représentée pour les populations, voire l'espoir d'autres changements qui pourraient se produire à leur exemple dans le Moyen-Orient élargi, suffisaient pour beaucoup à justifier ces interventions. Ces arguments se sont, dans le cas de l'Irak, largement substitués aux considérations de sécurité nationale et internationale par lesquelles les États-Unis avaient initialement cherché à justifier leur intervention. Il y avait là un effet de vases communicants, résultat de la faillite des justifications sécuritaires, en particulier de l'absence d'armes de destruction massive, ainsi qu'une part d'idéologie : l'Afghanistan et l'Irak étaient ainsi replacés dans la vision d'une lutte séculaire des États-Unis contre les tyrannies, qui va de la victoire contre l'Allemagne et le Japon, aux élections récemment arrachées à la fraude en Géorgie et en Ukraine.

À travers ce mélange d'humanitaire et de sécuritaire, qui caractérise, au moins dans leurs justifications, les interventions menées dans le cadre de la guerre contre le terrorisme, on revient à une inspiration constante de la politique extérieure américaine, le wilsonisme et ses visages contradictoires : le Wilson impérialiste qui intervient au Mexique en 1914, l'idéaliste qui identifie la démocratie à la paix dans les « quatorze points » en 1918. On glisse de l'expérience des protectorats internationaux provisoires des années 1990, à un certain retour de l'idée impériale, atténuée, débarrassée de ses instincts de grandeur ou de hiérarchie entre races, qui correspond à l'idée « bénigne » que les Américains se font de leur hégémonie.

Mais il y a aussi l'instinct naturel des démocraties, et en particulier des États-Unis, de promouvoir leur modèle, la révulsion sincère qu'inspiraient aux opinions le régime absurde des Talibans ou la tyrannie de Saddam Hussein, et une problématique réelle : pourquoi la « responsabilité de protéger » s'arrêterait-elle aux crises humanitaires ouvertes, et ne jouerait-elle pas, quand les circonstances s'y prêtent, pour aider à l'élimination de régimes cruels dont les exactions, sur le long terme, n'ont pas provoqué moins de souffrances que les crises humanitaires ou les guerres ? Qui peut regretter la chute de Bokassa, de Pol Pot, d'Idi Amin Dada, toutes provoquées par des interventions dont la légalité n'était pas évidente ?

Humanitaire, sécuritaire, promotion de la démocratie, où s'arrêteront les figures de l'intervention ? Peut-être avec le risque de désordre international, que de trop larges brèches dans l'interdiction du recours à la force ne manqueraient pas de provoquer ; peut-être, et plus sûrement, dans les limites pratiques de l'intervention, dans la résistance des faits et des hommes aux solutions simples importées d'ailleurs, dans le coût politique et économique d'entreprises difficiles à justifier, mais plus encore à mener à bien.

L'élargissement doctrinal de la faculté d'intervenir coïncide-t-il avec la fin d'un cycle d'interventions ouvert à la fin des années 1980 par le dégel Est/Ouest ? Les catégories brouillées pendant cette période – maintien de la paix et recours à la force, opérations de sécurité collective et de sécurité nationale – vont-elles à nouveau s'imposer, au besoin dans des limites redéfinies ? Ou bien au contraire, l'ubiquité des menaces et la convergence des types de guerre continueront-elles de rendre l'intervention nécessaire et cette clarification impossible ?

Le retour de la morale

La morale et la politique internationale n'ont jamais fait bon ménage. Dans la sphère internationale, l'État, « le plus froid des monstres froids », ne semble connaître que ses intérêts et la raison d'État. Dans une vision réaliste extrême, l'idée de morale internationale est contradictoire dans les termes. Elle suppose que la communauté des États partage des valeurs et des croyances communes, illusion qui n'a pas survécu à l'idéal de la *civitas christiana.*

Ce n'est pas que la morale soit absente du débat international : l'URSS et ses amis dénonçaient l'immoralité des armes nucléaires ; Ronald Reagan reprendra l'argument à son compte pour soutenir la cause des défenses antimissiles. Dans le contexte idéologique de la guerre froide, on critique l'immoralité ou le cynisme de l'adversaire, on appelle l'Union soviétique « l'empire du mal », la bombe à neutrons américaine « l'arme cannibale ». Tandis que le réalisme des comportements l'emporte sur l'intransigeance morale et parfois sur l'anathème des discours : on traite avec l'Union soviétique, la compétition n'exclut pas la combinaison des intérêts et la recherche du compromis. À l'ère nucléaire, le jugement moral n'est pas suspendu, mais la première vertu reste la prudence.

Depuis la fin de la guerre froide, la morale occupe une tout autre place dans la vie internationale. On la mesure à de multiples signes : montée de la justice internationale, attention accrue portée à l'observation des lois de la guerre dans la conduite des interventions internationales, actes de repentance entre États pour les fautes du passé, invocation systématique de la morale, non plus dans la polémique contre l'adversaire, mais en tant qu'étalon de ses propres politiques et de celles de ses alliés : Clinton qualifie d'immoral le plan Vance-Owen sur la Bosnie-Herzégovine, Bush place son combat contre le terrorisme sous le signe de la clarté morale, les opposants à la guerre d'Irak invoquent pour eux le droit et la morale. Les États ne s'en conduisent pas beaucoup mieux, mais on peut en dire ce que Montesquieu dit des hommes, « fripons dans le détail, ils sont en gros de très honnêtes gens : ils aiment la morale ».

À quoi attribuer cet amour soudain, cette combinaison inattendue de la morale et de la politique internationale ? La situation de l'après-guerre froide présente des caractères qui peuvent fournir des pistes d'explication.

La première est une plus grande continuité entre les attitudes politiques intérieures et internationales. La dualité, entre des domaines politiques internes placés sous le signe de la limitation et du contrôle du pouvoir, et la nécessité d'appliquer à l'action internationale des valeurs opposées, au pire l'exaltation de la puissance, au mieux la soumission aux contraintes de la *Realpolitik*, a toujours été difficile à assumer en démocratie. Cette dualité a pu se justifier par les exigences de survie dans un monde sans règles. Mais dans le monde de l'après-guerre froide, où les valeurs de la démocratie se répandent, et où les enjeux de sécurité internationale sont beaucoup moins élevés, en tout cas pour les démocraties prospères et en paix du Nord, cette dualité est beaucoup moins acceptable et d'ailleurs moins nécessaire. On peut dès lors s'offrir le luxe de la morale en diplomatie. Ou bien encore, dans une interprétation plus optimiste, considérer que la raison d'État n'oppose plus les mêmes barrières à l'influence de revendications de transparence, de justice et d'égalité, dans le domaine de l'action internationale des États. D'autant que ces revendications semblent converger dans l'ensemble du monde développé, tant sur le plan interne qu'au niveau international : demande d'éthique, montée des autorités régulatrices, influence des ONG.

La seconde piste tient peut-être au décalage de l'ordre international face aux nouvelles formes de violence : alors que celles-ci tiennent principalement aux dysfonctionnements et à la décomposition des États, l'ordre international a été conçu pour prévenir la guerre interétatique ; il recourt, à cette fin, à des principes tels que la souveraineté, la non-ingérence et l'interdiction du recours à la force, qui forment un tout cohérent. Remettre frontalement en cause ces principes serait aussi hasardeux juridiquement qu'imprudent pour l'ordre international interétatique. D'où le recours à des stratégies de contournement, où la morale joue un grand rôle. L'intervention au Kosovo, « illégale mais légitime » selon Koffi Annan, le regain d'intérêt pour la tradition de la guerre juste ou encore la formule fameuse de François Mitterrand « l'obligation de non-ingérence s'arrête à l'endroit précis où naît le risque de non-assistance » participent de cette démarche.

Cependant, cette voie est précaire, et non sans danger. Opposer la morale au droit, assumer la supériorité d'un droit « moral » immanent sur le droit positif, n'est-ce pas revenir à des doctrines du droit naturel d'un autre âge ? Entre l'intervention armée « moralement justifiée » et la guerre sainte, où est la frontière ? S'il doit y avoir prévalence de la morale sur le droit, peut-elle être autre chose qu'une réponse exceptionnelle à une situation d'urgence, qu'une dérogation à la loi qui doit, aussitôt que possible, cesser pour restituer à celle-ci son autorité ? « La vertu même a besoin de limites », dit encore Montesquieu.

L'intervention face aux nouvelles menaces

C'est à la croisée de ces deux tendances de l'après-guerre froide, le retour de l'intervention et le retour de la morale, que se situent les interrogations qui font l'objet de ce livre. Mais il faut en ajouter une troisième qui est la transformation de la menace. Le terrorisme de masse et la prolifération, et surtout leur conjonction possible, sont venus ajouter une dimension nouvelle aux dilemmes de l'intervention.

La nature du terrorisme apocalyptique qui s'est manifesté le 11 septembre 2001, comme la réponse à lui apporter restent incertaines. Le terrorisme s'est révélé, ce jour-là, capable d'infliger à une société développée des dommages de masse dont les États avaient jusqu'ici le monopole. Cet événement ouvre-t-il une ère d'escalade dans le terrorisme, marquée par une violence sans relation avec des fins politiques identifiables, et sans proportion avec l'audience politique des organisations qui l'utilisent ? Cette perspective, Clausewitz l'avait pressentie, en imaginant une guerre où une violence extrême, déconnectée de toute rationalité politique, serait devenue à elle-même sa propre fin. Du temps de la guerre froide, l'apocalypse nucléaire pouvait incarner cette vision, voici qu'elle pourrait aujourd'hui s'identifier à un Al-Qaida nucléaire.

Ce scénario est-il inscrit dans une convergence déjà à l'œuvre entre prolifération des armes de destruction massive et terrorisme ? Même s'il n'était que probable, il changerait radicalement notre vision des rapports entre l'État, les groupes privés et la guerre. Il inverserait sans doute la charge de la preuve en termes de prévention et de recours à la force, et ferait du coût de l'inaction un facteur déterminant de l'intervention.

Nous n'en sommes pas là, et ce qui est aujourd'hui en débat, c'est une doctrine américaine de la préemption qui justifie d'utiliser la force contre des États proliférants avant qu'ils ne possèdent de telles armes, c'est-à-dire avant même qu'un tel scénario ne soit devenu possible. C'est aussi la mise en avant de cette doctrine par les États-Unis comme l'une des justifications possibles de la guerre d'Irak. C'est, enfin, une conception de la lutte contre le terrorisme, qui, sous l'appellation de « guerre contre la terreur », anticipe sur une privatisation de la violence de masse qui n'est sans doute pas inéluctable, au risque d'exagérer la signification stratégique du terrorisme jihadiste global et, involontairement, d'accroître son audience politique.

Mais le débat ne saurait s'arrêter là : nous devons regarder la menace qui s'est manifestée le 11 septembre avec à l'esprit les leçons des luttes passées, plus souvent gagnées qu'on ne le croit, contre le terrorisme, mais sans écarter la possibilité qu'elle soit devenue qualitativement nouvelle, qu'ait été déclenchée ce jour-là une guerre au sens plein du terme, dont l'issue et non la réalité est à présent en cause. Au moins devons-nous admettre la possibilité que nous nous trouvions dans un entre-deux conceptuel, et que ni les concepts et les moyens de la guerre, ni ceux de la répression pénale traditionnelle ne soient suffisants ou adaptés au nouveau type de lutte qui s'est engagé le 11 septembre. Face à un péril nouveau, l'inaction, le refus de s'adapter, sont souvent davantage blâmables que les erreurs qui sont le lot de la réactivité et de l'apprentissage de réponses nouvelles.

Kosovo et Irak

Le Kosovo et l'Irak sont aujourd'hui les deux pôles du débat sur l'intervention, dont on pourrait dire qu'il consiste pour une bonne part à opposer l'un à l'autre : d'un côté, celui du Kosovo, consensus (au moins sur le plan régional), relative clarté des intentions, réponse à une crise humanitaire imminente, emploi contrôlé et proportionnel de la violence, chute pacifique de Milosevic, stabilisation du Kosovo, absence d'instabilité régionale. De l'autre, l'Irak, une communauté internationale divisée, des motifs d'intervenir discutables et en partie erronés, absence d'urgence, interrogations légitimes sur la proportionnalité de la réponse militaire et des infractions opposées à l'Irak, un pays en proie à l'insécurité et à l'avenir incertain.

Pourtant, les deux cas ont posé au droit et à la morale des problèmes plus communs qu'on ne veut l'admettre : absence d'autorisation explicite du Conseil de sécurité, relation hasardeuse entre l'emploi de la force et les buts allégués de l'opération. Les opérations militaires n'ont pas protégé directement les Albanais du Kosovo et la force n'était pas nécessaire à l'élimination de la menace irakienne. D'autre part, les objectifs de l'après-conflit risquent de s'avérer irréalistes dans les deux cas – le Kosovo multi-ethnique, et un Irak unifié et démocratique.

La légitimité internationale du recours à la force s'avère plus exigeante et plus compliquée à apprécier qu'une simple vérification instantanée de la légalité de la décision d'intervenir. Trois séries de questions se posent normalement dans cette appréciation, qui correspondent aux temps classiques du *jus ad bellum*, du *jus in bello* et du retour à la paix. Or elles ne forment plus une suite séquentielle de problèmes distincts, mais tendent à interagir étroitement dès le départ. La modération et l'existence d'options militaires limitées susceptibles de minimiser les pertes civiles ont un impact sur la légitimité de recourir à la force. Au même titre, l'après-conflit doit s'envisager dès ce stade : même pourvu d'un motif légitime et d'options militaires mesurées, peut-on intervenir sans avoir prévu l'après-guerre, la prise en charge et la sécurité des populations, l'existence de solutions politiques aux désordres que même la plus légitime des guerres provoque inévitablement sur le terrain ?

La légalité même de l'opération ne peut s'apprécier *hic et nunc*, elle s'inscrit dans un contexte politique qui peut amener à envisager des problèmes voisins (l'absence d'autorisation du Conseil de sécurité) sous des jours très différents : l'intervention de l'OTAN visait à obtenir des forces serbes qu'elles arrêtent la répression aveugle des Albanais du Kosovo, arrêt que venait d'enjoindre le Conseil de sécurité. L'intervention de la coalition en Irak reposait juridiquement sur la réactivation d'une autorisation donnée en 1991 d'agir contre ce pays, sur la portée de laquelle le Conseil s'était depuis constamment divisé.

En d'autres termes, c'est de plus en plus une sorte de bilan global des coûts comparés de l'intervention et de la non-intervention qui permet de se prononcer sur son bien-fondé. Ce bilan ne peut se faire dans le temps, mais au moment clé de la décision d'intervenir. L'anticipation des conséquences de celle-ci autant que la démonstration des alternatives essayées de bonne foi dans le passé pour éviter cette extrémité, sont essentielles à sa légitimation.

Légitimité et institutions

Reste la question ultime de la politique et du droit : *quis judicabit* ? Qui décide de la légitimité de l'intervention ou de celle des méthodes de la lutte antiterroriste ? Que l'on se réfère à la notion d'autorité légitime, condition de la guerre juste pour la doctrine du même nom, ou à la définition de la souveraineté par Carl Schmitt : « Est souverain celui qui décide de la situation exceptionnelle », la question de l'arbitre ou du détenteur de la légitimité dans les conflits entre États, ou entre ceux-ci et d'autres acteurs internationaux, se pose nécessairement, à partir du moment où l'on sort du primat de l'équilibre bipolaire.

Comme après toutes les grandes guerres du XXe siècle, la fin de la guerre froide a vu renaître l'espoir de la sécurité collective et celui d'un rôle enfin central pour l'organisation internationale. L'idée du « nouvel ordre mondial » prônée au début des années 1990 par George H. Bush et par François Mitterrand, impliquait celle d'une renaissance de l'ONU et, en particulier des prescriptions de sa charte en matière de sécurité et d'emploi de la force. Les expériences de Somalie et de Yougoslavie eurent tôt fait de montrer la fragilité de cet espoir. Pendant toute la période, l'ONU, tout en multipliant ses missions, s'est trouvée en proie à une contestation permanente et quasi structurelle, à la fois interne et externe. États et bureaucratie internationale se renvoient la responsabilité de l'écart entre tâches assignées et exécution, les États-Unis du haut de leur « hyperpuissance » supportent mal que l'ONU entrave leur liberté d'action tandis que les États du Sud résistent aux tentatives pour élargir ses compétences aux atteintes aux droits de l'homme, aux dépens de la souveraineté des États.

Ceux-ci se regroupent en « coalitions de volontaires » ou en institutions *ad hoc* – du G8 au Quartet auteur de la « feuille de route » destinée à résoudre le conflit israélo-palestinien, ou au Groupe de contact sur la Bosnie et le Kosovo – plus souvent qu'ils ne se soumettent aux procédures du Conseil de sécurité. Il faut remarquer que les pays du Sud n'ont pas tort de voir dans ces « Conseils » et ces « Concerts » l'expression d'une coalition de puissances du Nord décidées à gérer la planète et à intervenir, directement ou indirectement, dans les affaires des pays plus pauvres ou moins puissants. Encore faut-il remarquer aussi que cette nouvelle bipolarité entre le Nord et le Sud ou entre le centre et la périphérie paraît encore plus complexe, lorsque l'on considère le rôle unique des États-Unis, shérif tantôt réticent tantôt activiste, et d'autre part la position ambiguë de puissances comme la Russie, la Chine ou l'Inde. Toutes aspirent à se joindre au centre ou au Concert des Grands mais refusent, à l'instar des petits et en un sens du « Super-Grand » américain, de sacrifier en quoi que ce soit leur souveraineté sur l'autel du multilatéralisme et encore moins sur celui des droits de l'homme.

Des commissions successives s'efforcent de dépasser ces oppositions et produisent des plans de réforme qui, au-delà de l'Organisation elle-même, essayent de définir les tâches de la communauté internationale comme « la responsabilité de protéger » et d'intégrer, en les limitant et les réglementant, des notions mises à l'honneur (sous les projecteurs) par les nouveaux conflits, comme les rapports de la préemption et de la prévention.

Les désaccords sur la légitimité et sur l'avenir du système international n'en subsistent pas moins. Derrière les débats entre monde bipolaire et multipolaire, entre action unilatérale et multilatérale, entre égalité des États et responsabilité des grandes puissances, entre intérêts nationaux et destin commun de la planète, on retrouve les conceptions classiques de *la paix par l'empire ou par la loi, par l'équilibre ou par la coopération.* La nécessité de les dépasser ou de les combiner est de plus en plus urgente, mais sa difficulté n'a guère diminué, malgré quelques innovations institutionnelles limitées mais prometteuses, notamment dans le domaine de la justice internationale.

Les textes qui vont suivre font le point sur cette situation et tentent d'en dégager des pistes de recherche et d'action. Après l'avant-propos de Stanley Hoffmann, qui met en relief la question première de cette recherche : celle des rapports nécessairement ambigus et risqués entre intervention et droits de l'homme, la première partie est consacrée à la moralité du recours à la force. Elle se demande dans quelle mesure la doctrine classique de la guerre juste peut être adaptée et appliquée à l'intervention, en l'élargissant, notamment, à un droit de l'après-intervention et de la paix. Adam Roberts introduit cette problématique dans toute son ampleur théorique et pratique. Christian Mellon rappelle la doctrine de l'Église et son évolution, Michael Quinlan soumet les conflits récents et actuels à un examen rigoureux à la lumière de la doctrine classique, Ariel Colonomos conteste la pertinence de celle-ci au nom d'approches philosophiques modernes comme le pragmatisme. Enfin Éric Chevallier revient à l'expérience du terrain pour tirer les leçons pratiques des expériences récentes de l'après-intervention et de sa gestion.

La deuxième partie est centrée sur les rapports de la lutte antiterroriste et de la guerre. Là encore Adam Roberts replace le problème dans sa perspective historique, Gilles Andreani souligne les dangers d'une assimilation trop hâtive et excessive entre les deux notions, Christoph Bertram en défend la validité partielle, Michael Glennon présente un point de vue américain selon lequel ni l'approche judiciaire ni l'approche militaire ne sont satisfaisantes ; une troisième approche, plus valable, ne se dégagera qu'avec le temps, par essais et erreurs.

Enfin, dans la dernière partie, se pose le problème de l'autorité et de la légitimité. Mats Berdal et Antoine Garapon font le point sur l'évolution des institutions, celle de l'ONU pour l'un, de la justice pénale internationale pour l'autre, et insistent sur les rapports complexes et changeants du multilatéralisme et de l'unilatéralisme dans le premier cas, du juridique et du politique dans le second.

Michael Glennon se livre à une critique radicale de l'ordre juridique institué par la Charte de l'ONU pour l'emploi de la force, constatant que si tous les États lui rendent hommage en paroles, aucun ne l'applique en réalité. Il propose donc de le déclarer en état de « désuétude ». Pierre Bühler replace cette thèse dans l'ensemble des discussions sur la légitimité internationale et indique sa préférence pour des positions moins révolutionnaires.

Enfin Ward Thomas, reprenant ce problème dans toute son ampleur à partir de la notion de norme, montre combien il s'agit d'un ordre évolutif, où les considérations morales et juridiques, les intérêts nationaux et les rapports de puissance s'interpénètrent et s'influencent réciproquement. Pierre Hassner, dans le chapitre de conclusion, obéit à une inspiration analogue. Il retrace le chemin de l'ouvrage, des dilemmes de l'action, à travers les contradictions des institutions jusqu'aux ambiguïtés de l'ordre international. Il suggère de s'inspirer de la notion cartésienne de « morale provisoire » et de la notion pascalienne de « bon usage des maladies » dans un monde où les impératifs éthiques indiscutables et les rapports de force incontournables coexistent avec des évolutions contradictoires aussi difficiles (et pourtant aussi indispensables) à appréhender par la pensée qu'à orienter par l'action.

*

Il nous reste la tâche agréable des remerciements. Ils vont au ministère des Affaires étrangères, à la direction du CERI, et au German Marshall Fund, qui nous ont constamment soutenus, à Joël Hubrecht, cheville ouvrière pour l'organisation du groupe, de ses réunions, de son colloque, et du présent ouvrage, mais qui a également ment pris une part essentielle à leur élaboration, enfin à tous ceux qui, par leur participation aux discussions du groupe, ont nourri cet ouvrage de leur expérience et de leur réflexion.

Avant-propos / INTERVENTION ET DROITS DE L'HOMME

Stanley HOFFMANN

I.

Les problèmes que posent les interventions armées des États dans les affaires intérieures d'autres États ont fait l'objet de multiples livres et articles au cours des quinze dernières années. Ce ne sont pas les distinctions qui manquent :

– entre des interventions unilatérales traditionnelles dans un monde en « état de guerre » sans pouvoir central et les interventions collectives entreprises par, ou au nom de, la « communauté » internationale ;

– entre les normes juridiques qui sont censées régir les interventions, et les pratiques qui tendent à substituer à ces normes des dispositions moins restrictives ;

– entre différentes conceptions d'un ordre international idéal, par exemple, des versions modernes de la théorie de la guerre juste, appliquée aux interventions, et des versions modernes de ce qu'on pourrait appeler la théorie de la guerre sainte, évidemment beaucoup plus permissives.

Il n'est pas question ici de revenir sur toutes ces distinctions et querelles. Mon propos est plus limité : quels sont les impératifs, les risques, les obstacles qui ouvrent, encombrent ou ferment la route aux interventions collectives destinées à protéger les droits de l'homme dans des pays où ceux-ci sont en danger ? Ils peuvent l'être pour de multiples raisons : régimes meurtriers ou tyranniques (l'Irak de Saddam Hussein ou le Zimbabwe de Mugabe), conflits ethniques et religieux qui déchirent un pays, souvent parce que le pouvoir soutient une ethnie ou une religion contre d'autres (Rwanda, Soudan), désintégration de pays où la paix et la sécurité ont longtemps été maintenues par la contrainte (la Yougoslavie d'avant les années 1990), exactions commises par un pouvoir colonisateur (l'Indonésie au Timor Oriental), retour à l'anarchie après la chute d'un dictateur (Somalie, Congo ex-belge), affrontements entre une majorité et une minorité appartenant à des ethnies ou à des religions différentes (Sri Lanka, Tchétchénie, Kosovo, Tibet), guerres civiles endémiques et sanglantes entre classes ou factions idéologiques (Colombie, divers pays de l'Amérique centrale au temps de la guerre froide).

Une étude approfondie ne devrait pas porter uniquement sur le rôle des États dans un monde où les conflits internes ont ravi la priorité aux guerres interétatiques, en partie parce que ces dernières sont souvent extraordinairement dévastatrices et dangereuses, en partie parce qu'une très forte proportion des États n'ont pas d'institutions solides ou ne constituent pas de véritables nations. Les organisations non gouvernementales jouent un rôle important dans les conflits internes et les choix qu'elles doivent faire sont souvent difficiles et controversés, dans la mesure où ce sont, en réalité, des choix politiques et non pas simplement humanitaires. Ici, cependant, je ne traiterai que des États.

II.

Commençons par considérer une thèse radicale qui correspond, en fait, à la lettre du droit international classique et à celle de la Charte des Nations unies. C'est la thèse hostile aux interventions collectives dans les affaires intérieures des États. Actuellement, le meilleur défenseur de ce point de vue est Tzvetan Todorov. Les arguments contre ces interventions ne manquent pas. On citera celui de l'inévitable arbitraire des choix : peu d'États sont prêts à prendre le risque d'intervenir par la force dans les conflits internes des grandes puissances, si bien que cette force ne sera guère utilisée qu'aux dépens des petites. Ce n'est évidemment pas faux, mais la force n'est qu'un des moyens de pression utilisables, et il y a bien des cas où d'autres moyens sont pourvus d'une certaine efficacité. On citera également l'argument de l'ignorance probable, ou même de la partialité, des intervenants ; la mise en garde est utile, mais les dangers ne sont pas insurmontables. Enfin, ajoutons l'argument, en quelque sorte connexe, du conflit ou du moins de la tension, entre le rôle des intervenants, même (et surtout) drapés dans le manteau d'une organisation régionale ou internationale légitime, et la souveraineté de l'État dans lequel l'intervention a lieu, ou les aspirations à l'indépendance de la minorité que l'on cherche à protéger. Le métier de tuteur est difficile et délicat, mais ne se réduit pas nécessairement à un choix entre l'inefficacité flagrante et l'autoritarisme vite impopulaire. Todorov voit dans l'intervention militaire une manifestation de la funeste « tentation du bien ». Il arrive, en effet, que ce soit le cas. Je pense ici à la « coalition » mise sur pied par les Américains en Irak. Mais il me semble que, dans la plupart des cas, l'intervention militaire collective (ou, comme à Haïti il y a quelques années, celle des États-Unis entreprise avec une légitimation internationale) a plutôt correspondu à des tentatives de mettre fin au mal, et a parfois été abandonnée trop tôt. Le principal reproche que l'on peut adresser à la thèse de la non-intervention, c'est qu'elle renonce à chercher à fermer la porte du mal, avec des résultats parfois bien pires que ceux d'une intervention mal préparée. On l'a vu au Rwanda, on le voit au Darfour.

Admettons donc qu'il existe de bonnes raisons de recourir parfois à des interventions militaires collectives ou légitimées, et tâchons de repérer les principaux types de cas et les problèmes posés.

III.

Commençons, hélas, par la monnaie courante : les violations graves des droits de l'homme commises soit par des gouvernants, soit par des habitants de pays déchirés ou réduits à l'état de nature.

Le problème qui continue de troubler juristes, politologues et politiciens est celui du niveau de violation à partir duquel une intervention militaire est justifiable par l'organisation internationale, ou par une organisation régionale (comme l'OTAN au Kosovo) dans un cas où l'ONU est, ou semble devoir être, paralysée. Il n'existe pas d'accord sur ce point. Ce qui semble très grave à certains (la suppression des libertés de parole et d'information, ou du pluralisme politique) paraît à d'autres moins grave que la perversion de la justice, l'arbitraire des condamnations et punitions, la persécution des innocents. Malgré l'augmentation du nombre d'États qui se disent démocratiques, les violations des droits qui figurent dans la Déclaration universelle et dans les deux traités des droits politiques et des droits économiques et sociaux sont si fréquentes et étendues que la « méthode » employée dans les années 1990, à savoir l'empirisme du cas par cas, est sans doute la seule possible. En bon disciple de Judith Shklar (donc de Montesquieu), je dirai simplement que tout ce qui fait partie du domaine de la terreur, tout ce qui représente une violation de l'intégrité physique et mentale des individus me paraît intolérable. Quant au problème un peu macabre, qui en a préoccupé plus d'un dans l'affaire du Kosovo – à savoir, combien de centaines de morts il faut laisser passer avant de chercher à intervenir – je ne saurais le résoudre.

Mais il me semble que lorsque la cause de l'intervention armée, pour employer le vocabulaire de la guerre juste, se présente comme une juste cause, deux autres problèmes se posent d'emblée. Le premier est un problème militaire : il faut qu'il existe, en état de disponibilité et de préparation, des forces capables d'agir rapidement. La proposition émise il y a quelques années par ce pilier de l'ONU que fut Sir Brian Urquhart, de pourvoir les Nations unies de forces militaires fournies par les États et capables d'intervenir sans trop de délai, reste sage et essentielle, et mérite d'être étendue à des organisations régionales comme l'Union africaine. Ce n'est que si de telles forces existent en permanence que l'autre problème grave que l'on doit affronter peut être résolu ou du moins atténué : celui de la proportionnalité entre les valeurs protégées ou sauvées par l'intervention, et les inévitables coûts humains et matériels de celle-ci.

IV.

La seconde catégorie de cas est celle du génocide. Autant que dans le cas des violations des droits de l'homme, celui de l'identification d'un génocide fait problème et se prête à d'interminables chicanes. Le massacre des Arméniens en 1915 était-il un génocide ? Ce qui se passe au Darfour en est-il un ? La Russie en Tchétchénie, cherche-t-elle à exterminer une ethnie, ou « seulement » à imposer sa domination ? Quid des Bosniaques musulmans, pris entre les Bosniaques croates et les Bosniaques serbes, ceux dont les victimes furent massacrées à Srebrenica de la façon la plus tragique ? Une définition rigoureusement conforme aux termes de la convention internationale sur le génocide ne s'appliquerait peut-être... qu'au cas le plus sinistre de faillite de la « communauté » internationale, celui du Rwanda, c'est-à-dire du massacre des Tutsis par les Hutus. Il me semble que tout massacre qui n'épargne que les « collaborateurs » et les exilés mérite le terme de génocide.

Ce qui a été dit ci-dessus concernant des forces internationales et régionales prêtes à être utilisées s'impose encore plus ici. Nous sommes dans un domaine où l'un des critères de la théorie de la guerre juste risque d'être néfaste : l'idée que le recours à la force doit être repoussé jusqu'après l'échec de toutes les tentatives de règlement pacifique, idée fort sage en matière de relations entre États (encore qu'on puisse songer à des exceptions...), aurait, en cas de génocide annoncé ou prévisible, des conséquences désastreuses : une fois les massacres déclenchés, il faudrait des forces beaucoup plus nombreuses pour les réprimer, et il pourrait être bien trop tard.

V.

Le dernier type de cas est celui qui a fait couler tant d'encre et de sang depuis 2001 : le renversement d'un « mauvais » régime (envisagé de façon fort négative par Michael Walzer dans son grand livre sur les guerres justes et injustes[1]).

Le renversement du régime taliban en Afghanistan en 2001 fut présenté (et reconnu par le Conseil de sécurité de l'ONU) comme un cas de légitime défense exercée par les États-Unis contre un régime qui avait soutenu les terroristes de Ben Laden, responsables des attentats du 11 septembre sur le territoire américain. L'élimination du régime irakien, dix-huit mois plus tard, n'entrait absolument pas dans ce cadre. Ceux qui, en France et ailleurs, ont, soit soutenu l'intervention en Irak comme celle de l'OTAN au Kosovo, soit défendu celle-là après avoir critiqué celle-ci, n'ont pas suffisamment tenu compte des différences suivantes.

En premier lieu, rappelons-nous que l'intervention américaine en Irak fut présentée au public et à l'ONU comme une riposte à la violation d'engagements acceptés par Saddam Hussein à la fin de la

---

1. *Michael Walzer,* Guerres justes et injustes, *trad. fr.,* Paris, Belin, 1999.

guerre du Golfe, en matière de désarmement. Il était question, à tort, d'armes de destruction massive et de soutien au terrorisme, non de violations des droits de l'homme. En second lieu, les interventions militaires dirigées contre des violations des droits de l'homme n'ont été entérinées par l'ONU que lorsque ces crimes étaient évidents et en cours (Bosnie, Timor Oriental dans les deux cas, avec le consentement, obtenu sous pression, de la Serbie et de l'Indonésie). L'équivalent, dans le cas de Saddam Hussein, aurait été les massacres de Kurdes et de Chiites à la fin de la guerre du Golfe en 1991. Mais aucun des États capables d'intervenir n'avait voulu se mettre dans ce guêpier. En troisième lieu, lorsque, dans le cas du Kosovo, l'OTAN se substitua au Conseil de sécurité, celui-ci n'avait été saisi d'aucun projet de résolution, et refusa de condamner l'OTAN. Dans le cas de l'Irak, en février-mars 2003, la résolution américaine qui avait pour but de légitimer l'action militaire dut être retirée faute de soutien suffisant au Conseil de sécurité, et l'OTAN (en dehors même du problème géographique) n'aurait pas soutenu les États-Unis avec l'unanimité nécessaire.

Rien de tout cela ne signifie que le problème du changement de régimes exécrables ne se pose pas. Cependant, c'est un problème beaucoup plus délicat que les entorses à la souveraineté étatique pour cause de violations des droits de l'homme, mais sans changement de régime. C'est précisément parce que des opérations de changement de régime par un coup d'État dirigé de l'extérieur (Iran 1953) ou par une invasion (Tchécoslovaquie 1968, Saint-Domingue 1965) violent ouvertement la souveraineté étatique, qu'il faut n'approuver qu'à moitié la liquidation du régime de Pol Pot par les Vietnamiens, ou celle du régime d'Idi Amin par la Tanzanie, et se méfier des interventions unilatérales non légitimées par une autorité internationale ou (si elle est paralysée) régionale reconnue.

Il existe une conception de la guerre juste qui souhaite aller plus loin que la conception traditionnelle dans la mise en cause de la souveraineté des États, lorsque ceux-ci ont des gouvernements injustes, et dans l'appui à des recours à la force au-delà des cas de légitime défense, de violations graves des droits de l'homme, ou de sécurité collective contre l'agression. Cette conception risque d'encourager des appels à la « guerre sainte » contre telle ou telle catégorie d'infidèles, ou d'États jugés injustes par nature. Dans le cas où aucune organisation, internationale ou régionale, ne serait prête à légitimer une action collective pour l'installation d'un régime démocratique, il serait nécessaire de créer une association d'États dotés d'un tel régime, qui pourrait donner une telle légitimation, s'il est prouvé que les violations des droits de l'homme à l'intérieur de l'État et que les menaces que le régime fait peser sur la sécurité régionale et mondiale sont telles que son renversement est, pour ainsi dire, d'utilité publique. Mais il est clair que cette association ne pourrait se substituer à l'ONU et aux organisations régionales qu'en cas de paralysie de ces institutions, et devrait être constituée de démocraties véritables, et non purement formelles.

VI.

Les problèmes qui persistent au Kosovo, et plus encore en Irak, montrent bien que l'installation par la force de régimes censés protéger les droits de l'homme et développer la démocratie se heurte à des difficultés qu'il vaut mieux ne pas sous-estimer. Au Kosovo, l'idéal multi-ethnique se heurte à des haines qui ne s'atténueront qu'avec le temps, dans la meilleure des hypothèses. En Irak, des tensions ethniques et religieuses longtemps réprimées vont rendre la naissance d'une démocratie d'autant plus difficile que l'insurrection sunnite, les difficultés matérielles, les rivalités de clans et la présence d'un occupant peu populaire (sauf au Kurdistan) pris entre la tentation de trop contrôler et l'aspiration au départ, ne semblent pas prêtes à disparaître.

Deux conclusions s'imposent donc à l'esprit des observateurs. La première est que l'exemple de l'Allemagne et du Japon d'après 1945 est fort difficile à reproduire. La démocratie exige un ensemble d'institutions et de coutumes qui ne s'implantent que lentement et, si elles ont été d'origine étrangère, ne se naturalisent que peu à peu et sous bénéfice d'inventaire. La seconde conclusion est qu'au *jus ad bellum* et au *jus in bello* appliqués aux interventions, il est essentiel d'ajouter un *jus post bellum* : les intervenants, dans les trois séries de cas dégagées ici, se doivent de prendre beaucoup plus au sérieux qu'ils ne l'ont fait, non pas le *nation building* (on ne construit pas une nation du dehors) mais le *state building*, la construction d'institutions, la constitution de pratiques et de procédures qui permettront à un État juste et vivable de prendre sa place dans un monde trop souvent injuste et meurtrier.

Première partie

La moralité
du recours à la force

Chapitre 1 / **POURQUOI ET COMMENT** INTERVENIR ?
JUS AD BELLUM ET *JUS IN BELLO*
DANS LE NOUVEAU CONTEXTE[*]

Adam ROBERTS

Je souhaite replacer le débat sur l'intervention dans un contexte historique et ne traiter que sommairement de la guerre en Irak de 2003 et de ses conséquences. Je dois cependant dire d'entrée de jeu qu'une grande partie des arguments, dans ce débat pour ou contre l'action militaire en Irak, m'ont donné un sentiment d'insatisfaction.

À partir de l'été 2002, le débat sur l'intervention – en particulier en Irak – a été troublant sur certains points. Le camp favorable à l'intervention faisait une évaluation très discutable de la menace posée par l'Irak et sous-estimait le nationalisme irakien ; tout ceci se déroulait dans le contexte d'un étrange débat américain sur l'intervention, fondé sur un document de stratégie de sécurité nationale publié en septembre 2002, qui ne mentionnait jamais les mots « intervention » ou « non intervention ». Cependant, le camp opposé à l'intervention défendait des thèses qui suscitaient de nombreuses questions. Dans beaucoup de pays, il s'exprimait en termes outranciers et moralisateurs ; et il y avait en France une tendance (dont je crains qu'elle ne soit particulièrement forte sur la rive gauche) à agir comme si une grande quantité de substantifs abstraits pouvait servir de solution à tous les problèmes internationaux majeurs et à affirmer comme une doctrine générale que l'autorisation du Conseil de sécurité de l'ONU était nécessaire pour recourir à la force, alors que l'OTAN (y compris la France) n'avait pas suivi cette logique au Kosovo en 1999.

Passons pour le moment sur la superficialité d'une bonne partie du débat récent sur l'Irak. Pendant une longue période, qui correspond à l'après-guerre froide, le débat sur l'intervention et sa

---

[*] *Cet article a été traduit par Isabelle Hausser.*

pratique a connu d'importantes nouveautés. Des interprétations nouvelles ont été introduites dans le droit sur la légitimité du recours à la force (*jus ad bellum*) et dans le corpus distinct, mais étroitement lié, de la « guerre juste ». Et certains d'entre eux ont modifié notre vision et notre pratique du droit régissant la conduite concrète des conflits armés (*jus in bello*).

Les analyses qui vont suivre ont pour objectif de cerner quelques-unes de ces nouveautés. Premièrement, elles replacent ces changements dans leur contexte intellectuel en examinant les limites du pacifisme. Deuxièmement, elles étudient le courant de pensée de la « guerre juste » qui traite en fait des « recours justifiables à la force militaire ». Troisièmement, elles explorent certains problèmes posés par la traduction, essentiellement en termes juridiques, des questions liées à l'usage de la force. Quatrièmement, elles envisagent certains points essentiels du *jus ad bellum*. Cinquièmement, elles apportent quelques indications sur la question de savoir si les interventions ne doivent être considérées légales qu'une fois obtenue l'autorisation du Conseil de sécurité. Sixièmement, elles abordent l'importance politique croissante du *jus in bello* dans les conflits armés de la période de l'après-guerre froide. On proposera enfin quelques conclusions.

Les limites du pacifisme

Le pacifisme contient de nombreuses idées précieuses, dont la constatation que la menace et le recours à la violence génèrent parfois une contre-violence, et qu'ils sont souvent liés à l'autoritarisme et à l'extrémiste en politique. Néanmoins, le pacifisme a toujours souffert de certaines limites ; limites qui expliquent pourquoi dans la plupart des pays, il est le plus souvent resté minoritaire. Les objections les plus courantes qui lui ont été faites sont encore recevables au xxie siècle :

Sa pratique risquerait de rendre une communauté ou un État vulnérable aux forces, tant intérieures qu'extérieures, qui de leur côté, contrairement aux pacifistes, ne se sont pas engagées à s'abstenir de la violence.

La vulnérabilité des petits territoires mal défendus face à une attaque et à une occupation étrangère peut de fait accroître la probabilité que des grandes puissances entrent en guerre les unes avec les autres – comme en témoigne le rôle joué par la Belgique et la Tchécoslovaquie dans les événements qui conduisirent au déclenchement des deux guerres mondiales.

Enfin, l'idéologie pacifiste a peu de choses à dire sur trois points clefs qui revêtent une importance particulière à notre époque : 1) la dissuasion de certains usages de la force, 2) l'utilisation de la force dans des opérations internationales de maintien de la paix, 3) le rôle de la « coercition stratégique » et de l'usage réel de la force dans la garantie du respect d'une vaste série de normes internationales.

Ainsi peut-on considérer que la poursuite, même bien intentionnée, de politiques pacifistes par un État, pourrait en fait aggraver les difficultés des relations internationales en contribuant à créer des conditions favorables à l'instabilité et à l'intervention. Bref, même un solide engagement pour la paix oblige à dépasser la tradition pacifiste telle que nous en avons hérité.

Dire que la position pacifiste présente des faiblesses ne signifie pas qu'il faille pour autant la rejeter totalement. Sur un point au moins, le recours aux formes non-violentes de lutte et de pression dans les relations internationales, cette tradition peut avoir quelque chose à proposer. On n'attribue pas toujours aux pacifistes, si tant est qu'on le fasse jamais, le recours à ce genre de méthodes, alors que certains d'entre eux ont trouvé dans sa pratique ou vu dans ses potentialités un moyen de surmonter les limites traditionnelles de la position pacifiste. L'expérience de la lutte non-violente au xixe et au xxe siècle, y compris dans les mouvements anticoloniaux et dans les combats contre les régimes dictatoriaux, ne suggère peut-être pas qu'il s'agit d'un véritable substitut à la violence, mais montre du moins sa capacité dans certaines situations – le dernier exemple étant celui de la « révolution de velours » de la Géorgie en novembre 2003.

Un autre héritage de la tradition pacifiste – la croyance que les sanctions économiques sont une alternative à la guerre – paraît plus discutable. Les sanctions internationales ont incontestablement donné des résultats significatifs mais ne semblent plus être une alternative crédible à la guerre. À maintes occasions, elles ont plutôt fait office de signal précurseur que d'alternative à l'usage de la force. Pire, dans quelques cas – dont l'Irak de 1990 à 2003 – il se peut que les sanctions aient eu un effet au moins aussi grave que celui de la guerre, mais sans l'« avantage » de celle-ci, qui est de produire le changement recherché. Paradoxalement, pour certains de nos contemporains, la guerre peut même être considérée comme l'équivalent moral des sanctions.

La tradition de la « guerre juste »

Bien que le droit tel qu'il existe soit étroitement lié à la tradition de la « guerre juste » et fasse abondamment appel à elle, il est des cas dans lesquels il offre peut-être moins de repères que cette tradition. Elle tire classiquement son importance de ce qu'elle constitue une alternative intellectuellement cohérente au pacifisme.

Le terme « guerre juste » est mal choisi. Dans son essence, le concept ne signifie pas qu'une guerre toute entière puisse être considérée comme juste, ce qui serait absurde, ni même que l'une des parties en conflit puisse être considérée comme étant totalement juste dans sa cause et dans ses actions : mais davantage que la cause de l'une des parties en conflit puisse être bien fondée à la lumière de certains critères. En un mot, que la cause de l'une des parties puisse être *légitime*.

Dans ses premières versions, on trouve très peu de trace de l'idée de « paix juste ». Comme l'a écrit Gerald Draper dans une étude sur l'évolution des idées juridiques sur la guerre : « Pour saint Augustin, *l'issue* de la guerre n'en détermine pas la "justesse". C'est une question qui relève de Dieu et du Jour du Jugement dernier[1]. » Dans une époque plus laïque, nous sommes moins disposés à laisser une question aussi essentielle entre les mains de Dieu. Bien qu'il soit toujours difficile de connaître l'issue d'une guerre à son début, l'idée fondamentale, qu'il ne vaut la peine de faire la guerre que s'il existe au moins une perspective de paix meilleure ensuite, s'est peu à peu imposée dans les traditions de pensée sur la guerre. En d'autres termes, on s'est mis à considérer de plus en plus que le concept de « guerre juste » exigeait un concept de « paix juste[2] ».

---

1. *Gérald Draper, « Grotius' Place in the Development of Legal Ideas about War », dans Hedley Bull, Benedict Kingsbury et Adam Roberts (eds),* Hugo Grotius and International Relations, *Oxford, Clarendon Press, 1990, p. 180-181.*

2. *En exposant six principes de la doctrine traditionnelle de la « guerre juste », John Rawls mettait fortement l'accent sur l'idée d'une paix juste, notamment dans le premier principe, qui est aussi le plus court : « Le but d'une guerre juste menée par un peuple justement et bien ordonné est une paix juste et durable parmi les peuples et notamment avec l'actuel ennemi de ce peuple. »* The Law of Peoples, *p. 94. Cf. aussi l'accent mis sur « une juste paix », p. 98.*

La tradition, éminemment fluctuante, de la « guerre juste » contenait également d'autres faiblesses et omissions, dont quelques-unes ont été rectifiées au cours du temps. Parmi ces compléments et ces évolutions, on peut citer : *a*) l'idée que les *deux* parties en conflit pouvaient simultanément croire en toute honnêteté qu'elles se battaient pour une juste cause, n'a émergé que progressivement, finissant par être acceptée tardivement dans les œuvres d'Alberico Gentili et d'Hugo Grotius ; *b*) *idem* pour l'idée, lente à apparaître puis renforcée au XVIIᵉ siècle, d'un droit spécifique limitant la *conduite* des conflits armés et qui s'appliquerait de manière identique aux belligérants, indépendamment du bien-fondé de leurs causes ; *c*) l'idée que la *légitime défense* était la principale justification du recours à la force ne s'est vraiment cristallisée que dans la première moitié du XXᵉ siècle ; *d*) enfin l'idée que la guerre est une affaire si grave et si décisive qu'elle ne peut être déclenchée que par une *autorité* supérieure à celle d'un simple prince, a elle aussi évolué très lentement et n'est encore qu'à moitié acceptée.

La tradition de la « guerre juste » fournit un langage permettant de comprendre que la force peut être permise dans certaines circonstances et de discuter du fait de savoir si cela s'applique à un cas particulier. Ce langage comporte cependant de nombreux dialectes et peut aussi donner lieu à de profonds désaccords. On ne peut prétendre qu'il ait atteint la perfection. Mais, au regard de l'imprécision du concept de « paix juste », les listes simples de critères, à l'exemple de ceux de saint Augustin, paraissent réellement enviables.

Les points forts de la tradition de la « guerre juste » sont en général : d'accepter clairement que la force soit parfois nécessaire à la conduite de la politique internationale et d'insister sur le fait qu'il ne devrait pas y avoir de recours à la force à moins que celui-ci ne serve certains objectifs précisément définis. S'étant aussi bien incarnée dans les écrits de spécialistes que dans la lettre du droit international, la tradition a conservé une grande souplesse et s'est donc avérée adaptable à de nouvelles circonstances. Cependant, à une époque où la coercition stratégique et la dissuasion sont aussi importantes que la guerre, et où des interventions destinées à réaliser les objectifs convenus entre les États peuvent prendre des formes telles que l'intervention humanitaire, l'intervention pacifique avec l'accord des parties et le maintien de la paix internationale, il faut passer du concept de « guerre juste » à celui de « recours justifiables à la force militaire ». Il faut de plus le compléter par un concept de « paix juste », car seule une vision cohérente de l'état de paix pourra éviter que le concept de guerre légitime ne soit accusé d'avoir un potentiel d'application extrêmement limité.

Neuf difficultés à l'approche juridique du recours à la force

Il est inévitable, et parfaitement justifié, que les interventions réelles ou envisagées soient évaluées à la lumière du vaste corpus du droit et des principes internationaux concernant le recours à la force. Cependant, comme Hedley Bull l'a noté, le droit international dépend de l'existence d'un équilibre des forces.

Si son existence même en tant que système opérationnel de règles, dépend de l'équilibre des forces, la préservation de ce dernier exige souvent la violation de ces règles. Lorsque les règles du droit international autorisent l'usage ou la menace de la force, elles ne le font, selon l'expression de Grotius que « pour remédier à l'injustice subie ». Avant qu'un État puisse recourir légitimement à la force contre un autre État, il doit au préalable y avoir violation de droits juridiques, qui peuvent alors être défendus par la force. La préservation de l'équilibre des forces exige cependant l'usage ou la menace de la force en réponse à un abus de pouvoir commis par un autre État, que celui-ci ait ou non violé des règles de droit. Entreprendre des guerres pour restaurer l'équilibre des forces, menacer de guerres pour le maintenir, intervenir militairement dans les affaires intérieures d'un autre État pour combattre un abus de pouvoir commis par un troisième État, que ce dernier ait ou non violé des règles de droit, met en conflit les impératifs d'équilibre des forces avec ceux du droit international. Les exigences de l'ordre passent avant celles du droit, ainsi qu'avant celles des intérêts des petites puissances et du maintien de la paix[3].

Plus d'un quart de siècle s'est écoulé depuis qu'Hedley Bull a écrit ces lignes, et la tension entre les impératifs de la puissance et ceux du droit n'a pas disparu. Pour illustrer ce propos, voici neuf difficultés qui semblent inhérentes aux efforts actuels pour apprécier les menaces et les usages de la force selon des critères du droit international.

1) Le droit objet de contestation.

Le contenu du droit est lui-même un objet de contestation. Ce n'est pas un phénomène nouveau et cela n'invalide pas en soi le droit. Mais en matière de recours à la force, le droit international a depuis longtemps tendance à proposer des principes susceptibles de se contredire : en témoignent les débats passés sur la légalité ou non des luttes de libération nationales et de l'aide étrangère qui leur est apportée ; et les débats actuels sur l'intervention humanitaire et l'affirmation du droit à l'action préventive. Il arrive que le droit fournisse un langage permettant de conduire un raisonnement, mais non de parvenir à une conclusion unique et irréfutable.

---

3. *Hedley Bull,* The Anarchical Society : a Study of Order in World Politics, *Basingstoke, Macmillan, 1977, p. 109.*

2) Légalisme contre précaution.

On a pu constater que les considérations de droit international pouvaient prévaloir dans le débat public sur les considérations d'intérêt et de prudence, alors qu'elles devraient agir de conserve. Dans de nombreuses crises, y compris celle de l'Irak en 2003, on a eu tendance à débattre de la question du recours à la force essentiellement en termes de légalité ou d'illégalité internationale. Bien que nécessaire, ce genre d'approche ne suffit pas à évaluer pleinement la décision de recourir à la force. Il peut se trouver de nombreuses situations dans lesquelles le recours à la force disposerait d'un solide fondement juridique, mais où des considérations de sagesse et de prudence peuvent inciter à y renoncer.

3) L'absence de procédures de prise de décision.

Des crises récentes, notamment celle de l'Irak en 2003, ont soulevé la question étroitement liée, de l'adéquation de la procédure de prise de décision. Quasiment rien dans le droit international, et trop peu dans la théorie de la guerre juste, n'oblige précisément les gouvernements à apprécier complètement et soigneusement la situation ainsi que les conséquences probables d'une action militaire avant de s'y engager. Dans la période précédant le déclenchement de la guerre en mars 2003, l'usage fait du renseignement à propos de l'Irak – concernant ses armes et ses liens supposés avec des terroristes – soulève des questions sur la qualité de la prise de décision publique aux États-Unis et au Royaume-Uni. Il en va de même pour le défaut de planification de la phase d'occupation en Irak. En bref, les événements qui ont abouti au déclenchement de la guerre d'Irak prouvent qu'il est important d'avoir des procédures de prise de décision adéquates et que le droit international ne parvient absolument pas à traiter la question de ce genre de procédures.

4) Le droit au service d'un débat simplificateur.

Le droit est parfois utilisé de manière à contribuer à une distorsion et à une simplification des arguments pour ou contre le recours à la force. C'est ce qui s'est produit avec l'Irak en 2003. Les États-Unis étaient préoccupés par l'Irak pour tout un ensemble de motifs, ce que montre l'*Iraq Liberation Act* de 1998, adopté par les deux chambres du Congrès. Pourtant, et en grande partie pour des considérations tenant au droit international, la raison invoquée pour la guerre a peu à peu été réduite au problème qui offrait de loin l'argument juridique le plus solide pour engager une action militaire, à savoir la constatation des violations par l'Irak des termes des résolutions du Conseil de sécurité. Autrement dit, on a suspendu un poids excessif à un unique fil factuel, extrêmement mince de surcroît.

5) Le droit obstacle à l'analyse.

Le droit fournit une solide base rhétorique pour s'opposer au recours à la force, mais, là encore, il peut être utilisé d'une manière fallacieuse, inhibant de fait le jugement. S'il est facile et satisfaisant de dénoncer l'illégalité d'un recours à la force – l'Assemblée générale des Nations unies le fait régulièrement à propos des interventions américaines et autres – cela ne suffit pas nécessairement à comprendre les raisons de l'intervention, la gravité des critiques qui peuvent lui être adressées ni l'enseignement qu'on peut en tirer. La tendance des juristes à discuter en termes absolus – et à dire qu'une intervention donnée est légale ou illégale, alors qu'elle peut être une combinaison très complexe de raisons d'intervenir, certaines fondées en droit, d'autres non – est en soi un problème.

6) Le recours à la force, corollaire de la gouvernance mondiale.

Le corpus croissant du droit international peut constituer en soi un facteur de développement de situations aboutissant à des demandes de recours à la force. Si tel état ou tel groupe d'États violent régulièrement des règles qui font l'objet d'un accord international – droits de l'homme, protection des réserves halieutiques, limitation des armements ou des centaines d'autres sujets – ces violations peuvent conduire à faire pression sur les États, ainsi que sur les organismes internationaux, afin d'employer la force contre ces violateurs.

7) Puissance contre égalité et légitimité des États.

Tout système juridique international comporte inévitablement une tension entre grandes puissances du moment d'une part, et égalité théorique entre États souverains de l'autre. L'abbé de Saint-Pierre avait identifié ce problème il y a déjà trois siècles dans son projet de paix perpétuelle. La Charte des Nations unies gère brillamment cette tension, mais ne l'a pas fait disparaître. Les problèmes que posent aujourd'hui aux États-Unis certains aspects du droit international et des organisations internationales – notamment en matière de recours à la force – reflètent dans une certaine mesure l'impatience des Américains vis-à-vis d'un système juridique dont ils perçoivent qu'il accorde les mêmes droits aux petits comme aux grands États, aux dictatures comme aux démocraties.

8) Le droit international, une norme universelle ?

Une question fondamentale, conséquence de tout ce qui précède, concerne le statut du droit international. Peut-il être considéré comme le cadre normatif de base du système international ? Ou doit-on le considérer comme issu de circonstances changeantes, ou subordonné à des principes politiques ou religieux partagés par tout le monde – que ce soient les versions militantes de l'Islam ou les versions, rarement moins militantes, du triomphalisme démocratique occidental ?

9) Le problème de l'égalité de traitement.

Non seulement la discussion sur la légitimité d'une action en termes juridiques, conduit à des accusations de type « deux poids, deux mesures », mais il peut y avoir « deux poids, deux mesures » dans ces accusations elles-mêmes.

Aucune des considérations ci-dessus n'implique qu'on puisse proclamer la mort du droit existant en matière de recours à la force. Elles n'impliquent pas non plus qu'il serait facile d'élaborer un nouveau corpus juridique pour surmonter les limites du droit existant. Au contraire, l'idée que le droit puisse être modifié rapidement, ou réinterprété du jour au lendemain, est en soi un problème – et qui ne se limite pas aux seuls États-Unis, comme le montre l'attachement de la France à l'idée d'un *droit d'ingérence humanitaire*[4].

Questions essentielles du *jus ad bellum* dans la période de l'après-guerre froide

Les problèmes objectifs qui ont mis à l'épreuve le *jus ad bellum* dans la période de l'après-guerre froide sont réels et ne sont pas prêts de disparaître. On peut en décrire quatre :

1) L'existence de situations extrêmes caractérisées par des souffrances humaines massives.

2) L'accent mis de manière croissante sur les normes internationales et sur leur application.

3) La préoccupation croissante provoquée par le terrorisme et la prolifération des armes ABC (atomiques, biologiques et chimiques).

4) Le fait qu'il n'y ait qu'une superpuissance.

---

4. *En français dans le texte.*

Ces quatre problèmes ont eu de nombreux effets dans la pratique qui ont influencé la manière de penser les causes et la conduite de la guerre. Ils ont contribué à faire émerger l'idée que l'on comprend mieux l'histoire globale si on l'envisage comme une confrontation entre les formes de gouvernement démocratique et autoritaire. À son tour, cette conception a contribué, notamment aux États-Unis, à l'émergence de l'idée qu'une guerre menée par des démocraties, ou engagée pour apporter la démocratie à des peuples plongés dans les ténèbres, était d'une certaine manière légitime. Si cette vision n'est pas facile à concilier avec le droit international existant, elle tire sa force, chez ses partisans du moins, de l'idée que le droit international existant serait nécessairement imparfait du fait qu'il serait, selon eux, moralement neutre entre dictatures et démocraties. Il n'est donc pas surprenant qu'il n'y ait pas eu d'efforts sérieux pour concilier ces idées sur la démocratie avec le *jus ad bellum* existant.

Les mêmes raisonnements ont contribué à nommer « États faillis » (*failed states*) ou bien « États voyous » certains États, auxquels pourrait s'ajouter la nouvelle formule favorite de Washington : les « régions ingouvernables », telle la Colombie par exemple. Il ne fait pas de doute que ces termes décrivent de dures réalités. Pourtant, avec si peu de signification juridique précise, si tant est qu'ils en aient une, ils fournissent un fondement à l'hypothèse que le recours à la force aurait une certaine légitimité. Après tout, ces États ne sont pas de vrais États souverains, ayant droit à tous les bénéfices de la reconnaissance internationale.

En dehors de ce genre de propositions, générales et assez floues, les problèmes indiqués ci-dessus ont suscité deux grandes tentatives pour modifier la façon de penser la légitimité et la légalité de l'intervention.

La première a été de développer une doctrine internationalement acceptée, d'un droit d'*intervention humanitaire* ; ou, pour reprendre la formule utilisée par la Commission internationale sur l'intervention et la souveraineté étatique en 2001, une « responsabilité de protéger ». Il ne fait pas de doute que des changements sont intervenus sur cette question, dont le moindre n'est pas la disposition du Conseil de sécurité de l'ONU à autoriser certaines interventions pour des motifs humanitaires. On ne trouve cependant pas le moindre signe d'un changement doctrinal prenant la forme d'une reconnaissance générale d'un « droit » d'intervention humanitaire. En fait, poser la question en termes de l'existence d'un tel droit, comme on le fait depuis l'époque de Grotius, me paraît une mauvaise méthode.

La seconde tentative pour modifier la façon de penser est représentée par la doctrine américaine de *préemption* (qui couvre en réalité à la fois la préemption et la prévention)[5]. Bien que le document américain de stratégie et de sécurité nationale de septembre 2002 ne soit nullement un document juridique, il suggère une réinterprétation significative du droit de légitime défense comportant un droit d'agir de manière préemptive ou préventive contre des menaces émergentes, avant qu'elles ne deviennent dramatiquement dangereuses. Cette doctrine constitue bien une réponse à certains problèmes réels de la période de l'après-guerre

---

5. *« Préemption » : le terme, au centre des débats récents, est fondé sur l'idée de prévenir une attaque en mettant hors de combat un ennemi menaçant. En dehors de cela, la signification précise du terme n'est pas bien arrêtée. Il peut comprendre à la fois une* action militaire anticipée *(c'est-à-dire contre une menace absolument imminente) et une* action militaire préventive *(c'est-à-dire tuer dans l'œuf une menace future). Traditionnellement, le terme « préemption » s'applique au premier type d'action, « prévention » au second, mais la ligne de partage entre les deux concepts est devenue plus floue dans le débat actuel.*

froide. Il y a cependant beaucoup à dire sur la façon dont elle a été introduite : ouvertement américano-centrée, ne disant rien sur la valeur de la règle de non-intervention et ignorant largement le seul organe qui puisse légitimer les décisions de recours à la force de manière préventive – c'est-à-dire le Conseil de sécurité de l'ONU. Certains gouvernements européens ont montré des signes d'acceptation d'une partie de la doctrine de préemption, mais n'ont guère donné d'arguments détaillés à l'appui de leur position.

Dans l'ensemble, ces deux tentatives de création doctrinale ont échoué, tant politiquement qu'intellectuellement. Politiquement, parce que, dans aucun des cas, on ne trouve le signe d'un soutien international organisé vraiment solide ; intellectuellement, parce que dans les deux cas, le lien entre les nouvelles normes proposées et les règles existantes de non-intervention n'est pas clair du tout. Il serait cependant trop simpliste de conclure, du fait de l'échec de ces tentatives particulières de création doctrinale, que toute l'entreprise est condamnée. Ces doctrines répondent, quoiqu'imparfaitement, aux problèmes réels du monde contemporain. Ces derniers sont à l'origine des pressions pour que l'on s'écarte un peu de l'idée de l'égalité de droits de tous les États souverains et que l'on fasse un pas en direction de celle d'un ordre international (et de certaines normes fondamentales des droits de l'homme), assurés dans une certaine mesure, par les États puissants – notamment, bien sûr, par les États-Unis. Naturellement, l'idée même d'un ordre international hiérarchique de ce genre peut s'avérer un mirage, mais, puisqu'il s'agit d'une réponse à des problèmes réels, on ne peut la rejeter d'emblée. Avant de revenir enfin aux directions dans lesquelles une doctrine justifiant l'usage de la force pourrait être élaborée, il est peut-être utile d'examiner une question parfois minimisée dans les débats : le rôle que pourrait jouer l'ONU dans l'autorisation de la force et dans le recours à celle-ci.

Les Nations unies et le *jus ad bellum*

Les Nations unies, et plus particulièrement le Conseil de sécurité, fournissent une réponse partielle à certains des problèmes relevant à la fois de l'intervention humanitaire et de l'action préventive. Lorsque les Nations unies ont été créées, ses fondateurs ont délibérément évité d'établir une situation dans laquelle le Conseil de sécurité ne pourrait agir que s'il était confronté à une « agression ». Ils lui ont donné au contraire le pouvoir d'agir dans une très large gamme de situations. Il n'y a pas d'obstacle juridique international au recours à la force par le Conseil de sécurité, de manière préemptive ni même de manière préventive. En fait, dans la configuration actuelle du droit international et des relations internationales, c'est sans doute le seul organe qui puisse, en théorie du moins, donner une justification juridique solide à une action militaire préventive ou préemptive.

Dans la période de l'après-guerre froide, le Conseil de sécurité n'a pas toujours été aussi opposé à la force qu'on le croit parfois. Il a autorisé le recours à la force dans de nombreux cas et circonstances différentes : par des coalitions et des alliances autorisées par l'ONU en Irak (1990), en Bosnie Herzégovine (1993), en Haïti (1994), en Albanie (1997) et au Timor Oriental (1999) ; par certaines forces de maintien de la paix de l'ONU, en Sierra Leone (2000) ; et par certaines forces de maintien de la paix ne relevant pas de l'ONU, dont l'IFOR et la SFOR en Bosnie (1995 et 1996), la KFOR au Kosovo (1999) et l'ISAF en Afghanistan (2002).

Le Conseil de sécurité a également abordé la question du terrorisme. Il avait averti l'Afghanistan, longtemps avant le 11 septembre 2001, des conséquences auxquelles il s'exposait s'il continuait à abriter des mouvements terroristes. Puis, après le 11 septembre, il a reconnu l'existence d'un lien important entre le problème du terrorisme et le droit de légitime défense. Ses résolutions ont d'une part accepté que le droit de légitime défense s'applique en réponse à des actions menées par des entités non étatiques au titre du concept d'« attaques armées », d'autre part autorisé la possibilité d'attaquer des bases terroristes opérant sur le sol d'États ne voulant pas, ou ne pouvant pas empêcher des attaques terroristes ; et enfin, reconnu que ne pas arriver à empêcher ou à punir les actes terroristes commis par un mouvement opérant sur son sol, engageait la responsabilité du régime ; en conséquence de quoi, une attaque dirigée contre le régime lui-même pouvait constituer un acte de légitime défense autorisé[6].

Il serait cependant absurde de prétendre que le Conseil de sécurité apporte une méthode procédurale complètement satisfaisante pour sortir des dilemmes que pose l'intervention en ce nouveau siècle : il y a tout simplement trop d'incertitudes dans le processus (a) qui conduit à un accord sur des résolutions particulières et (b) qui régit leur mise en œuvre. Bien qu'ils soient parvenus à bon nombre d'accords sur le recours à la force dans les années 1990, les cinq membres permanents ont mené sur ce sujet en 2003 une discussion diplomatique, incroyablement incohérente et à courte vue, dont aucun n'est sorti vainqueur. Leurs divergences sur ce sujet ne sont probablement pas près de disparaître. Toutefois, le fait que le système de sécurité de l'ONU ne couvre pas toutes les situations, et échoue parfois de manière spectaculaire, ne signifie pas qu'il soit globalement inadapté aux problèmes de sécurité contemporains.

Une question particulière liée au *jus ad bellum*, soulevée par la pratique du Conseil de sécurité de l'ONU, concerne la légitimité du

---

6. *Voir en particulier la résolution du Conseil de sécurité 1368 du 12 septembre 2001.*

recours à la force par des États ou des coalitions qui n'y sont pas explicitement autorisés par le Conseil, alors qu'ils prétendent avoir pour objectif de mettre en œuvre ses résolutions. Il y a deux catégories de recours à la force de ce type :

1) La mise en œuvre des objectifs fixés par le Conseil de sécurité, même s'il n'a pas spécifiquement autorisé le recours à la force – comme dans le nord de l'Irak en 1991 ou au Kosovo en 1999.

2) L'interprétation d'une précédente autorisation de recours à la force donnée par le Conseil de sécurité couvrant des actions ultérieures, même si le Conseil n'a pas pu se mettre d'accord spécifique sur les dernières en date – comme en Irak en 1993, 1998 et 2003.

Il n'y a pas de perspective d'accord conceptuel entre les États pour regarder de tels recours à la force comme légitimes. Sur ce point, comme sur de nombreux sujets, les jugements sur la légitimité et même sur la légalité d'une action dépendent très largement du contexte et de la façon dont une action est menée. On peut concéder, dans quelques cas du moins, que certains recours à la force obéissant à ces raisonnements sont admissibles. Et il est hypocrite de suggérer comme principe absolu, que la force ne devrait jamais être utilisée sans autorisation explicite du Conseil de sécurité.

Ceci conduit à une conclusion plus large sur les Nations unies et le *jus ad bellum*. Laisser entendre que le multilatéralisme et l'unilatéralisme sont opposés par nature, est tout simplement une fausse proposition. Tant les faucons américains que les colombes françaises ont parfois insinué qu'il s'agissait d'un choix essentiel – et y ont apporté des réponses différentes. En réalité, les Nations unies, qui ne peuvent tout simplement pas assurer un système complet de sécurité collective, ont besoin d'un fort soutien des États – et parfois même de leur disposition à agir unilatéralement.

Malgré les limites du rôle du Conseil de sécurité de l'ONU en matière de recours à la force, il a contribué au développement considérable du *jus ad bellum* dans la période de l'après-guerre froide et on ne peut exclure qu'il puisse y avoir d'autres développements de ce genre. En théorie du moins, le Conseil de sécurité pourrait accroître son rôle, déjà considérable, en matière de terrorisme ; et il pourrait aussi être un instrument important de la mise en œuvre de restrictions au développement des armes de destruction massive. Il a le pouvoir d'agir préemptivement ou préventivement et aussi, de manière plus réaliste, d'autoriser ou d'approuver une action préemptive des États. C'est peut-être le seul organe qui puisse ouvrir la porte à la préemption sans pour autant que la porte soit ouverte à tous les États pour agir de manière préemptive. S'il est naïf de supposer que l'ONU puisse fournir une réponse complète à des problèmes aussi difficiles que le terrorisme et la préemption, il serait dogmatique d'escamoter entièrement l'ONU du tableau.

Les rôles du *jus in bello*

Le renforcement de l'importance politique des lois de la guerre (*alias* Droit international humanitaire [DIH]) a été un autre grand changement de la période de l'après-guerre froide. L'importance de ces règles s'est vérifiée à plusieurs égards :

1) Au cours de nombreuses guerres intérieures et internationales, des organes internationaux, dont le Conseil de sécurité de l'ONU, ont sans cesse appelé à l'application des normes fondamentales du DIH. Lorsque ces appels échouaient, l'intervention par des parties extérieures a été autorisée, créant un lien imprévu, mais important, entre deux corpus de droit théoriquement séparés. La mise en œuvre du *jus in bello* a parfois constitué la majeure partie des justifications du recours à la force et se rattache donc ainsi au *jus ad bellum*.

2) L'accent mis sur l'application des normes a conduit à la création de tribunaux pénaux internationaux, en particulier dans le cas de l'ancienne Yougoslavie et du Rwanda, puis à celle de la Cour pénale internationale. Leur création a eu des répercussions considérables sur la conduite des relations internationales, allant de modifications subtiles dans la conception de la souveraineté étatique à des querelles politico-diplomatiques sur l'exceptionnalisme américain et le « deux poids, deux mesures ».

3) Des progrès réels et importants dans l'amélioration de la précision des armes aériennes, ont eu pour conséquence de faire espérer à certains une ère nouvelle dans laquelle, à long terme, la puissance aérienne pourrait enfin être utilisée pour des actions de police internationale, d'une façon conforme au droit de la guerre, et qui réduirait considérablement les pertes civiles. Cependant, pour une série de raisons – en partie techniques, en partie politiques et participant de l'inévitable entremêlement des militaires et des civils dans les conflits réels – on ne voit guère de signal de l'avènement réel de cette ère nouvelle de guerre clinique qui avait suscité tant d'espoirs.

4) Même dans les cas où le *jus ad bellum* offre un fondement parfait à l'action militaire, comme ce fut le cas des opérations autorisées par l'ONU en Somalie à partir de décembre 1992, si ces actions en viennent à être perçues comme violant les normes fondamentales du *jus in bello*, elles ne tardent pas à être considérées comme illégitimes dans leur ensemble : ce qui s'est produit en Somalie.

L'importance croissante du *jus in bello* a fait apparaître nombre de problématiques. Certaines proviennent du fait sous-jacent qu'un gouffre intellectuel profond existe entre ceux qui sont essentiellement préoccupés par la stratégie et ceux qui le sont davantage par l'application des normes humanitaires, y compris celles contenues dans les lois de la guerre. Ce gouffre conceptuel est susceptible d'obscurcir à tout instant le débat.

La première preuve en est que de nombreuses grandes puissances – dont la Chine, l'Inde, l'Indonésie, l'Iran, Israël, le Japon, le Pakistan, la Russie et les États-Unis – ne sont pas parties à la Cour pénale internationale (CPI)[7]. Cela permet d'imaginer l'existence d'un certain degré de tensions entre puissance militaire et mise en œuvre des lois de la guerre par une institution judiciaire internationale. Cette tension comporte de nombreux aspects qui ne sont pas tous liés au rôle de la CPI.

Le concept de dissuasion, nucléaire ou conventionnelle, peut parfois exiger de recourir à des menaces susceptibles de poser des problèmes au regard des lois de la guerre. Mais le rôle résiduel de la dissuasion dans le monde de l'après-guerre froide n'est pas bien compris, en particulier, peut-être, par les juristes internationaux. Dans son avis consultatif sur la licéité de la menace ou de l'utilisation des armes nucléaires, la Cour internationale de justice (CIJ) s'est montrée remarquablement gaulliste en déclarant que l'usage des armes nucléaires « par un État dans une circonstance extrême de légitime défense, dans laquelle sa survie même serait en cause » pourrait être légitime. En déclarant qu'il s'agissait de la seule raison imaginable de la menace ou de l'emploi d'armes nucléaires, la CIJ paraissait exclure d'autres motifs possibles – comme moyen, par exemple, *a)* de dissuader le déclenchement d'une guerre ou *b)* de maintenir les normes internationales contre l'emploi de toutes les armes de destruction massive.

---

7. *Selon le site web de l'ONU sur le traité le 21 février 2004. La Chine, l'Inde, l'Indonésie, le Japon, le Pakistan n'ont pas signé le statut de Rome. L'Iran, Israël et la Russie l'ont signé, mais ne l'ont pas ratifié. Les États-Unis l'ont signé, mais ont notifié à l'ONU le 6 mai 2002 qu'ils n'avaient pas l'intention d'en devenir partie.*

On a souvent considéré que les exigences des lois de la guerre heurtent l'approche qu'ont les États-Unis et l'OTAN de la conduite des campagnes militaires – approche qui met l'accent sur l'attaque de la source de pouvoir du régime adverse. Cette conception a renforcé la nervosité officielle des Américains face à la mise en œuvre internationale des lois de la guerre, par des organes internationaux, et en particulier bien sûr, par la Cour pénale internationale.

La non-acceptation par les États-Unis (ou leur acceptation seulement partielle) de l'application des lois de la guerre à certains aspects de leur « guerre contre le terrorisme », et en particulier au traitement réservé à leurs détenus, a suscité une masse de critiques internationales vigoureuses, ce qui risque en fait de compliquer certains aspects de la conduite des opérations antiterroristes par les États-Unis. Reste que la question de savoir comment il faut traiter et juger les terroristes suspects concerne nombre de sociétés et que peu d'entre elles peuvent prétendre avoir trouvé une solution acceptable. Le terrorisme n'est qu'un exemple des problèmes que la nature toujours changeante – tenant du caméléon – de la guerre pose aux catégories juridiques bien ordonnées dans lesquelles le droit est nécessairement formulé.

La capacité des États-Unis et de quelques-uns de leurs alliés à mener une guerre de haute technologie dans une sorte de conformité aux lois de la guerre a abouti à un certain type de réponses commun aux sociétés moins développées qui sont l'objet de leurs attentions militaires. Dans les guerres du Kosovo, d'Irak, d'Afghanistan et d'ailleurs, confrontés à la capacité américaine de frapper certains types de cibles presque à volonté, les adversaires des États-Unis ont eu recours à des actions qui violent l'obligation de maintenir les installations et les cibles militaires hors des aires civiles, et notamment de les maintenir à l'écart des sites protégés tels que les mosquées. Dans certains cas également, il se peut même qu'ils aient

inventé des attaques américaines contre des mosquées afin de discréditer les Américains. Ce genre d'activité a été à juste titre nommé
lawfare – par un général de l'armée de l'air, américain évidemment.

Bien que l'ensemble des problèmes concernant les lois de la
guerre identifiés ici aient une influence sur le rôle de toutes les
grandes puissances, ils affectent particulièrement celui des États-
Unis en tant que première puissance militaire du monde. Il y a
incontestablement certaines tensions entre les principes des lois de
la guerre d'une part, et les responsabilités militaires des États-Unis
telles qu'eux-mêmes les perçoivent, de l'autre. Les Américains
considèrent qu'ils ont la responsabilité de dissuader les actes extré-
mistes de leurs adversaires et de poursuivre une stratégie militaire
efficace contre les régimes dictatoriaux. Si, ce faisant, ils ont le
sentiment (à tort ou à raison) qu'ils risquent d'être exposés à des
poursuites devant la CPI, cela les rend naturellement nerveux à
propos de certains aspects du droit de la guerre.

Malgré les difficultés que peuvent rencontrer certaines puissances, l'importance des lois de la guerre ne va probablement pas
décliner. Si les États démocratiques doivent utiliser la force de
manière légitime, il est essentiel que son usage soit perçu comme
l'application de normes acceptées internationalement. Ainsi, bien
que les lois de la guerre puissent poser des problèmes aux grandes
puissances, notamment aux États-Unis, il n'y a tout simplement pas
moyen d'y échapper.

Questions générales et conclusions

1) La règle de non-intervention demeure à la base des relations
internationales et seules des combinaisons de circonstances exceptionnelles peuvent justifier que l'on donne priorité à d'autres

normes. Pour obtenir davantage de soutien, toute évolution de la doctrine sur la légitimité du recours à la force doit partir de cette idée et le faire explicitement. Il y a, à cela, une raison pratique sous-jacente : dans de nombreuses sociétés, le nationalisme reste une force importante, voire une force constructive. Des tentatives trop ambitieuses pour élargir les possibilités de recours à la force, susciteraient de sa part une réaction compréhensible et ne pourraient que le renforcer et non l'affaiblir. Les dictatures ne sont pas seules à craindre à raison un interventionnisme excessif et à avoir besoin qu'on leur garantisse le respect de la souveraineté étatique ; c'est aussi le cas des populations des États, qu'elles vivent en dictature ou en démocratie.

2) Le principal fondement servant à justifier la force reste la légitime défense contre une attaque absolument imminente. À l'ère de l'ONU, le concept de « légitime défense » a été étendu par les États pour englober davantage d'actions que ne l'avaient peut-être envisagé à l'origine les rédacteurs de la Charte. On ne peut pas éternellement tirer sur un élastique sans le casser. Cependant, lorsque le Conseil de sécurité approuve un élément d'« extension », comme il l'a fait à l'égard du problème du terrorisme, cela peut aboutir à un degré d'acceptation que l'action unilatérale ne pourrait obtenir seule.

3) Les pressions en faveur de l'intervention sont réelles et aucune doctrine sérieuse ne peut complètement l'exclure. En fait une pratique limitée de l'interventionnisme, et la reconnaissance de sa nécessité, sont peut-être le seul moyen de sauver la règle de la non-intervention de ses propres contradictions internes. Tout effort sérieux pour développer une conception ou une pratique de l'intervention légitime devrait prendre en compte les revendications liées à l'autodétermination nationale ainsi que des revendications plus récentes, tenant à des considérations humanitaires, au contrôle de la prolifération des armes, à la « guerre contre le terrorisme », etc.

4) L'interventionnisme des premières années de ce siècle, dirigé par les Américains, pourrait bien contenir ses propres limites. D'abord, parce que les Américains ont été perçus comme « démangés par la guerre », ce qui a été profondément dévastateur dans le cas de l'Irak en 2002-2003, et a eu un effet sérieux sur leurs alliés potentiels. Mais aussi parce que ses conséquences se sont révélées coûteuses sur le terrain dans nombre des endroits où ces interventions ont eu lieu.

5) Bien qu'elle ait obtenu un important soutien international, la doctrine de *préemption* est en difficulté. À cause, en partie, des nombreuses faiblesses qui auraient pu être évitées dans la manière dont la doctrine a été présentée ; en partie aussi parce que le comportement des États-Unis et du Royaume-Uni dans l'affaire irakienne risque d'avoir sapé la confiance publique et internationale sur deux points : dans la fiabilité des évaluations des services de renseignement et dans la sagesse des responsables politiques. Deux facteurs absolument essentiels pour qu'il y ait acceptation publique et internationale d'une doctrine de préemption. Ils risquent d'avoir été compromis par les avocats mêmes de cette doctrine.

6) Les pays européens ont une occasion de développer des idées, moins étroites que certaines des doctrines américaines, sur la légitimité de l'intervention au XXIᵉ siècle. Reste que le comportement des gouvernements européens en 2003 ne donne pas le sentiment qu'ils aient une compréhension particulièrement aiguë de la nature des problèmes qui se posent, et les débats sur le sujet en Europe sont profondément marqués par des conceptions différentes de la guerre, de la force, de la dictature et du rôle de l'ONU. En outre, les perspectives d'une augmentation des budgets de la défense, qui permettrait aux États européens d'agir lorsqu'une action est jugée nécessaire, ne sont pas brillantes.

7) Pour emporter la conviction et avoir de la crédibilité, un corpus d'idées concernant le recours à la force devra peut-être

apporter une forme de réponse, même ambiguë, à la question toujours délicate de savoir pourquoi il est légitime que des États possèdent certains types d'armes et pas d'autres. Bien qu'admirables, ni les dispositions de la Charte sur le Conseil de sécurité de l'ONU, ni les termes du Traité de non-prolifération n'apportent de réponses satisfaisantes à cette question.

Un système international reposant sur l'idée de grandes puissances ou de « grands responsables » pouvait passer pour une réponse. Sommes-nous dans une telle situation ? Et, si tel n'est pas le cas, est-il surprenant que le vide conceptuel, comme d'autres, ait été comblé (très imparfaitement) par les États-Unis ?

Chapitre 2 / L'APPLICATION MODERNE DE LA THÉORIE DE LA GUERRE JUSTE[*]

Michael QUINLAN

La tradition de la « guerre juste » qui offre un cadre d'analyse des conflits en termes de morale, et a été pendant des siècles développée par des théoriciens du droit naturel se réclamant surtout de la pensée chrétienne, s'appuie sur des bases théoriques solides. Mais, à l'époque contemporaine, les transformations de la scène internationale, à la fois politiques et techniques, ont fait surgir de nouvelles interrogations sur la manière d'interpréter et d'appliquer concrètement certains de ses concepts sur le recours à la guerre (*jus ad bellum*) et sur la conduite de la guerre (*jus in bello*) ; rappelons que la prise en compte de la réalité des situations a toujours été au cœur de cette tradition. Dans les années récentes, le débat public a surtout porté sur le droit à recourir à la guerre (*jus ad bellum*), par exemple au Kosovo en 1999 et plus encore cn Irak en 2003 ; mais des questions importantes restent également posées dans le domaine de la conduite de la guerre (*jus in bello*). Nous nous proposons ici d'aborder ces deux catégories de problèmes.

Le *jus ad bellum*

Dans la liste des critères du *jus ad bellum*, la « cause juste » figure souvent en première place. À certains égards, par rapport à l'époque prémoderne, l'interprétation qu'on en donne habituellement est devenue plus étroite : on ne considère généralement plus que l'honneur des gouvernants constitue un critère valable ; mais il y a eu également une tendance à élargir cette notion de la cause juste, et il importe de la manier avec précaution. Un des arguments

---

[*]   *Cet article a été traduit par Hélène Arnaud.*

avancés pour justifier l'intervention militaire en Irak en 2003 a été que Saddam Hussein était un tyran abominable qui martyrisait son propre peuple. C'est vrai, et personne ne regrettera sa chute. Mais aucune disposition du droit international – ni aucune jurisprudence établie – n'autorise une intervention militaire pour renverser un régime condamnable au plan interne ; c'est peut-être regrettable, mais c'est ainsi. Et quand bien même une telle disposition existerait, on ne saurait accepter que le fait de décider où, quand et comment intervenir soit laissé à l'appréciation d'une ou deux puissances lointaines et non pas aux Nations unies ou tout au moins à une fraction représentative de la communauté internationale.

L'opération au Kosovo en 1999 diffère de l'intervention en Irak au moins sur quatre points. Elle a été menée dans l'urgence pour arrêter un désastre humanitaire en cours ; il ne s'agissait pas d'envahir un pays pour renverser son régime ; l'intervention était soutenue par la plupart des États voisins et par une large coalition des principales puissances, et elle a été rapidement avalisée par les Nations unies ; peu de temps auparavant, le secrétaire général avait reconnu que la situation au Kosovo constituait une menace pour la paix et la sécurité internationale, du fait qu'elle entraînait l'exode massif de populations de réfugiés dans les États voisins, eux-mêmes déjà en butte à d'énormes problèmes ethniques et économiques. Il est particulièrement tentant d'invoquer le concept d'intervention humanitaire, y compris par la force en cas de nécessité, lorsqu'on assiste à des violations massives des droits de l'homme ; mais il est indispensable que ce concept repose sur des définitions précises et sur des procédures clairement établies, afin d'éviter l'usage arbitraire de la force militaire et l'instauration de précédents dangereux. Le rapport rédigé en décembre 2004 par le groupe d'experts de haut niveau mis en place par le Secrétaire général des Nations unies comporte à cet égard d'importantes recommandations.

Un autre problème du *jus ad bellum,* qui fait intervenir à la fois le critère de la « cause juste » et celui de la proportionnalité, concerne la notion de guerre préemptive. La stratégie américaine de sécurité nationale proclamée en 2002 invoquait cette notion en plaidant qu'à l'époque actuelle – la menace de l'utilisation des armes de destruction massive s'ajoutant à celle d'un terrorisme international décidé à infliger à ses adversaires des dommages sans limites – le recours à la guerre préventive devenait une option plus sérieuse que par le passé ; ce fut un des premiers arguments avancés pour justifier l'attaque de l'Irak.

L'idée d'une guerre d'autodéfense préemptive, bien qu'il s'agisse d'attaquer quelqu'un qui ne vous a pas attaqué, ne peut pas être écartée en cas d'une menace grave, précise et imminente. On admet couramment aujourd'hui qu'Israël ne doit pas être condamné pour avoir en 1967 engagé le premier les hostilités qui allaient donner lieu à la guerre des Six Jours, attaquant des États voisins qui lui déniaient le droit d'exister et étaient en train de se préparer à l'attaquer. On pourrait craindre le pire si les armes de destruction massive dont on connaît la puissance terrifiante tombaient entre les mains de groupes internationaux de terroristes. Mais il n'en reste pas moins indispensable de faire preuve de lucidité et de sens des responsabilités lorsqu'on envisage de déclencher une guerre préemptive (ou plutôt, dans bien des cas, préventive) contre un État. Dans un cas comme l'Irak, on doit se demander pourquoi la dissuasion ne pouvait pas marcher ; le fait qu'un régime soit mauvais n'implique pas qu'il soit fou. Il faut aussi tenter de comparer honnêtement la probabilité et la gravité des risques encourus. On ne pouvait exclure totalement l'hypothèse que Saddam Hussein possédait un arsenal d'armes nucléaires et qu'il pouvait en livrer à des groupes terroristes une quantité suffisante pour que ceux-ci déclenchent une attaque dévastatrice contre le territoire américain.

Cette possibilité n'était pas totalement nulle ; mais on ne gère pas les affaires humaines en prenant comme critère une certitude mathématique. Une telle combinaison d'hypothèses reposait sur très peu de données solides et pouvait être globalement considérée comme très peu probable. Et à l'inverse, il était hautement probable, pour ne pas dire certain, qu'une attaque préemptive visant à réduire ou éliminer ce risque très faible allait entraîner des pertes humaines considérables, surtout parmi les Irakiens, qu'ils soient militaires ou civils. La coalition qui a envahi l'Irak n'a jamais présenté d'évaluation des pertes en question – peut-être a-t-elle préféré ne pas les calculer – mais elles se chiffrent certainement en dizaines de milliers de morts, et la possibilité de tels effets a bien dû être envisagée lorsqu'a été prise la décision d'intervenir. C'est un autre aspect de l'équilibre des risques que le concept de riposte juste et équilibrée nous impose de prendre en compte. Il n'est pas certain que ce fut le cas lorsqu'a été prise la décision d'envahir l'Irak.

Peut-être serait-on moins prêt à l'heure actuelle que ne l'a été le Conseil de sécurité en 1981, à condamner le raid préventif israélien contre la centrale nucléaire irakienne d'Osirak, mais il faut rappeler que ce raid n'a pas entraîné des milliers de morts ni déstabilisé massivement la région. Qualifier un gouvernement de régime « voyou », même à juste titre, ne fait pas disparaître le droit de ses citoyens à être considérés comme des êtres humains ; et si les États se doivent d'assurer la protection de leurs ressortissants, cela ne les autorise pas pour autant à infliger, à coup sûr, de terribles souffrances aux populations d'autres États dans le but de parer à un risque hypothétique que courraient leurs propres citoyens. Bref, quels que soient les risques que pourraient présenter les armes de destruction massive, il faut continuer à mettre la barre très haut lorsqu'il s'agit d'apprécier une preuve conduisant à légitimer une guerre préemptive.

L'application du concept de proportionnalité appelle trois autres remarques. Tout d'abord, il s'agit de comparer, d'une part, les dégâts que risque d'entraîner une guerre et, d'autre part, les maux auxquels elle entend remédier ; et il importe donc d'établir clairement et honnêtement ce que sont ces maux : l'imminence d'une terrible menace contre des millions d'innocents ne se compare pas avec le fait de défier l'autorité de l'ONU.

En second lieu, si l'on veut juger des résultats d'une guerre, il faut non pas comparer la situation avant et après le conflit – à cet égard l'exemple de la Seconde Guerre mondiale ne serait guère positif – mais plutôt tenter de prévoir quelle sera la situation si on fait la guerre et si on ne la fait pas. En outre, il ne s'agit pas d'une évaluation comparée entre faire la guerre et ne rien faire du tout, comme certains partisans de l'intervention en Irak ont semblé le penser, mais entre faire la guerre et tenter au maximum d'agir par d'autres moyens.

Enfin, ce critère implique évidemment que l'on s'attende à ce que la guerre conduise à une amélioration globale de la situation ; mais, même dans ce cas, il s'agit d'une condition nécessaire mais non suffisante pour justifier le recours aux armes. L'éthique de la guerre juste ne repose pas uniquement sur l'évaluation des conséquences de l'action, la fin étant supposée justifier les moyens ; d'autres critères doivent être remplis.

L'un de ces critères est celui de l'Autorité légitime. La réponse à y apporter peut dépendre de la définition de la « cause juste » que l'on invoque. Si celle-ci est réellement l'autodéfense, alors, comme le reconnaît la Charte des Nations unies, un État souverain a le droit de décider seul. Mais, dans le contexte créé en 1945 par l'adhésion à la Charte de la grande majorité des États, d'autres causes peuvent imposer des exigences nouvelles, et surtout, poser la question de l'aval à obtenir du Conseil de sécurité. Le système onusien actuel comporte bien des imperfections, notamment en ce qui concerne l'usage du droit de veto au Conseil. On peut soutenir à juste titre – comme cela a été le cas pour l'intervention au Kosovo qui a été déclenchée sans son autorisation – qu'il n'est pas possible de toujours soumettre aux décisions du Conseil toute action allant au-delà de la simple autodéfense. Mais de là à dire que toute puissance a le droit de décider par elle-même de ce qu'il faut faire, il y a un grand pas à ne pas franchir (et il serait paradoxal de se passer de l'autorité du Conseil de sécurité si l'on prétend mener une guerre pour la faire respecter). C'est là un domaine où la communauté internationale a de sérieux progrès à faire et des décisions difficiles à prendre si elle veut vraiment que la gestion des problèmes inter-nationaux soit menée sur une base collective et cohérente, plutôt que livrée à l'arbitraire et à l'unilatéralisme. Là encore, le rapport du groupe d'experts de haut niveau des Nations unies contient des recommandations pertinentes qui devraient être activement mises en œuvre par les grandes puissances.

À l'époque actuelle, un problème supplémentaire concernant l'autorité légitime, rarement abordé dans le contexte de la guerre juste, peut se poser dans les démocraties. C'est en général dans le domaine de la politique internationale que l'on se pose la question de savoir qui, sur la scène mondiale, a le droit de décider de faire la guerre. Mais, la question comporte un aspect de politique interne, tout au moins dans les pays démocratiques : le devoir des gouver-nants de ne pas entraîner leurs concitoyens dans la guerre sans leur avoir expliqué de manière claire, honnête et responsable, pourquoi cette guerre est indispensable et donc acceptable pour eux. On peut se demander si cette exigence a toujours été respectée, notamment en ce qui concerne la cohérence de l'argumentation, si l'on pense, par exemple, à l'étape décisive qui a été franchie en 2003, lorsqu'a été prise de manière délibérée la décision d'intervenir en Irak.

Autre critère, dans le cadre du *jus ad bellum*, celui du « dernier recours ». On en donne parfois une interprétation caricaturale, comme si les décideurs étaient contraints d'explorer toute une série d'options manifestement irréalistes avant de se résoudre à faire la guerre. Or, ce dont il s'agit en réalité, c'est de ne recourir à la guerre que si l'on juge honnêtement et raisonnablement qu'il n'existe aucun autre moyen d'obtenir le résultat recherché. Diverses options devraient parfois être envisagées avant d'en arriver à ce jugement, mais ce n'est pas toujours le cas. Cela ne veut certainement pas dire que l'on doive *a priori* accepter de repousser indéfiniment le moment de l'intervention. L'expérience l'a prouvé au cours de l'effondrement de la Yougoslavie : le fait d'attendre avant d'intervenir peut conduire à une situation bien pire, avec un beaucoup plus grand nombre de victimes et la nécessité par la suite d'engager beaucoup plus de forces dans la bataille que si l'on avait rapidement lancé une action militaire adaptée. Le temps n'est pas toujours neutre et les options disponibles peuvent devenir plus limitées, plus coûteuses, plus précaires ou plus dangereuses ; mais ce n'est pas certain et rien n'est donné d'avance. Le pour et le contre, les probabilités et les urgences, tout doit être pesé en fonction des circonstances.

Le *jus in bello*

Dans la tradition du *jus in bello*, la légitimité de l'entrée en guerre est soumise à deux critères : la discrimination et la proportionnalité. Faire preuve de discrimination veut dire qu'on ne fait pas de l'attaque de populations innocentes le but de la guerre ; on peut prévoir qu'une guerre va sans doute et même certainement entraîner des dégâts collatéraux en causant des pertes en vies humaines parmi les civils innocents, mais cela ne la condamne pas pour autant sur le plan moral ; cependant, ces effets négatifs ne doivent pas faire partie des objectifs de la guerre, ni être nécessaires pour que ces objectifs soient atteints. Répondre au critère de proportionnalité implique que le prix à payer en matière de morts et de dégâts matériels pour atteindre les objectifs ne dépasse pas le niveau « nécessaire » justifié au point de vue du *jus ad bellum*. Notons que si le coût de la guerre en termes de pertes de vies humaines innocentes est au cœur du concept de proportionnalité, les pertes subies dans les rangs des armées ennemies comme dans ses propres rangs peuvent aussi entrer en ligne de compte, ainsi que les dégâts infligés aux infrastructures dont dépend le fonctionnement normal des sociétés civiles.

Si l'on remonte à la Seconde Guerre mondiale, on s'aperçoit que, comme aujourd'hui, de sérieux problèmes se posaient déjà en matière de *jus in bello*, notamment quant à l'utilisation d'armes à longue portée : comme dans le cas des raids aériens britanniques contre des villes allemandes et dans celui de l'emploi de la bombe atomique par les Américains, en 1945, contre le Japon. Nous ne reviendrons pas ici sur les débats très vifs qui ont porté sur l'aspect moral de ces opérations, mais nous voudrions faire trois remarques à propos de la campagne de bombardements britanniques, et une remarque supplémentaire à propos du recours à l'arme nucléaire par les États-Unis.

À l'époque de la guerre, en Grande-Bretagne, même dans une situation d'extrême tension, certains estimaient que la campagne de bombardements soulevait de sérieux problèmes quant à l'interprétation raisonnable du terme « innocent » appliqué aux populations ouvrières allemandes et plus largement à la population dans son ensemble. L'étymologie du terme, en remontant à son origine latine, renvoie aux fonctions remplies par un individu et non à sa responsabilité personnelle ; dans une guerre de grande ampleur entraînant l'engagement massif des pays concernés, qui doit-on considérer comme étant impliqué dans la conduite du conflit ? D'autre part, en ce qui concerne la notion de proportionnalité, certains observent que le lancement de cette campagne pouvait se justifier, du moins dans une certaine mesure, au début de la guerre, lorsqu'on ne pouvait pas encore en prévoir l'issue et qu'il n'y avait pas tellement d'autres moyens pour la Grande-Bretagne d'affaiblir la puissance militaire allemande ; plus tard, en revanche, les perspectives étaient devenues beaucoup plus favorables pour l'armée britannique. Cela amène à se poser plus largement la question de savoir si l'exigence de proportionnalité doit s'appliquer de la même façon si les décisions sont prises dans un contexte de détresse ou tout au moins de grand danger national, ou s'il s'agit de parvenir plus rapidement à une victoire déjà hautement probable. Le recours à la force qui serait interdit à une puissance dominante deviendrait-il légitime pour un État plus faible ? Et l'appréciation de certaines décisions en termes de proportionnalité devrait-elle varier en fonction de l'importance des enjeux d'un conflit donné ?

La troisième remarque concernant la campagne britannique de bombardements aériens sur l'Allemagne est d'une nature différente. Certains de ses partisans font valoir que ces raids exigeaient des équipages des bombardiers beaucoup de courage et de sens du sacrifice ; leur chance de survie était faible ; il était plus dangereux de servir dans une unité de bombardiers au cours de la Seconde Guerre mondiale que de combattre comme officier d'infanterie sur le front Ouest dans la guerre de 1914-1918. Mais quel que soit le respect que l'on doive au courage des combattants, cela n'implique pas pour autant que l'offensive ait été justifiée. Les mêmes problèmes se posent lorsqu'on examine les cas à la fois proches et opposés des conflits au Kosovo en 1999 et en Irak en 2003. Le fait que le bombardement de cibles serbes ou irakiennes ne comportait qu'un minimum de risques pour les aviateurs alliés n'a pas de conséquence directe sur le caractère légitime ou non des attaques – les notions de sportivité ou de comportement chevaleresque n'ont guère de pertinence lorsqu'il s'agit de porter un jugement moral. Une autre question est de savoir si le fait de réduire au maximum les risques pour les attaquants augmentait le danger couru par les populations innocentes bombardées.

Concernant l'utilisation de l'arme nucléaire en 1945, notre propos n'est pas ici de discuter le difficile problème du choix de deux villes comme cible des bombardements. Cependant, si l'on se réfère à l'exigence de discrimination, on peut se demander si l'on ne pouvait pas choisir d'autres types de cible. D'autre part, à l'appui des critiques de l'action américaine, un autre argument parfois invoqué fait valoir qu'en août 1945, le Japon était déjà manifestement vaincu ; la victoire alliée était assurée et ces bombardements n'étaient pas essentiels pour gagner la guerre. Néanmoins, on peut là encore invoquer la légitime défense si l'on accepte le principe de proportionnalité. On pouvait en effet raisonnablement estimer que tenter de parvenir à la victoire finale par d'autres moyens risquait fort de faire beaucoup plus de victimes, parmi les Japonais comme dans les rangs alliés. Même actuellement, à une époque où la supériorité militaire des pays occidentaux et surtout des États-Unis est si écrasante qu'on ne peut guère imaginer qu'ils pourraient être vaincus, on peut légitimement considérer que la rapidité et le coût d'une opération peuvent constituer un critère de proportionnalité, à condition que ce coût ne soit pas évalué sur une base totalement unilatérale.

La dissuasion nucléaire, à l'époque de la guerre froide, a soulevé des problèmes nouveaux en matière de *jus in bello*. Malgré tout le désir que l'on pouvait avoir d'éviter l'emploi des armes nucléaires et de parvenir à ses objectifs politiques par d'autres voies, on devait considérer, pour que la dissuasion soit efficace, que l'on pouvait être amené dans une situation d'extrême danger à recourir à de telles armes. On devait donc honnêtement se demander si et dans quelle mesure le recours éventuel à des moyens de destruction aussi terrifiants pouvait raisonnablement se justifier au regard des critères du *jus in bello*. Certains tenants de l'école réaliste estimaient que cette interrogation était aussi absurde qu'inutile. D'autres, se réclamant de l'idéalisme, jugeaient le débat impossible à trancher et adoptaient donc une attitude pacifiste. Même parmi les partisans d'une moralité pragmatique, certains pensaient que la complexité des problèmes posés ne permettait pas d'y apporter une réponse claire – Michael Walzer, par exemple, dont on connaît la qualité des travaux, a parlé d'une éthique de la détresse ou de la nécessité, ce qui équivalait à coup sûr à se laver les mains de cette difficulté morale.

On pouvait cependant défendre une vision des choses moins désespérée. Tout d'abord, une puissance possédant un armement nucléaire pouvait mettre au point des plans d'attaque visant à infliger des dégâts massifs à un éventuel agresseur en faisant non pas un maximum mais un minimum de victimes civiles innocentes, même en sachant que leur nombre serait considérable ; il n'était pas indispensable d'adopter l'option de l'attaque brutale contre des villes ou contre des populations. C'eût été la meilleure approche possible en termes de discrimination ; et, dans l'hypothèse d'une attaque menée par un adversaire aussi pervers que Hitler ou Staline, l'option aurait pu à la limite apparaître comme moralement acceptable en dépit de ses effets tragiques. En second lieu, le résultat recherché ne devait pas être la défaite des armées ennemies au sens classique du terme – et d'ailleurs il ne pouvait pas en être ainsi dans le contexte de la confrontation Est-Ouest. À l'origine, l'utilisation de l'arme nucléaire devait avoir pour but de convaincre l'adversaire que sa seule chance de survie était de renoncer à son agression ; ensuite, et si l'on y était finalement contraint, de lui infliger des dommages tels qu'il lui serait impossible de tirer un quelconque avantage de son agression ou de la renouveler par la suite. Le critère de la proportionnalité, second critère du *jus in bello*, devait être évalué par rapport à ces objectifs ; et, là encore, dans la mesure où la légitimité morale de la dissuasion ne reposait pas sur la certitude préalable de l'agression, il n'était pas inconcevable que, dans des circonstances extrêmes, certains niveaux d'utilisation de l'arme nucléaire puissent répondre à ce critère.

Dans le contexte post-guerre froide, c'est à l'occasion de la guerre du Golfe et, plus nettement encore, dans l'affaire du Kosovo que s'est posé le problème de savoir quels objectifs pouvaient être légitimement pris pour cible. En 1991, les frappes aériennes alliées visèrent des infrastructures qui étaient utiles non seulement à la population civile irakienne, mais aussi aux troupes de Saddam Hussein que la coalition s'efforçait d'affaiblir. Ces raids n'ont donc pas soulevé de graves problèmes en termes de discrimination. Mais le cas du Kosovo était plus ambigu. Certes, la légalité du choix des cibles faisait l'objet au cas par cas d'un examen critique très sérieux, mais l'objectif de certaines attaques semblait moins d'infliger des pertes aux troupes de Milosevic – qui étaient difficiles à atteindre – que de menacer sa base politique ; on espérait, en faisant souffrir la population serbe, l'amener à ne plus soutenir ni même accepter de subir ce régime. Ce n'était pas forcément un mauvais calcul, comme on a pu le constater par la suite, étant donné que les Serbes – contrairement aux Irakiens sous Saddam Hussein – avaient la capacité de peser sur les décisions de leurs dirigeants. On aurait pu aussi à bon droit se demander ce que les opposants à ce type d'action militaire auraient souhaité que fasse la coalition de l'OTAN – en dehors d'une intervention au sol, avec tous les dégâts et les conséquences négatives qu'elle aurait entraînés de part et d'autre – pour contraindre Milosevic à mettre fin immédiatement à la violence et aux expulsions au Kosovo. On l'a dit plus haut, un thème récurrent dans la tradition de la guerre juste est celui du pragmatisme – un élément essentiel de sa valeur et de sa force – et la question « Quelle solution de rechange ? » est toujours pertinente.

À cet égard, le problème que l'on sera généralement appelé à se poser à l'avenir est le suivant : quelle peut être la cible d'une opération lorsque le but légitime de la guerre est d'imposer à un pays non pas une défaite militaire ou un changement de régime politique, mais un comportement que l'on n'a pas pu obtenir par des moyens non militaires, ou encore de lui infliger des dommages susceptibles de constituer pour d'autres pays un avertissement dissuasif ? C'est cela dont on aurait dû discuter beaucoup plus sérieusement dans les premiers mois de 2003, lorsque l'intervention en Irak a été envisagée.

Un autre type de questions se pose dans le cadre du *jus in bello* concernant l'efficacité des armements et la gestion de l'incertitude. Grâce aux progrès technologiques modernes, les pays développés disposent désormais de systèmes d'armement capables d'atteindre des cibles avec une extrême précision. On peut considérer qu'il est du devoir des gouvernants d'équiper autant que possible leurs armées de ce type de systèmes. Mais atteindre une cible ne constitue qu'une partie – et la plus facile – du travail ; il reste à savoir si on atteint la bonne cible. L'avance technologique et la qualité du renseignement peuvent y contribuer, et là aussi la responsabilité des gouvernements est engagée, mais le succès n'est jamais garanti. On a pu observer dans le conflit irakien l'importance d'un bon entraînement et d'une stricte discipline dans l'efficacité des frappes, mais cela ne résout qu'une partie du problème. La principale difficulté tient à l'incertitude souvent inévitable dans l'appréciation des risques et des conséquences d'une action donnée : bien évidemment, si on ouvre le feu sans connaître exactement le terrain, on peut faire des victimes parmi les civils innocents ou même dans ses propres rangs ou ceux de ses alliés ; mais, à l'inverse, si l'on ne tire pas, on prend le risque de subir des pertes de son côté.

Il s'agit là d'un problème difficile qui se pose dans des situations de grande tension et d'extrême urgence, et il n'y a pas de formule miracle pour y répondre. Mais le début de la sagesse est sans doute de reconnaître honnêtement que tout choix comporte des risques de part et d'autre et de tenter de juger les situations incertaines en termes de probabilités. Cette attitude devrait s'imposer en règle générale, même si elle ne permet pas de surmonter toutes les difficultés. Ce véhicule qui s'approche de mon *check-point* transporte, peut-être, non pas un groupe de civils réfugiés inquiets et désorientés, mais un kamikaze avec une bombe : dois-je tirer si j'estime qu'il y a une chance sur deux pour que ce soit le cas, ou une chance sur dix, sur cent, sur mille ? Quelque part sur cette échelle de risques, il y a un niveau où le devoir moral doit conduire à accepter de courir soi-même un risque au lieu de faire subir aux autres tous les risques liés à l'incertitude de la situation.

Dans le domaine du *jus in bello*, les problèmes les plus sérieux qui se poseront à l'avenir, tout au moins pour les pays occidentaux, concerneront la légitimité du recours à la supériorité technologique militaire pour réduire les risques dans des situations d'incertitude où il y a un équilibre à trouver entre le risque que l'on est prêt à courir et celui d'infliger à l'adversaire des dommages plus importants qu'on ne le souhaite ou qu'on ne devrait le souhaiter. On peut se demander si cet équilibre a été recherché au Kosovo, si l'on considère, d'une part, l'altitude à laquelle volaient les bombardiers de l'OTAN pour échapper aux tirs ennemis et, d'autre part, la précision avec laquelle les cibles étaient repérées et frappées. C'est là une question technique à laquelle il est difficile de répondre sur la base des informations disponibles, et cela est vrai également des critiques qui ont parfois été adressées aux États-Unis à propos de l'utilisation en Afghanistan de bombes d'une puissance exceptionnelle. Il est néanmoins certain qu'en Irak, à la fois au cours des combats et dans les mois qui ont suivi, les troupes de la coalition ont été souvent confrontées à ce problème d'évaluation comparée des risques ; l'ont-elles toujours abordé de manière justifiée ? Les comptes rendus qu'en ont donné les médias peuvent laisser sceptique à cet égard.

Deux autres aspects de l'application du *jus in bello* à l'époque moderne méritent d'être soulignés. Tout d'abord, si le droit international interdit clairement un certain type d'action militaire, par exemple le recours à un certain type d'armement, cette interdiction devrait être considérée comme s'imposant non seulement sur le plan juridique, mais également sur le plan moral, à toute action que l'on pourrait entreprendre, même dans des circonstances particulières où elle aurait pu sembler légitime en termes de discrimination ou de proportionnalité si cette interdiction n'avait pas été formulée. Le respect du droit international est une obligation morale en soi.

D'autre part, notamment lorsqu'un côté dispose d'une supériorité militaire et ne se débat pas pour sa survie, le *jus in bello* devrait de plus en plus tenir compte des conséquences à long terme d'une intervention, au-delà du conflit lui-même, lorsque par exemple on envisage de détruire des infrastructures civiles ou lorsque le recours à un certain type d'armement peut avoir des effets négatifs durables sur la vie normale des sociétés ou sur la qualité de l'environnement. La prise en compte du critère de proportionnalité présent dans le *jus in bello* devrait se retrouver dans l'interprétation du *jus ad bellum*. Le *jus post bellum* impose lui aussi des obligations : on doit reconnaître avant d'engager une guerre qu'en cas de victoire on devra assumer la gestion de l'après-conflit avec patience, efficacité et souci de la justice ; peut-être même devrait-on reconnaître que si l'on manque de cette capacité ou de la volonté d'agir en ce sens, cela devrait peser dans le débat avant de décider de s'engager.

Un monde sans guerre est malheureusement difficile à envisager. Mais il est indispensable – maintenant plus encore peut-être que par le passé – de continuer à appliquer à la guerre des critères rigoureux de jugement éthique. La théorie classique de la guerre juste reste à cet égard le meilleur outil d'analyse, mais certains aspects du monde moderne nous imposent de nous interroger avec sérieux et lucidité, et peut-être en ouvrant de nouvelles pistes de réflexion, sur la manière dont elle devrait désormais être mise en œuvre.

Chapitre 3 / « Guerre juste » :
L'Église catholique actualise son héritage

Christian Mellon

La position traditionnellement tenue par l'Église catholique sur la légitimité éthique de la guerre est connue comme « doctrine de la guerre juste ». L'expression a longtemps figuré dans les manuels de théologie morale, le plus souvent à propos de commentaires du commandement biblique « Tu ne tueras pas[1] ». On supposera ici que cet enseignement est connu, au moins dans ses grandes lignes[2], d'autant que la sécularisation progressive de cette réflexion depuis le xvie siècle a transposé dans le champ du droit et de la philosophie politique les principaux critères élaborés par les théologiens (au Moyen Âge, puis au xvie siècle) pour juger, d'une part, s'il est moralement permis de recourir aux armes dans tel ou tel cas (*jus ad bellum*), d'autre part, si tel ou tel acte accompli dans le cours des hostilités est moralement admissible ou non (*jus in bello*). Il y a longtemps qu'il n'est plus besoin de s'inscrire dans la tradition chrétienne pour manier les notions de « juste cause », « ultime recours », « proportionnalité », « autorité légitime », etc.

---

1. *Traduction traditionnelle mais inexacte du commandement donné par Yahvé (Ex. 20, 13). La traduction exacte est :* « Tu ne commettras pas de meurtre ».

2. *On en trouvera de bons exposés dans le chapitre 1 de René Coste,* Le Problème du droit de guerre dans la pensée de Pie XII *(Paris, Aubier, 1962) ou dans la lettre pastorale publiée en 1983 par la conférence épiscopale des États-Unis,* « Le défi de la paix » *(*La Documentation catholique, *22 juillet 1983). Pour une histoire du développement de la doctrine, la référence reste Robert Regout,* La Doctrine de la guerre juste de saint Augustin à nos jours, d'après les théologiens et les canonistes catholiques, *Paris, Pedone, 1935.*

On ne saurait toutefois en conclure que l'Église catholique, ayant en quelque sorte transmis à la pensée « séculière » l'essentiel de son héritage en la matière, se contenterait désormais de renvoyer aux seuls registres juridique et politique les questions touchant la légitimité du recours aux armes. Si l'on examine les principaux textes produits sur ces questions depuis une soixantaine d'années par le concile Vatican II, les papes (Pie XII, Jean XXIII, Paul VI et Jean-Paul II) et plusieurs conférences épiscopales, ainsi que les positions publiques prises à l'occasion de diverses crises par des autorités ecclésiales, on constate que, même si elles se réfèrent aux exigences du droit et tiennent compte des réalités politiques, elles entendent bien proposer – pas seulement d'ailleurs aux « fidèles » catholiques mais, depuis Jean XXIII, à tous les « hommes de bonne volonté » qui veulent bien l'écouter – un enseignement qui ne soit pas seulement la mise en forme éthique de ce qui fait consensus sur le plan juridique. Les moralistes catholiques maintiennent, en ce domaine comme en d'autres, que le moral et le légal ne se recouvrent pas totalement : il peut arriver qu'une décision de recours aux armes, prise par un pouvoir légitime et conformément au droit existant, soit moralement critiquable ; inversement, la conscience morale peut juger nécessaire une intervention militaire que le droit international, dans son état actuel, n'autorise pas (le cas du Kosovo, qui sera évoqué plus loin, en offre un bon exemple). En maintenant la spécificité d'un jugement moral sur ces questions, l'Église catholique inscrit sa réflexion contemporaine dans le droit fil des préoccupations des théologiens qui en ont posé les fondements : rappelons que, pour Thomas d'Aquin, la question était de savoir « s'il est toujours péché de faire la guerre[3] ».

---

3. Summa Theologiae, *IIa-IIae, q. 40, art. 1.*

Guerre juste, une expression en voie de disparition

Si l'on parcourt les principaux textes publiés depuis le milieu du XXᵉ siècle par les autorités et les théologiens catholiques, un premier constat s'impose : l'expression « guerre juste » n'est pratiquement plus utilisée. Accoler au mot « guerre » un adjectif qui évoque quelque chose de positif et de souhaitable laisserait entendre qu'il pourrait y avoir de « bonnes guerres ». Or l'Église catholique affirme, plus fortement que dans le passé, que toute guerre est un mal. Même quand ses textes rappellent les critères permettant de discerner les cas où il est moralement juste de recourir aux armes, ils soulignent que la guerre doit toujours rester caractérisée comme un mal. En laissant tomber en désuétude le concept de « guerre juste », le discours ecclésial rompt avec des proclamations parfois entendues jusqu'au cœur du XXᵉ siècle, selon lesquelles la guerre était un phénomène normal, à humaniser certes et à contrôler, mais s'inscrivant dans les desseins de la « Providence » divine, et comportant même quelques aspects positifs. Sur ce point, la rupture est nette, comme en témoignent ces mots de Pie XII en 1953 : « Toute apothéose de la guerre est à condamner comme une aberration de l'esprit et du cœur. Certes, la force d'âme et la bravoure jusqu'au don de la vie, quand le devoir le demande, sont de grandes vertus, mais vouloir provoquer la guerre parce qu'elle est l'école des grandes vertus et une occasion de les pratiquer devrait être qualifié de crime et de folie[4]. »

Mais ce discrédit du concept de « guerre juste » n'équivaut pas à un ralliement de l'Église catholique à la position pacifiste, selon laquelle aucun recours aux armes ne serait jamais justifié morale-

---

4. *Allocution à un congrès de médecine militaire,* La Documentation catholique, *col 1413, 1953.*

ment. Il n'est que de se référer au « catéchisme de l'Église catholique », publié en 1992, pour vérifier que la doctrine officielle, même si elle n'utilise plus l'expression « guerre juste », reprend l'essentiel de l'enseignement qui s'est élaboré sous cette appellation au cours des siècles[5]. Les critères traditionnels du *jus ad bellum* et du *jus in bello* sont invoqués pour fonder – moyennant réinterprétations et actualisations – les positions prises par des autorités ecclésiales dans tous les débats importants de la deuxième moitié du xxe siècle. C'est ce que l'on se propose de montrer ici.

Cause juste

La notion de « juste cause » joue toujours un rôle essentiel, mais interprétée de manière beaucoup plus restrictive que jadis. Selon la doctrine classique, on pouvait licitement prendre l'initiative de recourir aux armes pour obtenir réparation d'une injustice subie. Les auteurs médiévaux justifient le recours aux armes pour « punir une faute » ou se venger d'une offense grave. Aujourd'hui, seule est admise une perspective strictement défensive. Comme dans la charte de l'ONU, la « légitime défense » constitue, pour le concile Vatican II, l'unique exception au principe général de la prohibition de la guerre : « Aussi longtemps que le risque de guerre subsistera, qu'il n'y aura pas d'autorité internationale compétente et disposant de forces suffisantes, on ne saurait dénier aux gouvernements, une fois épuisées toutes les possibilités de règlement pacifique, le droit de légitime défense[6]. » Notons au passage que la formule « aussi

---

5. *Articles 2307 à 2317*, Catéchisme universel de l'Église catholique, *Paris, Mame-Plon, 1992, p. 471-473.*
6. Gaudium et spes, *79, 4.*

longtemps que le risque de guerre subsistera » n'est pas purement rhétorique : elle marque une rupture avec l'idée, pourtant communément reçue hier, que la guerre est un phénomène tellement inhérent à l'histoire humaine qu'il serait vain de viser son éradication et que le seul objectif réaliste serait de la limiter et de l'humaniser. L'Église d'aujourd'hui affirme qu'il faut chercher à débarrasser l'humanité de ce fléau, même si elle ne se fait aucune illusion sur la possibilité d'y parvenir à court terme.

Doit-on identifier « légitime défense » à « légitime *auto*défense » ? Les tragédies des années 1990 vont amener à préciser ce point. Pour Jean-Paul II, il est légitime – et même moralement obligatoire – de défendre ceux qui ne peuvent se défendre eux-mêmes. Évoquant, dans son discours du 16 janvier 1993 au corps diplomatique, les dramatiques événements de Bosnie, il déclare : « Une fois que toutes les possibilités offertes par les négociations diplomatiques, les processus prévus par les conventions et organisations internationales, ont été mis en œuvre, et que, malgré cela, des populations sont en train de succomber sous les coups d'un injuste agresseur, les États n'ont plus le "droit à l'indifférence". Il semble bien que leur devoir soit de désarmer cet agresseur, si tous les autres moyens se sont avérés inefficaces[7]. »

Ce « devoir » revêt une telle importance à ses yeux qu'il ajoute, pour écarter l'objection à laquelle chacun pense : « Les principes de la souveraineté des États et de la non-ingérence dans leurs affaires internes – qui gardent toute leur valeur – ne sauraient toutefois constituer un paravent derrière lequel on pourrait torturer et assassiner[8]. »

---

7. La Documentation catholique, *2066, p. 157.*
8. *Art. cité. Cette opinion, il l'avait déjà exprimée quelques semaines plus tôt, à propos de l'action humanitaire : « Il ne faut pas que les guerres entre nations et les conflits internes condamnent des civils sans défense à mourir de faim pour des motifs égoïstes et partisans... Dans ces cas, on doit de toute façon*

S'agit-il là d'une innovation ? En ce qui concerne l'argumentation éthique, non. En donnant une telle force au devoir de porter secours au faible, y compris par les armes, Jean-Paul II renoue avec l'intuition qui, au tournant du Vᵉ siècle, a donné naissance à l'idée qu'un chrétien puisse faire la guerre. C'est en effet par le *devoir de secourir le tiers menacé* (et non pas d'abord par le droit à l'autodéfense) qu'Augustin et Ambroise justifient leur rupture avec la position pacifiste, dominante dans l'Église des premiers siècles. Bien plus tard, dans la même ligne, c'est dans la partie de son œuvre consacrée à la charité que Thomas d'Aquin situera sa réflexion sur la guerre juste.

Pour Jean-Paul II, ce devoir de porter secours à des peuples victimes n'est pas lié à la seule conjoncture du conflit bosniaque ; il le réaffirme dans son message pour le 1ᵉʳ janvier 2000, en des termes très proches : « Quand les populations civiles risquent de succomber sous les coups d'un injuste agresseur et que les efforts de la politique et les instruments de défense non violente n'ont eu aucun résultat, il est légitime, et c'est même un devoir, de recourir à des initiatives concrètes pour désarmer l'agresseur[9]. »

On notera que le seul objectif légitime qu'il assigne à une telle intervention (dont il n'évoque les moyens que par la formule, assez peu précise, « initiatives concrètes ») est de « désarmer l'agresseur ». Pas question donc de légitimer une action militaire pour punir un chef d'État criminel ou pour se venger, encore moins, évidemment, pour poursuivre des intérêts inavouables. Le Concile avait mis les

---

assurer les aides alimentaires et sanitaires, et lever tous les obstacles, y compris ceux qui viennent de recours arbitraires au principe de non-ingérence dans les affaires intérieures d'un pays. » (La Documentation catholique, *5 décembre 1992, p. 106-108*).

9. La Documentation catholique, *2 janvier 2000, p. 4.*

points sur les i : « Mais faire la guerre pour la juste défense des peuples est une chose, vouloir imposer son empire à d'autres nations en est une autre[10]. »

C'est bien la nécessité morale de « désarmer l'agresseur », et elle seule, qui fonde la position prise, en 1999, par plusieurs autorités ecclésiales en faveur de l'intervention militaire entreprise pour interrompre la purification ethnique du Kosovo. Ainsi s'exprime par exemple Mgr Delaporte, alors président de Justice et Paix-France :

> « Il va de soi que la négociation doit toujours être préférée à l'usage des armes. Tant qu'il reste un espoir d'obtenir par des moyens politiques un règlement du conflit, le recours aux armes n'est pas légitime. [...] Malheureusement, en raison du refus obstiné de M. Milosevic de signer l'accord de Rambouillet, il me semble difficile de contester que l'on se trouve aujourd'hui dans un de ces cas où, selon la doctrine la plus constante de l'Église, l'usage des armes est légitime, en "ultime recours", pour éviter un mal plus grand encore. Certes les armes n'apportent jamais, par elles-mêmes, une "solution", laquelle passera forcément, tôt ou tard (et le plus tôt possible) par un retour à la table des négociations. Mais, pour l'heure, il s'agit, dans l'urgence, de "désarmer l'agresseur", pour reprendre une expression de Jean-Paul II à propos du conflit bosniaque[11]. »

Si le droit d'exercer la « légitime défense » constitue bien, pour l'Église d'aujourd'hui, l'unique « cause juste », on voit qu'elle l'interprète de manière assez large – pas seulement l'autodéfense,

---

10. Gaudium et spes, *79, 4.*

11. Le Monde, *3 avril 1999. Texte intégral sur le site de Justice et Paix-France : http://justice-paix.cef.fr (rubrique « Archives », puis « Communiqués de presse »).*

mais la défense de tous ceux que l'on a le devoir de défendre – et de manière très stricte quant à son objectif : désarmer l'agresseur, un point c'est tout. Pas question, notamment, de faire entrer la « guerre préventive » dans la légitime défense. Bien des déclarations du début de l'année 2003 précisent ce point. Ainsi, pour les évêques allemands, « une guerre préventive constitue une agression et ne peut donc être considérée comme une guerre juste d'autodéfense. Le droit à l'autodéfense présuppose la menace d'une attaque réelle et imminente, et non le seul et simple risque d'une attaque potentielle[12] ». Position identique à celle qu'exprime le Conseil permanent de l'épiscopat français le 10 février 2003 : « Admettre qu'il soit légitime de mener des "guerres préventives" contre tous les régimes qui nous déplaisent ou qui oppriment leur peuple, ce serait mettre le monde à feu et à sang. »

Signalons pour mémoire un autre cas de légitime défense admis par l'Église, non sans réticence : l'insurrection armée d'un peuple victime d'un pouvoir particulièrement tyrannique. Ce cas est évoqué brièvement par Paul VI, en 1967, dans son encyclique *Populorum progressio*. Mettant en garde contre la tentation de recourir à la violence contre des pouvoirs oppresseurs, il introduit en incise cette exception : « Sauf le cas de tyrannie évidente et prolongée qui porterait gravement atteinte aux droits fondamentaux de la personne et nuirait dangereusement au bien commun du pays[13]. »

---

12. La Documentation catholique, *16 février 2003, p. 207.*
13. Populorum progressio, *31. Cette phrase ayant été reprise, en 1986, dans un document de la Congrégation pour la doctrine de la foi (voir note 36), la presse titra sur ce qu'elle perçut alors comme une innovation étonnante : le Vatican se ralliait à la violence révolutionnaire !*

Ultime recours

L'Église catholique s'inscrit dans un consensus très large quand elle affirme qu'aucun recours aux armes n'est légitime s'il existe d'autres moyens permettant de défendre efficacement ce qu'il est légitime de défendre. Ce principe d'« ultime recours », qui se déduit très logiquement de la conviction que la guerre est *a priori* un mal auquel on ne peut se résoudre que faute de mieux, est toujours cité comme une condition essentielle à toute légitimation d'un recours aux armes. Vatican II, on l'a vu, ne reconnaît aux gouvernements le droit de légitime défense qu'« une fois épuisées toutes les possibilités de règlement pacifique ». Mais l'application de ce principe aux situations concrètes soulève bien des problèmes, rarement évoqués dans les textes émanant d'instances ecclésiales. Car quand peut-on dire que toutes les possibilités d'actions non militaires ont été épuisées ? Comme le fait remarquer Justice et Paix-France dans une réflexion sur les interventions militaires extérieures : « Comment juger que tous les moyens autres que militaires ont été utilisés et qu'aucun de ceux auxquels on pourrait penser n'a de chance sérieuse de réussir ? Quelle décision prendre quand il devient évident qu'un agresseur ne négocie pas pour parvenir à un accord, mais à la seule fin de gagner du temps pour créer un "fait accompli" ? Il semble que l'on se soit trouvé devant une telle situation à Rambouillet, en février 1999, à propos du Kosovo. Autre question difficile : quelle décision prendre quand il devient évident, pour les experts militaires, qu'une action militaire à une date donnée aurait de grandes chances d'être brève et couronnée de succès, alors que six mois plus tard, le rapport de forces ayant changé, l'affrontement serait plus meurtrier et plus incertain[14] ? »

---

14. *Justice et Paix-France, « Dossier de réflexion sur les interventions militaires extérieures »,* Documents-Épiscopat, *8, mai 2000, p. 9.*

Reconnaître la pertinence de ces questions, ce n'est pas relativiser le principe d'ultime recours – ce qui reviendrait à faire de la guerre un moyen parmi d'autres, à choisir dans une gamme d'actions possibles, moralement équivalentes – mais c'est en proposer une interprétation qui ne valorise pas la connotation temporelle du mot « ultime » : le mot n'est pas à comprendre comme le « dernier », mais comme l'« unique possible ». Ce qui est requis, ce n'est pas d'« attendre » d'avoir tout épuisé « avant » de recourir aux armes, mais d'avoir la certitude morale, au moment où la décision s'impose (et c'est parfois dans l'urgence), qu'aucun autre moyen disponible ne pourrait défendre efficacement ce qui mérite de l'être.

Proportionnalité

Autre principe classique régulièrement évoqué dans les textes de l'Église, celui de « proportionnalité », selon lequel le recours aux armes n'est légitime que si l'on peut raisonnablement penser que ses conséquences négatives ne seront pas d'une nature et d'une ampleur telles que le remède paraîtrait finalement pire que le mal. Il est formulé, par exemple, par Pie XII, en 1953, dans une allocution à un congrès de médecins militaires : « Lorsque les dommages entraînés par la guerre ne sont pas comparables à ceux de l'"injustice tolérée", on peut avoir l'obligation de "subir l'injustice"[15]. » Jean-Paul II s'y réfère clairement, le 12 janvier 1991, devant les ambassadeurs accrédités auprès du Saint-Siège : soulignant qu'une guerre serait « particulièrement meurtrière, sans compter les conséquences écologiques, politiques, économiques et stratégiques », il rappelle que « le recours à la force pour une juste cause ne serait

---

15. *La Documentation catholique, 1953, col 1413.*

admissible que si ce recours était proportionnel au résultat que l'on veut obtenir et si l'on pesait les conséquences que des actions militaires, rendues toujours plus dévastatrices par la technologie moderne, auraient pour la survie des populations et de la planète elle-même[16] ». L'épiscopat américain mentionne le même critère, le 15 janvier 1991, par la voix de son président, Mgr Pilarczyk : « Nous croyons qu'une offensive armée dans cette situation risque de violer les principes de dernier recours et de proportionnalité[17]. »

Autorité légitime

Que la guerre ne soit « juste » que si elle est décidée par une autorité légitime, c'est un point essentiel de l'enseignement de Thomas d'Aquin, régulièrement repris par la suite. Dans la période contemporaine, les textes de l'Église laissent dans un certain flou la question de savoir qui est cette « autorité légitime », seule habilitée à décider le recours aux armes. Ainsi, c'est aux « gouvernements », on l'a vu, que le concile Vatican II reconnaît, très classiquement, le droit de légitime défense ; mais la même phrase précise que cela vaut « aussi longtemps... qu'il n'y aura pas d'autorité internationale compétente et disposant de forces suffisantes », laissant entendre que les États ne sont « autorités légitimes » que dans l'attente de cette « autorité publique de compétence universelle » que Jean XXIII appelait de ses vœux, deux ans plus tôt, dans *Pacem in terris*[18].

---

16. *Discours au corps diplomatique, 12 janvier 1991*, La Documentation catholique, *1991, p. 198*.

17. La Croix, *5 février 1991*.

18. « *De nos jours, le bien commun universel pose des problèmes de dimensions mondiales. Ils ne peuvent être résolus que par une autorité publique dont le pouvoir, la constitution*

C'est encore aux États que Jean-Paul II attribue, dans la formule citée plus haut, le droit et même le devoir de « désarmer l'agresseur » d'un peuple tiers, mais sans préciser de quels États il s'agit. Nulle voix romaine n'a déclaré illégitime, parce que décidée sans l'aval de l'ONU, l'intervention militaire menée en 1999 pour « désarmer l'agresseur » des Kosovars[19]. En revanche, le contournement de

---

et les moyens d'action prennent eux aussi des dimensions mondiales et qui puisse exercer son action sur toute l'étendue de la terre. C'est donc l'ordre moral lui-même qui exige la constitution d'une autorité publique de compétence universelle. » *(Pacem in terris, 137.) Cette invitation à constituer ce qu'on appellerait aujourd'hui une « gouvernance mondiale » s'inscrit dans un important courant de la réflexion morale et politique de l'Église catholique, dont un des principaux précurseurs fut le jésuite italien Taparelli d'Azeglio (1793-1862). Déjà, il affirmait que le droit des États à se faire justice eux-mêmes ne leur était concédé qu'en l'absence de toute autorité au-dessus d'eux, auprès de laquelle ils pourraient porter leurs différends. Sur la position de l'Église à l'égard de l'ONU et des organisations internationales en général, voir* Justice et Paix-France, Du bon usage des institutions internationales, *mai 2003 (17, rue Notre-Dame-des-champs, 75 006 Paris).*

19. *Mgr Delaporte, dans l'article du* Monde *cité plus haut (voir note 11) aborde la difficulté :* « Il est certain que ce devoir de désarmer l'agresseur, normalement, incombe à l'ONU. Il est dangereux, quand la construction juridico-politique de la communauté internationale est fragile, de la fragiliser davantage. On peut donc regretter que les modes de décision du Conseil de sécurité soient tels qu'aucune décision efficace ne puisse être prise de manière impartiale dès lors que les intérêts ou les solidarités de l'un des cinq membres permanents sont en jeu. Mais dans le cas présent, le choix n'était qu'entre une inaction juridiquement correcte et une action éthiquement nécessaire. » *Cette dernière phrase, sans doute inacceptable pour un juriste, n'est pas une échappatoire : pour tout moraliste s'inscrivant dans la tradition catholique (les autres traditions chrétiennes diraient sans doute la même chose), le jugement moral peut, dans certains cas, se distinguer du jugement en droit, et même le contredire.*

l'ONU par l'administration Bush, en 2003, fut un des griefs essentiels (parmi bien d'autres) exprimés par le Vatican contre cette initiative guerrière. On peut donc dire que, sur la nature de l'autorité légitime, l'Église catholique est à la fois très claire en ce qui concerne l'objectif à atteindre (à terme, seule une autorité mondiale devrait décider du recours à la force armée) et peu précise dans le jugement des situations concrètes actuelles.

Discrimination

Pour clore ce repérage des critères de la guerre juste dans les textes de l'Église contemporaine[20], il faut évoquer le *jus in bello*,

---

20. *Il faudrait mentionner, pour être complet, deux autres critères de la doctrine classique, l'intention droite et l'espérance de succès. Mais les textes contemporains de l'Église s'y réfèrent peu. Le critère « espérance de succès » (il n'est légitime de recourir aux armes que si l'on estime que, par ce moyen, on réussira effectivement à « désarmer l'agresseur ») mériterait pourtant un intérêt renouvelé, car il offre un argument solide pour réfuter l'objection souvent élevée contre les interventions militaires entreprises pour protéger des populations victimes : elles seraient moralement injustifiables, dit-on, parce que décidées selon « deux poids, deux mesures ». Voici ce qu'écrit à ce sujet le seul document d'Église qui ait abordé cette question récemment : « Il serait immoral, dit-on, d'utiliser la force armée pour interrompre le massacre des Timorais ou l'exode forcé des Kosovars, puisqu'on laisse massacrer les Tchétchènes ou asservir les Tibétains : on "sélectionne" les victimes à secourir, alors que toutes ont un droit égal à être secourues. Mais l'évaluation éthique doit tenir compte du "succès prévisible" des opérations. Ce n'est pas du cynisme. Le vieil adage "à l'impossible nul n'est tenu" n'est pas seulement de la* Realpolitik, *c'est aussi un principe éthique. Le mépriser, ce serait propager une idée dangereuse : il faudrait toujours faire quelque chose*

car, refusant de céder au réalisme cynique pour lequel « dans la guerre tout est permis », l'Église en maintient la pertinence : « ce n'est pas parce que la guerre est malheureusement engagée que tout devient, par le fait même, licite entre parties adverses », rappelle Vatican II[21].

Le principe essentiel du *jus in bello* – appelé traditionnellement « principe de discrimination » (entendre : entre combattants et non combattants) – interdit de prendre délibérément pour cibles les personnes qui ne jouent aucun rôle dans l'agression qu'il est juste de contrer. Il se déduit très logiquement de la conviction éthique que le respect de la vie humaine reste un impératif au cœur même de la violence meurtrière : si l'on professe que toute atteinte à une vie humaine (même celle d'un ennemi) est a priori interdite, on ne peut faire à cette règle essentielle que les exceptions strictement nécessaires pour atteindre les buts de la guerre estimée « juste ». Ne doivent donc être visées dans les opérations militaires que les personnes qu'il est nécessaire de mettre hors de combat pour faire cesser une agression, un génocide, un massacre, etc. Toutes les autres personnes sont des « innocents », non au sens moral du

---

"pour le principe", même dans les cas où le rapport des forces en présence laisse prévoir qu'il n'existe aucune chance de soustraire les victimes à leurs bourreaux par la force armée. L'objection "deux poids deux mesures" [...] n'est pas recevable quand elle fait l'impasse sur une réalité incontournable : l'issue d'un affrontement ne dépend pas de la « justesse » de la cause défendue, mais du rapport de forces : le "tyran" peut être vainqueur. En outre, elle est stérile, comme toutes les affirmations qui enferment dans un choix entre "tout ou rien" : ou bien il faudrait intervenir partout, ou bien nulle part. » (Justice et Paix-France, « Dossier de réflexion sur les interventions militaires extérieures », Documents-Épiscopat, *8, mai 2000, p. 10).*

21. Gaudium et spes, *79*, 5.

terme, mais au sens étymologique : elles ne jouent aucun rôle dans une entreprise « nuisible ». Il n'existe donc aucune raison de prendre leur vie.

Ce principe est très régulièrement invoqué dans les textes de l'Église d'aujourd'hui. Ainsi, le concile Vatican II s'inquiète du développement des armes modernes car « les actes belliqueux, quand on emploie de telles armes, peuvent causer d'énormes destructions, faites sans discrimination, qui du coup vont très au-delà des limites d'une légitime défense[22] ». Ce texte – dont le degré d'autorité, pour un catholique, est supérieur à celui d'une ency-clique pontificale – affirme ainsi que même l'exercice du droit de légitime défense est soumis à une « limite » : si, pour se défendre, on utilise des armes qui tuent indistinctement combattants et non combattants, alors on commet des actes que même le caractère « légitime » de la défense n'autorise pas. Et le Concile ne recule pas devant la qualification de « crime » pour caractériser de tels actes, dans une phrase qui a été souvent citée, car elle formule l'unique condamnation qu'il a prononcée : « Ce saint synode déclare : tout acte de guerre qui tend indistinctement à la destruction de villes entières ou de vastes régions avec leurs habitants est un crime contre Dieu et contre l'homme lui-même, qui doit être condamné fermement et sans hésitation[23]. » Notons que cette condamnation

---

22. Ibid., *80*, 1.

23. Ibid., *80*, 3-4. *On sait que le Concile n'a pas cru pouvoir déduire de cette solennelle condamnation de toute frappe anti-cités une condamnation de la dissuasion nucléaire, adoptant à son égard une position de tolérance provisoire. Comme les débats éthiques sur la dissuasion nucléaire n'entrent pas dans le sujet traité ici, renvoyons, pour la période 1980-1985, marquée par l'affaire des euromissiles, à Catherine Guicherd,* L'Église catholique et la poli-tique de défense au début des années 1980, *Paris, PUF, 1988 ;*

ne porte pas sur des armements (le mot « armes nucléaires », notamment, n'apparaît pas), mais bien sur tout « acte de guerre » ayant des effets de destruction massive et indiscriminée, quel que soit le moyen technique mis en œuvre. Ce jugement devrait donc être appliqué, rétrospectivement, aussi bien aux destructions des populations civiles de Dresde, Hambourg ou Tokyo qu'à celles d'Hiroshima.

C'est sur ce principe – et en fin de compte sur lui seul – que peut se fonder une condamnation radicale de tout acte terroriste. Certains de ces actes pourraient à la rigueur satisfaire aux critères du *jus ad bellum* (cause juste, ultime recours, etc.) ; mais aucun ne peut être moralement excusé, dès lors que l'on tient que les actes interdits par le *jus in bello* le sont de manière absolue, et non pas de manière relative à la plus ou moins grande « justice » de la cause défendue. C'est sur ce fondement que Jean-Paul II peut déclarer : « Le terrorisme est fondé sur le mépris de la vie humaine. Voilà précisément pourquoi non seulement il est à l'origine de crimes intolérables, mais il constitue en lui-même, en tant que recours à la terreur comme stratégie politique et économique, un véritable crime contre l'humanité[24]. »

---

pour un exposé et une explication du changement du Vatican sur la dissuasion nucléaire après la fin de la guerre froide – passage de la tolérance provisoire à l'hostilité – voir Christian Mellon, « Éthique de la dissuasion nucléaire : l'Église catholique a changé », Revue de la Défense nationale, *août-septembre 2000*, p. 12-19.

24. La Documentation catholique, *6 janvier 2002, p. 5.* Une condamnation aussi absolue suppose évidemment que l'on s'accorde sur le sens du mot « terrorisme » comme forme de violence caractérisée précisément par le fait de s'en prendre aux « innocents ». Voir le dossier « terrorisme » réalisé par Justice et Paix-France, dans Documents-Épiscopat, *mars 2005.*

De difficiles questions se posent à propos du respect d'un tel critère dans les conflits armés de l'époque moderne. Les évêques américains, dans leur lettre pastorale de 1983, exposent bien la difficulté : « Dans la guerre moderne, la mobilisation des forces ne comprend pas seulement le secteur militaire, mais aussi, pour une part importante, les secteurs politique, économique et social. Il n'est pas toujours facile de déterminer qui est directement impliqué dans un "effort de guerre" et à quel degré. » Ils estiment pourtant que, même si la distinction entre combattants et non-combattants est devenue moins nette qu'hier, cela n'autorise pas à abandonner le principe traditionnel d'immunité des non-combattants : « Il est évident, cependant, que même dans la définition la plus large, on ne peut raisonnablement considérer comme combattants des catégories entières d'êtres humains comme les écoliers, les personnes hospitalisées, les personnes âgées, les malades, les ouvriers de l'industrie produisant des articles non directement liés à des fins militaires, les agriculteurs et bien d'autres[25]. » Déclarer obsolète le principe de discrimination, ce serait adopter le point de vue des défenseurs du « terrorisme », qui justifient de tels actes en disant : « Il n'y a pas d'innocents. »

Un esprit entièrement nouveau ?

Ce parcours a pu convaincre que l'Église catholique a assumé l'essentiel de la réflexion héritée des penseurs de la « guerre juste », malgré la désuétude de l'expression. Une question se pose alors : l'invitation du concile Vatican II à « reconsidérer la guerre dans un

---

25. « *Le défi de la paix* », La Documentation catholique, 1983, p. 732.

esprit entièrement nouveau[26] » n'a-t-elle pas été une formule purement rhétorique ? Où donc se situerait la nouveauté ?

Si l'on entend par « esprit entièrement nouveau » une rupture
avec les principes traditionnels de la guerre juste, ce n'est évidemment pas le cas : l'Église catholique n'est pas devenue pacifiste, du
moins si l'on entend par « pacifisme » la conviction qu'aucun usage
des armes n'est jamais moralement légitime[27]. En revanche, on peut
repérer, dans sa manière de traiter les questions touchant la paix et
la guerre, des changements importants et substantiels. Évoquons-
en, pour conclure, trois manifestations très significatives : une
condamnation, un rééquilibrage, une redécouverte.

Une condamnation radicale : la « guerre sainte ».

Lorsque Jean-Paul II déclare, en janvier 2002, dans son discours
au corps diplomatique : « Tuer au nom de Dieu est un blasphème et
une perversion de la religion[28] », il ne surprend pas son auditoire :
chacun a le sentiment que les discours de « guerre sainte », dans le
monde catholique, remontent à un passé déjà lointain. Pourtant,

---

26. Gaudium et spes, *80, 2.*

27. *Lors de la première guerre du Golfe, Jean-Paul II conteste
la légitimité du recours aux armes, non par pacifisme, mais au
nom de l'exigence de proportionnalité. Le 15 janvier 1991, il écrit
ceci au président des États-Unis : « Je veux maintenant réaffirmer
ma profonde conviction que la guerre n'est pas susceptible
d'apporter une solution adéquate aux problèmes internationaux et
que, même si une situation injuste est actuellement affrontée, les
conséquences qui pourraient découler d'une guerre seraient dévastatrices et tragiques. Nous ne pouvons pas prétendre que l'utilisation des armes, et particulièrement les armements hautement
sophistiqués d'aujourd'hui ne donneraient pas naissance, outre
les souffrances et la destruction, à de nouvelles et peut-être pires
injustices. »* La Documentation catholique, *1991, p. 200-201.*

28. La Documentation catholique, *3 février 2002, p. 105.*

lors de la guerre civile d'Espagne, des prélats catholiques ont légitimé le recours aux armes, non pas en recourant au registre éthique de la guerre juste, mais en invoquant directement la volonté de Dieu. En affirmant que c'est un blasphème que de tuer au nom de Dieu, Jean-Paul II n'innove certes pas sur le plan doctrinal (l'enseignement de l'Église s'est clairement situé, au moins depuis le xvie siècle, sur le terrain éthique de la guerre juste, non sur celui de la guerre sainte), mais il délégitime tous les efforts de ceux qui – chaque fois que retentit le bruit des armes – veulent mobiliser les énergies guerrières au nom d'un Dieu. Le croyant pourra éventuellement prendre les armes au nom du droit ou du devoir d'assistance à peuple en danger, jamais aux accents « blasphématoires » du « Dieu avec nous » ou du « Dieu le veut ! » des appels aux croisades.

Un rééquilibrage : limitation plus que légitimation

Depuis son origine, la pensée catholique de la « guerre juste » a tenté un difficile exercice d'équilibre : elle a visé d'une part à *légitimer* moralement le recours à la violence des armes, d'autre part à l'enserrer dans d'étroites *limites*. *Limitation* et *légitimation*, deux pôles liés : impensable de légitimer une guerre qui échapperait (tant pour la décision d'y recourir que dans la conduite des opérations) aux limitations, nombreuses et précises, énoncées par la doctrine. Cet édifice conceptuel, l'Église le juge encore pertinent, comme on l'a ici amplement démontré. Mais quand on examine l'histoire des guerres, au long des siècles, dans les régions du monde influencées par le christianisme, force est de constater qu'il a peu joué dans le sens de la limitation : si les princes et les responsables politiques n'avaient entrepris que des guerres répondant à tous les critères enseignés par les théologiens, il y en aurait eu fort peu ! Assez équilibrée dans son contenu, la doctrine ne l'a pas été dans son usage : le pôle *légitimation* l'a largement emporté sur le pôle *limitation*.

Quand le Concile dit qu'il faut « reconsidérer la guerre dans un esprit entièrement nouveau », il invite à rendre la priorité à la limitation : il invite à rompre avec le laxisme qui a longtemps conduit les autorités ecclésiales à minimiser, voire à passer sous silence, par faiblesse, opportunisme ou aveuglement, les conditions très strictes exigées par leur propre tradition comme préalable à toute justification morale de la violence militaire.

Depuis une soixantaine d'années, l'Église retrouve son propre héritage en rendant toute leur force aux critères de limitation, en les interprétant de manière si stricte que la guerre en est radicalement délégitimée comme moyen « normal » de résoudre les conflits. Elle n'est plus qu'un pis aller auquel on ne saurait se résoudre que dans des cas vraiment exceptionnels.

Cette mutation s'explique, notamment, par l'ampleur des destructions des guerres modernes. Dès les années 1930, quelques théologiens affirment que l'idée de guerre juste devrait être abandonnée, sauf en cas de légitime défense[29]. Le développement des armes de destruction massive, notamment nucléaires, ne fera qu'accentuer cette prise de conscience. Jean XXIII, en une phrase où certains ont cru lire un abandon de la doctrine traditionnelle, déclare : « Il devient humainement impossible de penser que la guerre soit, en notre ère atomique, le moyen adéquat pour obtenir

---

29. « *Divers théologiens contemporains inclinent à croire que, dans la condition actuelle des choses, il n'existe plus guère d'hypothèse moralement admissible où un État pourrait, de lui-même, recourir à la force des armes par application de la doctrine traditionnelle de la guerre juste* », écrit en 1938 Yves de La Brière dans Le Droit de juste guerre, *Paris, Pedone, 1938, p. 182. Il fait allusion au manifeste de Fribourg, publié en octobre 1931 par des théologiens de diverses nationalités, animés notamment par le P. Stratmann, dominicain allemand.*

justice d'une violation de droits[30]. » Les mots « en notre ère atomique » indiquent à la fois le contexte du changement et sa raison profonde : la puissance destructrice des armes est devenue si démesurée qu'il n'est plus possible, dans la pratique, de respecter les limitations nécessaires, notamment les critères de proportionnalité et de discrimination. Mais ce que Jean XXIII récuse ici, comme Pie XII vingt ans plus tôt, c'est la guerre dont on prend l'initiative pour « obtenir justice », non l'exercice de la légitime défense « par des moyens proportionnés » et en ultime recours.

Un autre argument revient souvent dans les textes romains, celui du gaspillage des dépenses militaires, surtout quand les chiffres sont mis en regard de ceux qu'exigeraient la lutte contre la faim et le mal-développement[31]. Apparemment hétérogène par rapport à la réflexion éthique sur la guerre juste, cet argument s'y rattache comme conséquence d'une stricte interprétation du principe de « légitime défense » : les États ont le droit de se doter des moyens

---

30. Pacem in terris, *127. En 1982, en pleine crise des euro-missiles, Jean-Paul II reprendra la même idée : « La terreur nucléaire qui hante notre temps peut presser les hommes d'enrichir leur patrimoine commun de cette découverte très simple qui est à leur portée, à savoir que la guerre est le moyen le plus barbare et le plus inefficace de résoudre les conflits. »* (Message pour la Journée mondiale de la paix, La Documenta-tion catholique, *1982, p. 72.)*

31. *Ce point est évoqué ou développé dans toutes les ency-cliques sociales. Voici par exemple ce qu'écrit Jean-Paul II, en 1987 : « Comment justifier le fait que d'immenses sommes d'argent qui pourraient et devraient être destinées à accroître le développement des peuples, sont au contraire utilisées pour enrichir des individus ou des groupes, ou bien consacrées à l'augmentation des arsenaux [...] ? La guerre et les préparatifs militaires sont les plus grands ennemis du développement inté-gral des peuples »* (Sollicitudo rei socialis, *10).*

nécessaires pour cette éventuelle défense, mais seulement de ceux-là. Se doter de moyens militaires excédant cet objectif, ce serait en fait viser d'autres objectifs, non légitimes ceux-là : prestige, grandeur nationale, plein emploi dans les industries d'armements, etc. Cette exigence a été formulée de manière précise, en 1994, dans un document du conseil pontifical Justice et Paix, alors présidé par le cardinal Etchegaray : « Chaque État doit pouvoir justifier toute possession ou acquisition d'armes au nom du principe de la suffisance, aux termes duquel un État peut posséder uniquement les armes nécessaires pour assurer sa légitime défense[32]. » Ce « principe de la suffisance » correspond, quand il s'agit de juger de la moralité des programmes d'armement, au principe de « juste cause » en matière de décision de passer à l'action armée.

Une redécouverte : la voie non-violente

Donner au critère d'« ultime recours » l'interprétation la plus stricte, c'est accorder la plus haute importance aux diverses voies non militaires de résolution des conflits. L'Église encourage depuis longtemps les voies de la diplomatie (arbitrage, négociation) et celle des sanctions non militaires (avec des réserves, cependant, quand les conséquences pour les populations civiles sont lourdes), mais aussi, et c'est plus nouveau, celles qu'offre l'action non-violente.

Cet aspect, encore peu connu, mériterait un exposé plus étoffé. Signalons simplement que le mot « non-violence », longtemps tenu en suspicion dans le monde catholique à cause de sa proximité avec « pacifisme », paraît pour la première fois dans un texte officiel en 1971. Dans les conclusions, promulguées par Paul VI, du Synode

---

32. *Conseil pontifical Justice et Paix*, Le Commerce international des armes, une réflexion éthique, *Paris, Cerf, 1994, p. 13.*

des évêques sur la justice dans le monde, on lit : « Il est absolument nécessaire que les différends entre nations ne soient pas résolus par la guerre, mais que soient trouvés d'autres moyens conformes à la nature humaine ; que soit favorisée en outre l'action non-violente et que chaque nation reconnaisse légalement l'objection de conscience et lui donne un statut[33]. »

En février 1986, l'épiscopat des Philippines met en œuvre, très concrètement, cet enseignement. Quelques jours après la victoire électorale du président-dictateur Ferdinand Marcos, l'épiscopat publie les preuves établissant que ces élections ont été truquées et déclare que le gouvernement est désormais dépourvu de toute légitimité. Il invite donc le peuple à lui résister, mais exclusivement de manière non-violente : « Nous n'appelons pas à des moyens sanglants, violents, pour corriger ce mal. Si nous le faisions, nous encouragerions le péché énorme qu'est la lutte fratricide. Tuer pour arriver à la justice ne rentre pas dans les limites de notre vision chrétienne dans le contexte actuel. La voie qui nous est indiquée maintenant est la voie du combat non-violent pour la justice[34]. » Leur appel fut suivi d'effet ; comme on le sait, le dictateur Marcos fut renversé peu après par une mobilisation massive qui resta totalement non-violente[35].

Quelques jours après ces événements, le cardinal Ratzinger écrivait, à propos de la lutte armée : « À cause du développement continuel des techniques employées et de la croissante gravité des

---

33. Justitia in mundo, *68*. La Documentation catholique, *1972, p. 17.*

34. La Documentation. catholique, *1986, p. 321.*

35. *Voir la contribution de Pierre de Charentenay à l'ouvrage collectif coordonné par Jacques Semelin,* Quand les dictatures se fissurent, *Paris, Desclée de Brouwer, 1995. Voir aussi le dossier « Philippines : non-violence contre dictature », publié par la revue* Alternatives non violentes, *63, avril 1987.*

dangers impliqués dans le recours à la violence, ce qu'on appelle aujourd'hui la "résistance passive" ouvre une voie plus conforme aux principes moraux et non moins prometteuse de succès[36]. »

Deux textes émanant de la Conférence épiscopale des États-Unis, en 1983 et 1993, montrent une bonne connaissance de ce qu'est l'action non-violente et l'encouragent avec vigueur. « La non-violence chrétienne, écrivent-ils, ne doit pas être confondue avec les notions populaires du pacifisme non résistant. Elle consiste, en effet, dans l'engagement à résister à une injustice manifeste et au mal public par des moyens autres que la force. Cela comprend le dialogue, les négociations, les protestations, les grèves, les boycotts, la désobéis-sance et la résistance civiles. [...] Les responsables des gouvernements ont l'obligation morale de veiller à ce que les options non violentes soient envisagées avec sérieux dans la gestion des conflits[37]. »

Peu après les « révolutions de velours » de 1989, Jean-Paul II s'interroge, dans *Centesimus annus*, sur la chute des régimes communistes. Il y voit le résultat de « l'action non violente d'hommes et de femmes qui, alors qu'ils avaient toujours refusé de céder au pouvoir par la force, ont su trouver dans chaque cas la manière efficace de rendre témoignage à la vérité ». Il conclut par cette exhortation : « Puissent les hommes apprendre à lutter sans violence pour la justice[38] ! » Voilà sans doute la meilleure illustra-tion de l'« esprit entièrement nouveau » qui anime les positions contemporaines de l'Église catholique sur la guerre et la paix : pas de vraie paix sans justice, pas de justice sans lutte, pas de lutte moralement acceptable si elle n'est « sans violence ».

---

36. *Congrégation pour la doctrine de la foi,* La Liberté chré-tienne et la libération, *Paris, Centurion, 1986, p. 48.*
37. La Documentation catholique, *20 février 1994, p. 177.*
38. Centesimus annus, *III, 23.*

Chapitre 4 / LES CONTRADICTIONS DU MODÈLE DE LA GUERRE JUSTE AU MIROIR DE L'APRÈS-GUERRE FROIDE

Ariel COLONOMOS

La guerre juste fait retour. Ce corps de doctrine est à maintes reprises sollicité par les gouvernants désireux de légitimer leur recours à la force ou de stigmatiser le comportement de leurs rivaux, les modalités de leurs déclarations de guerre comme leurs pratiques belliqueuses *in situ*. Aux portes des palais, des casernes ou des paroisses, les commentateurs de la politique internationale se sont saisis de cette tradition pour élaborer une critique plus ou moins savante des récentes interventions militaires.

Pendant la guerre froide, les États-Unis bénéficiaient dans le camp occidental d'une légitimité *a priori*[1]. Avec la disparition de l'ennemi communiste, les États-Unis sont contraints de puiser dans divers registres de légitimation. Le monde de l'après-11 septembre est aussi un théâtre privilégié de la mise en délibération des formes légitimes de l'action. Pour s'assurer de la victoire contre des États parias[2], les

---

1. *Les débats autour de la guerre juste se focalisèrent en grande partie sur le nucléaire. Parmi les nombreuses publications, on peut voir : Paul Ramsey, « The Limits of Nuclear War »* (1965), *dans Paul Ramsey,* The Just War. Force and Political Responsibility, *Lanham (Md.), Rowman and Littlefield, 2002 (1ʳᵉ éd. 1968), p. 211-258.*

2. *Je vise à désigner ici une opposition structurelle entre le monde des partenaires dont les normes libérales permettent un échange régulier de biens matériels et immatériels et un univers hétérogène de parias qui refusent les normes et les pratiques libérales sans pour autant nécessairement partager les valeurs et les modes d'action des autres exclus. L'exclusion du paria a deux composantes, elle est soit le résultat de la sanction des puissances libérales soit volontaire. Elle est aussi le plus souvent les deux à la fois.*

États-Unis n'ont besoin de personne. Cependant, un défaut de légitimité *ex post* dans le *jus ad pacem*[3] pourrait à terme se révéler très
coûteux. Par ailleurs, le contexte américain – le puritanisme idéaliste de cette nation et notamment sa tradition wilsonienne – est
politiquement, juridiquement et culturellement propice au recours
au modèle de la guerre juste.

La guerre juste est une doctrine d'une grande ampleur dotée
d'une universalité à la fois spatiale et temporelle qui accompagne
l'histoire de l'Église. Par là même, l'ensemble du développement de
l'État occidental est concerné. Elle inclut à la fois des principes
métaphysiques et déontologiques ainsi qu'une démarche conséquentialiste qui se veut ou s'est voulue assez opérationnelle[4]. Constitué d'agrégations et de transformations successives, son corps a
pour fondement les principes introduits par Augustin puis Thomas.
Des assemblées de clercs ou des théologiens s'y sont reconnus, des
générations de philosophes, de moralistes et de politistes les ont
mobilisés dans leur réflexion.

---

3. *Un néologisme qui vise à définir un ensemble des règles de
droit (notamment de la transition démocratique) et de morale (la
pacification des corps et des esprits) qui devrait avoir force de loi
à la suite d'une juste intervention militaire évaluée à l'aune de
ses conséquences et de sa pertinence morale.*

4. *Suivant les théories déontologiques, une action est, de
par sa nature, morale ou immorale, juste ou injuste. Sa nature
morale relève de principes. La moralité d'une action ne doit
pas dépendre de l'évaluation de ses conséquences. Le conséquentialisme forme un ensemble de théories morales, qui considèrent qu'une action ou une politique peuvent être jugées
moralement justifiables si leurs bénéfices sont supérieurs aux
coûts ou aux inconvénients escomptes, lorsqu'il s'agit d'une
évaluation* ex ante.

Ce texte se présente sous la forme d'une critique. Il n'est pas pour autant une accusation morale portée contre une tradition au nom des conséquences rédhibitoires de ses usages ou bien pire encore une dénonciation des mauvaises intentions de ses concepteurs. En matière de guerre et de paix, mieux vaut une morale imparfaite que l'anomie, mieux vaut des règles divines qui sont, à l'image des mortels, éminemment faillibles, plutôt que l'amoralisme perplexe trop humain et pas assez inspiré, ou bien pire encore le malsain cynisme jubilatoire.

In abstracto, le modèle de la guerre juste est déjà la cible d'un concert de critiques qui font état des nombreuses questions auxquelles ses défenseurs peinent à répondre de manière convaincante[5]. Mon propos en prend acte tout se situant à un autre niveau. Il identifie les problèmes que pose l'adhésion ou l'application de certaines idées appartenant à cette tradition, notamment lorsqu'elles appartiennent à ses fondements originels. Faire la lumière sur certains des aspects de cette doctrine aide à comprendre les difficultés propres à la justification des guerres contemporaines lorsqu'elles s'inspirent de ce corps doctrinaire. Cet éclairage donne des éléments pour mieux comprendre les polémiques contemporaines sur l'autorité légitime de l'institution qui déclare la guerre, sur l'efficacité des guerres ou la dimension interculturelle des conflits. Les problèmes qui se font jour dans ces débats sont bien souvent l'expression des difficultés à dépasser les contradictions inhérentes à un modèle dont la modernité révèle certaines des impasses.

---

5. *Parmi les publications les plus récentes dans une littérature très fournie : Frances M. Kamm, « Failures of Just War Theory : Terror, Harm and Justice »*, Ethics, *114, juillet 2004, p. 650-692.*

Ce texte comporte essentiellement deux volets. Je veux en premier lieu esquisser un portrait de la guerre juste et suivre les termes de sa transposition dans notre modernité en interrogeant la cohérence de ce parcours. Les textes de référence sont la *Cité de Dieu* d'Augustin, notamment son chapitre XIX et la *Summa Theologica* de Thomas d'Aquin, tout particulièrement la question 40 qui porte directement sur la guerre ainsi que la question 64 qui concerne le meurtre[6]. Le prolongement de cette tradition chez des juristes issus de la Réforme comme Gentili et des pères du *jus gentium* comme Grotius[7] est également prise en compte. Je souhaite, dans un deuxième temps, identifier et discuter des différents problèmes dont souffrent les justifications des guerres contemporaines et qui dérivent des contradictions internes de ce modèle.

La trajectoire de la guerre juste est-elle cohérente ?

La sacralité face au doute démocratique

La justification de la guerre par le modèle de la guerre juste s'appuie sur une transcendance. Le *jus ad bellum* est dans sa conception une doctrine qui repose sur une conception hiérarchique et métaphysique de l'autorité. Elle sacralise la parole internationale, constituant ainsi une précieuse ressource politique tout

6. *Toutes deux situées dans la deuxième partie de l'*opus. *Thomas d'Aquin,* Somme théologique, *Paris, Cerf, tome 3, 1985. Voir la question 40, « la guerre », 9 (p. 279-284) et la question 64, « l'homicide » (p. 423-432).

7. *Alberico Gentili,* De jure belli libri tres *(1612), Oxford, Clarendon Press, éd. Carnegie 1934. Hugo Grotius,* Du droit de la guerre et de la paix *(1625), Paris, PUF, 1999.*

d'abord pour l'Église puis pour l'État[8]. Elle donne à l'Église, par délégation au Prince qui accepte de la reconnaître comme dépositaire de la parole de Dieu, une autorité sans pareille. Elle fonde une domination à la fois traditionnelle, légale et parfois charismatique dont l'ONU serait finalement l'incarnation très imparfaite et très diminuée.

L'affirmation d'une autorité instituée dans la sacralité, qu'elle soit religieuse ou séculière est aujourd'hui bien problématique, sa légitimité est notamment questionnée au nom d'un pragmatisme sceptique qui ne saurait s'encombrer de la foi. Dans un tel contexte, les critères du *jus in bello* sont finalement davantage opératoires car les éléments sur lesquels ils reposent sont objectivables dans un monde où prévaut une concurrence dans l'accès à l'information. Les « entrepreneurs moraux[9] » œuvrent à une mise en accusation morale sous la forme de l'énonciation de la preuve matérielle de la faute du suspect. Lorsque l'on conteste la légitimité d'une institution, il est difficile d'apporter une autre justification que sa propre interprétation du principe d'autorité. En revanche, l'accusation empiriquement objectivée, en l'occurrence les expertises sur le nombre de morts au combat et sur les conditions de leur décès est plus fonctionnelle et parfois plus convaincante dans la mesure où elle est moins exposée au reproche de la partialité. Les grandes ONG semblent avoir parfaitement intégré cette donnée dans la formulation de leurs critiques, elles parviennent à concilier le registre émotionnel avec l'appel à la raison en fondant leur contestation sur des preuves chiffrées. S'engage alors un débat sur la validité des chiffres, la force des

---

8. Rodney B. Hall, « Moral Authority as a Power Resource », International Organization, *51,1997, p. 591-622.*

9. *Ethan Nadelman, « Global Prohibition Regimes »,* International Organization, *44 (4), 1990, p. 479-526.*

entrepreneurs moraux repose sur leur fiabilité et leur capacité à collecter les données qui résistent le mieux à la vérification.

Dans les plus guerres les plus récentes, au Kosovo comme en Afghanistan ou en Irak, le principe de discrimination entre civils et militaires est, avec les règles de proportionnalité, un des piliers majeurs de la demande de justification. Le *jus in bello* inclut une règle de proportionnalité des fins eu égard aux moyens employés qui ne doivent pas être dommageables au point d'annuler les bienfaits retirés de l'intervention militaire. Les demandes de justification se font également l'écho de préoccupations que le *jus ad bellum* avait déjà formulées, la nécessité d'avoir des chances de réussite dans l'entreprise militaire projetée et la proportionnalité des conséquences positives eu égard aux conséquences négatives de la guerre[10].

Les Occidentaux et plus particulièrement les Américains s'engagent aujourd'hui dans des conflits fortement asymétriques dont l'issue (la défaite du paria en tant qu'État) ne fait aucun doute. Les dirigeants politiques et militaires justifient leur action en soulignant que l'intervention aura des effets bénéfiques aussi bien à l'échelle locale que régionale et *in fine*, par une série qui relève des jeux de dominos, à l'échelle internationale. Ils se projettent déjà dans un après-conflit s'exposant à l'exercice périlleux de la justification : leur capacité à œuvrer pour un bien commun est en jeu. Le cœur de cet argumentaire repose sur la validité de la démocratisation comme impératif sécuritaire séculier. Ce conséquentialisme est à la croisée d'une interprétation politique, d'une vision juridique et d'une évaluation morale inscrites dans la tradition du libéralisme. Cette approche est également le reflet d'un wilsonisme qui s'institue en « religion civile internationale ».

---

10. *Richard Norman*, Ethics, Killing and War, *Cambridge, Cambridge University Press, 1995, p. 118-119.*

La mort et l'individuation du sacré

Ce *jus in bello* est en prise sur une des composantes anthropologiques majeures de l'individualisme démocratique. Les justifications des guerres font sans cesse référence au nombre de morts que le conflit occasionnera ou occasionne. Les justifications *ex ante* reposent sur la prévision de la durée du conflit et l'estimation de la résistance de l'ennemi, le paria aux abois : l'interrogation porte sur le « coût humain » de son « arrestation ». Les justifications se fondent *ex post* sur un décompte des corps civils et militaires dans les deux camps.

La mort est en effet au centre des doctrines de la guerre juste. Il est possible de lire ces textes à l'aune d'une série de questions en prise sur une métaphysique ou sur une ontologie de la préservation qui s'articulent autour de ce terme. Au nom de quoi décide-t-on de faire usage d'armes qui tuent ? Qui peut-on tuer et comment ? Lorsque l'on prend la décision de tuer l'ennemi, quel sort réserve-t-on à ceux qui ont pris parti pour lui ou qui sont tout simplement associés « naturellement » en raison de liens de sang ou de citoyenneté ?

L'éventualité de la guerre nucléaire avait orienté un débat entre les défenseurs d'une stabilité par la régulation de la terreur et une dénonciation de l'usage de l'homme comme un moyen en vue d'atteindre une fin[11] (la paix étant ici définie comme l'absence de conflit nucléaire). La tension entre des utilitaristes pragmatiques et fonctionnalistes et une morale déontologique kantienne et cosmopolitique est récurrente dans les débats sur la justification des guerres. L'argumentaire articulé fondé sur « l'économie du conflit » a eu plusieurs occurrences, certains théologiens protestants y

---

11. Joseph Nye, « *Moral Choices and the Future* », dans *Joseph Nye*, Nuclear Ethics, *New York (N. Y.), Free Press, 1986*, p. 90-134.

ont même eu recours pour légitimer la guerre du Vietnam[12]. La guerre asymétrique ne fait qu'accentuer cette tendance au calcul. Adossée plus ou moins explicitement au principe de précaution, elle s'accompagne de la volonté délibérée des Occidentaux de faire un usage affiné de leurs armes et d'une plus grande sensibilité à l'accusation de barbarie, les critères de proportionnalité et de discrimination étant au centre des débats sur la justification des interventions.

La sortie du religieux par le religieux

Ce mouvement est la marque d'une évolution décisive dans la tradition de la guerre juste. Le *jus in bello* se renforce dans une version nouvelle de l'appréhension chrétienne des guerres, dans le droit des juristes protestants du XVIIe siècle. Plusieurs juristes issus de la Réforme ont été les principaux architectes de ce droit de la guerre et de la paix. Ils ont contribué à rapprocher la doctrine de la guerre juste de l'homme, dans la dimension immanente de son existence.

Le parcours des idées de la guerre juste ne s'est pas pour autant figé dans le corpus et le militantisme des droits de l'homme. *In fine*, la doctrine de la guerre juste s'incarne aujourd'hui dans un nouvel utilitarisme qui inspire et/ou légitime une nouvelle politique de Mars. Cet empirisme a eu raison d'une conception transcendante de la morale, d'une métaphysique ou d'une déontologie. L'objectif est pragmatique : œuvrer à une stabilisation internationale caractérisée par des périodes d'absence de conflits (où les Occidentaux seraient engagés de manière significative) et ponctuée de brèves

---

12. Paul Ramsey, « Counting the Costs », dans Paul Ramsey, The Just War. Force and Responsibility, *op. cit., p. 523-536*, p. 535.

interventions « économiques[13] » qui ne seraient à ce titre que d'autant plus justes.

Les États, leurs dirigeants, font l'apprentissage d'un principe de réalité qui a pour fondement la hantise d'avoir à souffrir des conséquences pénibles de leurs actes. Qu'elle soit sécuritaire (dans le cadre de la « lutte contre le terrorisme ») ou humanitaire, la décision d'intervenir est guidée par un critère de performance dont la proportionnalité est un des axes directeurs. Dans un tel cadre, au Kosovo comme en Afghanistan ou en Irak, le soldat endosse les habits du policier et cette opération se révèle bien problématique. En effet, lorsqu'il œuvre en tant que policier, le soldat peut difficilement faire sienne la règle de proportionnalité de la guerre juste[14].

Le calcul moral

Le paradigme coût-bénéfice est un calcul moral qui occupe une place importante à l'âge démocratique, comme en témoigne l'essor du mouvement humanitaire. Les critères de la guerre juste ont inspiré une théorie économique de la vie et de la mort, notamment à travers l'usage de la proportionnalité et de la discrimination[15] et l'évolution des guerres a accompagné un renforcement de ces règles.

---

13. *Serait ainsi maximisé le rapport coût-bénéfice (humains et politiques).*

14. *Un policier ne part pas en guerre contre tous les criminels, il s'emploie à les arrêter lorsqu'individuellement ils sont suspectés d'avoir commis un crime. Il n'a pas à les tuer.* George Lucas, « *From* jus ad bellum *to* jus ad pacem : *Rethinking Just War Criteria for the Use of Military Force for Humanitarian Ends* », dans Deen Chatterjee, Don Scheid (eds), Ethics and Foreign Intervention, *Cambridge, Cambridge University Press, 2004, p. 72-96.*

15. *Ward Thomas,* The Ethics of Destruction, *Ithaca (N. Y.), Cornell University Press, 2002.*

Il est coûteux, c'est-à-dire en l'occurrence douloureux, de perdre de nombreux soldats dans une guerre. Cette incurie, cette brutalité ou cette sauvagerie sont de surcroît moralement frappées par l'opprobre et peuvent nuire à la réputation de l'État occidental qui en est le responsable et qui par ailleurs « gagne » la guerre sur le champ de bataille. Il en est de même avec la mort de l'autre. Occasionner un carnage parmi la population civile n'est pas aujourd'hui le meilleur moyen de gagner une guerre. La politique du bombardement de terreur telle qu'elle a été systématiquement adoptée pendant la Deuxième Guerre mondiale serait aujourd'hui considérée comme un crime contre l'humanité passible de poursuites ou tout du moins fortement susceptible de nuire à la légitimité de l'État occidental qui l'adopterait.

Comment ce calcul s'incarne-t-il dans la politique internationale ? L'intervention militaire, pour des raisons humanitaires, est le reflet d'une vision utilitariste appliquée aux relations internationales et il n'est guère surprenant que John Stuart Mill, l'auteur qui incarne le mieux cette tradition, se soit lui-même penché sur cette question[16]. Telle qu'elle a notamment été conçue dans le cas de la récente guerre contre le régime de Saddam Hussein, l'intervention militaire pour des raisons « sécuritaires » n'obéit pas à une autre logique.

---

16. *Dans la première partie de son texte, Mill fait l'éloge de la mission civilisatrice de la Grande-Bretagne, l'Angleterre accroît le bonheur de l'humanité : « si elle [la Grande-Bretagne] tente d'exercer quelque influence sur les autres, fût-ce par la simple persuasion, c'est plutôt pour leur bien que pour le sien » (p. 423). « C'est elle qui assume le coût de la guerre ; mais elle en partage les fruits, dans une équité fraternelle, avec la race humaine entière » (p. 424). Il indique ensuite les modalités très restrictives d'une éventuelle intervention dont la Grande-Bretagne pourrait être à l'initiative. John Stuart Mill, « Quelques mots sur la non-intervention » (1859), Commentaire, 19 (74), été 1996, p. 423-436.*

Indépendamment de la validité des données empiriques utilisées par celui qui évalue l'opportunité de la guerre, présentée sous cette forme, cette démarche n'est pas en soi incohérente (bien que ce raisonnement soit difficile à mettre en œuvre). De manière plus significative, la transformation historique qui mène vers l'utilitarisme est en contradiction avec la métaphysique originelle du *jus ad bellum* qui, même s'il est daté, avait une place fonctionnelle dans le modèle traditionnel de la guerre juste. En effet, qui calcule et décide des termes de l'opération du calcul moral ? Cette question était résolue par l'application d'un principe d'autorité transcendant. Le *jus ad bellum* est aujourd'hui mis à mal à la fois en raison de l'unipolarité où prévaut un décalage entre puissance et légitimité et de la politique de précaution qui fait du calcul du « moindre mal » le critère prédominant. Si la question de l'étalon de mesure de la proportionnalité et de la discrimination n'est pas résolue, cet utilitarisme n'est pas valable.

Préemption et prévention

La guerre utilitariste contemporaine est l'implicite cadre normatif qui oriente le passage à l'acte dans la guerre préemptive et préventive. L'utilitarisme est de nature à justifier ce type de guerre, le risque y est appréhendé sur un mode contrefactuel. Quel serait le coût d'une non-anticipation de l'agressivité de l'ennemi potentiel ? La guerre préventive devient la résultante de la valorisation du libre choix fondé sur la raison qui aurait les conséquences les meilleures. Elle suppose à ce titre la mobilisation d'une expertise qui n'est pas pour autant en mesure de s'extraire des conditions de la subjectivité, en témoignent les débats contemporains sur la guerre en Irak. C'est suivant un calcul prévisionnel du ratio entre le nombre de morts alliés et irakiens (en fonction de coefficients qui ne donnent pas la même valeur aux uns et aux autres) et le nombre de morts qui pourrait résulter d'une attaque de Saddam Hussein laissé libre à lui-même que la guerre a été présentée et mise en débat dans l'espace public.

Il existe dès lors une contradiction entre les termes d'une doctrine originellement méfiante vis-à-vis de la guerre préemptive et préventive et son application contemporaine dans un contexte où les individus ont une appréciation sensiblement différente du prix de leur sécurité et où « Dieu est mort »[17]. La légitime défense est la variable responsable de cette ambiguïté que reflètent les pratiques contemporaines. Le principe de légitime défense et sa valorisation à l'âge du risque conduisent progressivement à une justification de la guerre préventive et perturbent l'application des règles de prudence que nombre d'auteurs comme Gentili, Grotius ou Vattel préconisent[18]. Notamment en mettant à mal le principe de souveraineté, l'utilitarisme

---

17. *La situation américaine est paradoxale. Le nombre de croyants est très important, la référence au divin est omniprésente entre religiosité et, par ailleurs, la politique de la guerre est désacralisée. Ce déclin du sacré se manifeste par le refus du gouvernement de sacrifier ses soldats.*

18. *Ce point est discuté par Quincy Wright, «* International Justice and Preventive War *», dans Quincy Wright,* Problems of Stability and Progress in International Relations, *Berkeley (calif.), University of California Press, 1954, p. 68 et suiv. Comme le souligne Wright, Gentili ne considère pas que la menace de la puissance d'un ennemi soit une cause suffisante pour déclarer une juste guerre. Il en est de même pour Grotius pour lequel la certitude des intentions mauvaises du potentiel agresseur doit être avérée. Pour Vattel, l'équilibre de la puissance est un avantage pour l'ensemble des nations, mais si un État décide d'accroître ses capacités de nuire, une guerre déclenchée contre lui n'est pas pour autant justifiable à moins qu'il n'y ait des preuves d'une «* intention perfide *». Ces auteurs sont contre le principe de la guerre préventive mais, comme semblent l'indiquer leurs réserves, n'en excluent pas l'éventualité. Par ailleurs, la guerre préemptive ne fait pas l'objet d'une condamnation claire et sans appel. Ces ambiguïtés logent au cœur de cette tradition et les débats contemporains en sont le reflet.*

de la préemption et de la prévention sape les conditions de l'exercice d'une autorité verticale.

Les sources originelles des contradictions contemporaines

L'évolution de la guerre juste a fragilisé la cohérence de l'ensemble. Par ailleurs, ses contradictions internes et originelles logent au cœur des polémiques sur les interventions militaires et leur légitimité. Trois questions sont aujourd'hui particulièrement sensibles. Comment assumer que la guerre juste est suivant sa définition originelle une guerre punitive ? Comment définir une intention droite ? Enfin, le modèle de la guerre juste implique une troublante conception de l'altérité. Compte tenu des exigences de civilité et d'universalisme qui devraient régir le dialogue interculturel, peut-on être fidèle à une telle conception ?

La guerre punitive

On comprend mieux une des dimensions adressées à la guerre contre l'Irak en considérant une des dimensions originelles de la guerre juste. Les règles chrétiennes de la tuerie s'organisent autour d'un double référent : l'interdit du meurtre, la distinction entre innocents et coupables. Le calcul de la mortalité prend *a priori* appui sur cette division morale.

Pour Augustin, le pécheur est l'esclave de son péché ; la victoire est l'humiliation et la punition des pécheurs[19]. Dans la

---

19. Saint Augustin, La Cité de Dieu, *livre XIX, chapitre 15 :* « *La première cause de la servitude, c'est le péché, et l'homme, naturellement libre, devient, par sa mauvaise volonté, esclave des passions, alors même qu'il n'est pas dans l'esclavage d'autrui.* »

tradition thomiste, la guerre juste est également punitive[20]. Elle reflète une vision théologique qui divise le monde entre le camp du mal, l'agresseur, et celui du bien qui ne fait que se défendre contre l'injuste guerre menée contre lui. La guerre de l'agression est injuste, l'ennemi est un injuste ennemi : la guerre n'est juste que du point de vue d'un seul camp. Motivée par l'application du principe de légitime défense[21], cette appréciation rend possible le meurtre dans le cadre d'une guerre juste, alors même que son interdit a force de loi. La raison est la suivante : il est possible d'enlever la vie de personnes coupables[22], l'interdit du meurtre concerne les innocents[23].

Adhérer explicitement à une telle règle serait aujourd'hui bien problématique. Son acceptation implique le partage de la foi au sein d'une communauté nationale. Elle suppose dans un tel cadre une division du monde entre les coupables et les innocents[24], les

---

20. Summa Theologica, *II-II-q. 40, art. 1, « Y a-t-il une guerre qui soit licite ? » ; voir la réponse 2 : « Il est requis que l'on attaque l'ennemi en raison de quelque faute »*.

21. Summa Theologica, *II-II-q. 64, art. 7, « Est-il permis de tuer un homme pour se défendre ? »*, p. 430-431.

22. *Littéralement, comme l'indique Jeff McMahan, ceux qui ne peuvent pas nuire à autrui (les non « nocentes »). Jeff McMahan, « Innocence, Self-Defense and Killing in War »*, The Journal of Political Philosophy, *1 (3), 1994, p. 193 ; voir également Richard Norman*, Ethics, Killing and War, *op. cit.*

23. *Quand le bien est sauvé par la mort du coupable, il est possible de le tuer.* Summa Theologica, *II-II-q. 64, art. 7, obj. 2.*

24. *Le terme d'innocence est à double sens puisqu'originellement, il désigne, comme le souligne McMahan, les « non-nocentes » (ceux qui ne peuvent pas nuire, tout particulièrement les femmes et les enfants). Il a évidemment aussi un sens moral qui ne vaut que par son opposition à la culpabilité.*

pécheurs et les justes et à terme entre fidèles et infidèles[25]. Les deux premières antinomies heurtent une conception libérale et séculière suivant laquelle la culpabilité ne peut se référer qu'à des actes dont la véracité est établie, non suivant une nature qui serait en l'occurrence la marque du péché. Cette vision de la culpabilité est aussi en décalage avec le sens commun qui dénonce les effets pervers du sermon.

La justification du meurtre des coupables repose sur un schéma anthropologique tout aussi daté. On trouve au cœur de l'autorisation de l'acte du juste meurtre la foi et également, en surplomb, une conception suivant laquelle le père – et à travers lui Dieu – a le droit de vie et de mort sur ses enfants. Augustin fait en effet le parallèle entre le droit de tuer du soldat qui combat une guerre juste et le bras levé d'Abraham sur le point de trancher la gorge d'Isaac[26]. Dans un cas comme dans l'autre, une autorité transcendante et en conséquence en principe infaillible guide le bras de l'exécutant. Une institution qui fonderait sur ce principe son autorité se trouverait bien évidemment confrontée à une impasse.

La culpabilité de « l'agresseur » pose également de sérieux problèmes de logique. Comme bon nombre de réflexions morales et politiques étendues à la scène internationale, l'analyse de la guerre juste repose sur une analogie entre l'individuel et le collectif. Dès lors, il y aurait une analogie entre la culpabilité individuelle au fondement de la légitime défense et la culpabilité collective de

---

25. *On peut opérer deux autres distinctions au sein de la communauté des fidèles : entre ceux qui croient au modèle de la guerre juste (à sa pertinence) et ceux qui n'y croient pas et également, entre ceux qui la respectent dans leurs actes et ceux qui ne la respectent pas.*

26. *Saint Augustin,* La Cité de Dieu, *livre XXI, « Des meurtres qui, par exception, n'impliquent point crime d'homicide ».*

l'agresseur contre lequel combat un État qui mène une guerre défensive[27]. Or, s'il est possible de considérer la culpabilité d'un individu, il est en revanche très problématique de penser la culpabilité d'un collectif ethnique ou communautaire. Il est erroné de le faire en transposant sur le plan collectif une réflexion qui porte sur l'individu. La culpabilité collective s'organise dans un univers de sens constitué par des notions comme « l'âme des peuples » ou « l'inconscient des nations[28] ». Cette vision du réel (ou plutôt de l'irréel dans le cas présent) repose de nouveau sur une croyance, elle est peu légitime dans les sociétés occidentales contemporaines et de nature à perturber la vie démocratique[29].

L'intention droite

Un autre décalage entre le monde antérieur aux Lumières et notre temps est préjudiciable à la cohérence de ce schéma à la fois *religieux* et *rationaliste* sur lequel cette tradition repose. À plusieurs reprises, la notion « d'intention droite » est mentionnée dans les

---

27. *Un juriste comme George Fletcher souscrit à une vision holiste et romantique de la culpabilité des nations qui est, d'après l'auteur, pleinement inscrite dans le droit international contemporain en dépit de son individualisme et de son libéralisme de façade. George Fletcher,* Romantics at War Glory and Guilt in the Age of Terrorism, *Princeton (N. J.), Princeton University Press, 2002. Sur ce point, voir le chapitre 7, « Romantic Perversions », p. 139 et suiv.*

28. *Ce qui précisément ne semble pas poser de problème à Fletcher (voir note supra).*

29. *La distinction entre culpabilité et responsabilité doit être posée. Il est possible de donner la définition d'une responsabilité collective. Peter French, « Morally Blaming Whole Populations », dans Virginia Held, Sidney Morgenbesser et Thomas Nagel (eds),* Philosophy, Morality and International Affairs, *Oxford, Oxford University Press, 1974, p. 266-286.*

textes de la guerre juste, elle figure notamment dans les principes du *jus ad belllum* et au titre des conditions au nom desquelles la mort d'innocents causée par un acte juste est acceptable. Il s'agit dans ce deuxième cas de la doctrine du double effet qui pose la distinction entre vouloir et prévoir. La notion de dommage collatéral est fondée sur cette doctrine.

La doctrine du double effet puise sa source chez Thomas d'Aquin[30]. De nombreux travaux sont aujourd'hui consacrés à cette question. Ils pointent les difficultés inhérentes à l'application de cette doctrine et également d'une manière plus générale ses contradictions logiques[31]. Il est un point qui plaide tout particulièrement en faveur de l'abandon d'une doctrine qui ne peut tout simplement pas être transposée dans un temps dont la distance avec l'époque de son émergence est trop importante. Dans le texte chrétien, l'intention est liée à une vision théologique de l'âme et à une appréciation de sa nature bonne ou mauvaise. L'intention est une des composantes essentielles de la distinction entre le pécheur et le juste, le pécheur étant mû par une intention mauvaise. Notre époque nous incite à questionner cette anthropologie morale. Les intentions

---

30. Summa Theologica, *II-II-q. 64, art. 6.*

31. *Parmi les nombreuses références de cette littérature très fournie, on peut voir : Warren Quinn, « Actions, Intentions, and Consequences : The Doctrine of Double Effect »,* Philosophy and Public Affairs, *18 (4), automne 1989, p. 334-351. La DDE a été aussi discutée par Elizabeth Anscombe. Cette philosophe catholique considérait qu'elle est une morale qui divise ceux qui se leurrent en déniant cette possibilité (les non-catholiques) et l'Église en butte à la possibilité de sa corruption (en raison d'un abus sophistique de cette doctrine). Elizabeth Anscombe, « War and Murder »,* dans Richard Wasserstrom (ed.), War and Morality, *Belmont (Calif.), Wadsworth, 1970, p. 44-46 et p. 50-53.*

« droites » ne sont pas si faciles à cerner, notamment dans le contexte de la guerre.

Un aspect de ce modèle est très perturbant. Cette théorie et le regard qu'elle implique sur la guerre reposent sur une définition de l'âme, sur une ligne de partage toujours clairement identifiable et sur l'idée suivant laquelle l'homme a toujours pleine conscience de ses actes et des motivations qui les sous-tendent. Cet aspect fait l'objet de peu de discussions, on peut pourtant aisément en faire la critique en lui opposant une autre vision de l'intentionnalité. Que dire lorsque les motivations ou le désir qui guident en amont ces intentions sont ambivalents ? Les récits des guerres, les biographies de soldats et un regard psychologique (*a fortiori* psychanalytique) sont des éléments empiriques qui rendent la doctrine du double effet tout simplement inapplicable. Cette doctrine n'éclaire que partiellement la réalité morale, alors qu'elle a vocation à résoudre des dilemmes. On peut prévoir et en même temps vouloir, le désir en amont de cette volition se situe sur un autre plan. Cette occurrence est somme toute assez commune, c'est un point aveugle du schéma thomiste et *a fortiori* de son extension internationale et collective[32]. Il n'est pas possible de considérer qu'à l'échelle collective la somme d'intentions plurielles et ambivalentes ait pour résultante une intention qui serait essentiellement droite. Par ailleurs, à partir du moment où la préservation de soi et non plus simplement sa propre défense est une des motivations principales de l'action (j'accorde tellement de prix à la préservation de la vie des miens que la mise en danger de la vie des autres n'importe plus, ma prudence est sincère), comment ne pas considérer que l'intention sera altérée par

---

32. *Le passage de l'individuel au collectif brouille d'autant plus la lecture des intentions.*

cette préoccupation ontologique qui la détourne du modèle de la droiture défini à partir du schéma de la défense ?

Il faudrait tenir compte d'une « intentionnalité minimale de nuire »[33] qui anime le soldat ou même le résistant dans sa décision de partir au combat et qui le guide lorsqu'il épaule son fusil. À l'échelle étatique, il faudrait considérer l'agrégation complexe de ces ambivalences. Ce trait est une des figures banales de l'humain dont devrait tenir compte une théorie à la fois modeste et sceptique (en raison de la vision de l'homme qu'elle suppose) et ambitieuse et complexe (en raison des nombreuses variables qu'elle doit intégrer sur le plan théorique). La doctrine du double effet a voulu purifier la guerre juste de ses actes scabreux. Mais dans une telle grille de lecture, l'irréductible part de négativité humaine qu'elle a refoulée obère l'intelligibilité de l'acte moral.

L'altérité

Un autre aspect de la guerre juste et de ses principaux textes se révèle problématique. Plusieurs de ses auteurs, notamment les responsables du tournant humaniste qui a signifié une grande avancée dans le droit de la guerre et de la paix, soulignent l'importance en matière de relations internationales de la confiance entre les États et leurs gouvernements respectifs. Gentili ou Grotius mettent en avant la nécessité d'une adhésion à une « politique de la vérité ». Ses implications sont cruciales, la confiance et le dire vrai sont les conditions nécessaires pour le bon fonctionnement des règles définies par le droit et la morale internationale. Que signifie d'avoir recours à des règles du juste et du bien et de contraindre son

---

33. *Ariel Colonomos*, La Morale dans les relations internationales. Rendre des comptes, *Paris, Odile Jacob, 2005. Voir le chapitre 7.*

adversaire en les appliquant si celui-ci les ignore, les transgresse ou les refuse ? Plus grave encore, quel sens cela a-t-il d'appliquer des règles de morale universelle avec celui qui n'en applique aucune ? Sur le plan conséquentialiste et fonctionnaliste, on peut trouver de bonnes raisons qui plaident en faveur de l'abandon des règles initiales que l'autre ne fait pas siennes[34].

En cas de reddition ou de capture, les combattants ne sauraient être traités avec les égards dus aux soldats que s'ils se comportent en tant que tels[35]. L'usage du poison est banni parce qu'il constitue un acte de tricherie qui prend par surprise l'adversaire. Celui qui en fait usage voile ses intentions, il n'agit plus en tant que combattant légitime (un soldat en uniforme) et dès lors perd le droit d'être traité comme tel[36]. Gentili mentionne explicitement le cas de femmes qui se travestissent en homme et ont parfois recours à la sorcellerie pour arriver à leurs fins. Les menteurs perdent leur dignité d'homme en se rabaissant au niveau de la passivité des bêtes esclaves de leurs passions. La vérité de la guerre – le combat entre des hommes à découvert identifiés par des uniformes qui les distinguent – est mise en cause. Cette éventualité est un réel danger dont il faut se prémunir en mettant à mort les éventuel(les) fauteurs ou fauteuses de trouble[37].

---

34. *En supposant idéalement que celui qui introduit ces règles les a appliquées en premier lieu.*

35. *A. Gentili,* op. cit., *Livre II, chap. XVIII,* « Of Cruelty Towards Prisoners ».

36. *A. Gentili,* op. cit., *Livre II, chap. VI. Il est intéressant de souligner l'importance de ce passage, là où certains auteurs ont voulu voir l'origine de l'interdit et de l'opprobre qui frappent les armes chimiques aujourd'hui. Richard Price,* The Chemical Weapon Taboo, *Ithaca (N. Y.), Cornell University Press, 1997.*

37. *Gentili fait référence à Jeanne d'Arc (*op. cit., *p. 161).*

Ce droit se fonde dans son appréciation du juste sur une vérité biologique de l'« homme en armes ».

Les manquements à la règle de la vérité sont sévèrement punis, on ne peut dès lors qu'être frappé par l'intransigeance d'auteurs souvent identifiés à une tradition reconnue pour sa mansuétude, en l'occurrence l'humanisme du *jus gentium*. La pensée de Grotius est claire sur ce point : il convient d'épargner les femmes (tout comme les enfants) *dans la mesure du possible* et dès lors qu'elles ne quittent pas le rôle qui leur est imparti. Leur sort est de se trouver à l'écart des affaires de la guerre[38]. Grotius déclare par ailleurs explicitement que l'armée d'un État ne doit pas hésiter à couler un bateau de pirates ou à réduire en cendres une maison remplie de brigands quand bien même se trouvent à bord des femmes et des enfants[39].

Schmitt a sur ce point raison lorsqu'il pointe cette insuffisance dans la théorie de Grotius qui n'opère pas de distinction entre guerre interétatique et guerre privée[40]. Le modèle de la guerre juste a originellement été conçu pour donner un cadre à la guerre entre États (ou entre unités politiques institutionnalisées, par exemple des Empires) alors que par moments Grotius fait référence à la guerre privée. Le *jus in bello* « s'échappe » dans la guerre privée et fragilise l'architecture de l'ensemble. Les termes de cette confusion apparaissent au grand jour dans les débats contradictoires sur la légitimité des moyens employés dans la guerre contre le terrorisme et notamment les frappes ciblées préventives contre des poseurs de

---

38. *Il faut épargner les enfants et les femmes* « *à moins qu'elles n'aient commis quelque chose de particulier qui mérite quelque punition, ou bien qu'elles ne vaquent elles-mêmes à des exercices virils* ». *A. Gentili, op. cit., Livre III, chap. IX, 3, p. 715.*

39. *H. Grotius, op. cit., Livre III, chap. 1, IV.1, p. 583.*

40. *Carl Schmitt,* Le Nomos de la terre, *Paris, PUF, 2001, p. 162.*

bombes coutumiers du fait et susceptibles de poursuivre leurs activités criminelles. Ces débats ne sont guère concluants sur le plan conceptuel, car précisément ils continuent de s'arrimer à une tradition bien fragile[41].

À l'âge du terrorisme, l'exemple d'un dilemme dont il serait bon de considérer l'éventualité fait rejaillir la nature problématique du critère de l'innocence[42]. Est-il moralement acceptable d'abattre un avion détourné par des terroristes qui sont sur le point de le faire exploser sur une grande ville ? Confronté à un tel dilemme, on peut opposer un pragmatisme décisionniste à une morale déontologique qui nécessairement considérerait cet acte répréhensible. En raison du primat accordé au critère de l'innocence, le modèle de la guerre juste n'est pas éclairant sur ce point.

Une dernière question d'une nature tout particulièrement inquiétante mérite d'être débattue. En faisant explicitement référence à l'Islam, Gentili et Grotius mentionnent dans leurs textes les difficultés du dialogue en vue de la paix entre des gouvernants et entre des membres de sociétés qui ne partagent pas les mêmes codes culturels. Gentili résout de manière assez abrupte cette question en décrétant qu'il est impossible de signer des traités de paix avec des infidèles, en l'occurrence tout particulièrement les Orientaux[43].

---

41. *La nature polémique et stérile de ces analyses apparaît dans une série de débats contradictoires : Steven David,* « *Israel's Policy of Targeted Killing* », Ethics and International Affairs, *17 (1), 2003, p. 111-126 ; Yael Stein,* « *By any Name Illegal and Immoral* », Ethics and International Affairs, *17 (1), 2003, p. 127-137.*

42. *Jeff McMahan,* « *Self Defense and the Problem of the Innocent Attacker* », Ethics, *104 (2), janvier 1994, p. 252-290.*

43. *A. Gentili, op. cit., Livre III, chap. XIX* « *On Making a Treaty with Men of Different Religions* », op. cit., *p. 401 ; Gentili prend l'exemple des Turcs.*

Grotius a un jugement plus nuancé qui n'est cependant pas radicalement différent de celui de son prédécesseur. Il considère que les différences culturelles sont préjudiciables à l'accord sur certaines règles notamment en matière de traitement des prisonniers. Il fait référence à l'éventualité de la vente en tant qu'esclaves des captifs détenus par les Mahométans[44]. Cette politique de la vérité est aujourd'hui proprement intenable. Cette politique exclut ou au mieux fragilise la possibilité d'une conciliation et est un facteur de désordre et d'aggravation de conflits. C'est précisément une des objections adressées à la politique américaine aujourd'hui.

*

La guerre devrait être assumée sans médiation théologique et être fidèle à un principe d'autonomie des conduites. Certes, et c'est là un acquis considérable, le modèle de la guerre juste a mis en lumière plusieurs référents qui continuent de faire sens, notamment la discrimination et la proportionnalité. C'est pourtant l'architecture de l'ensemble qui se révèle aujourd'hui fragile. Ces normes ne souffrent pas simplement des erreurs involontaires ou délibérées de ceux qui les appliquent ou seraient tenus de le faire. Ce système a reproduit ses propres zones d'ombre, ses fondements souffraient d'ambiguïtés dont l'épaisseur n'a fait que s'accentuer.

En s'appropriant certaines catégories de cette tradition tout en prenant ses distances avec leur cadre, il conviendrait d'affronter sans détour principalement trois questions. La mise en débat de la guerre s'organise autour d'un arbitrage entre la quantité (de morts ou de ressources matérielles pour la conduire) et une qualité

---

44. *Il se méfie des « nations barbares ». Voir A. Gentili,* op. cit., *Livre III, chap. IX, XVIII, 3/XIX, 2, p. 694.*

(fidélité à certains principes et certaines idées comme la liberté, la réponse à l'appel des sentiments moraux comme la sympathie ou la bienveillance, le respect de règles comme la sincérité). Comment penser le rapport entre deux échelles de mesure qui ne sont pas commensurables ? Comment apprécier le nombre de morts acceptable occasionné dans la société de l'adversaire ? Est essentiellement posée la question d'une échelle des préférences dont l'action militaire est la traduction *de facto*, mais qui mérite d'être sérieusement discutée. En demandant aux participants à ce débat quelle serait en cas de conflit, suivant leur sensibilité et leur capacité, leur contribution matérielle, morale et physique, il serait possible de sortir de cette aporie. La notion « d'effort de guerre » reste en effet à définir en privilégiant le pragmatisme et le volontarisme. L'État s'est jusqu'à présent arrogé cette initiative et l'effort de guerre correspond traditionnellement à une demande de sacrifice. Il faudrait la transformer en une participation volontaire à une cause juste commune et à terme en une agrégation de bonnes volontés.

Deuxièmement, le modèle de la guerre juste avait opéré la distinction entre les résultats d'une guerre et ses conséquences. Comment penser le rapport entre ces deux termes ? Les résultats s'évaluent *ex-ante* et sont mesurables *ex-post*. Ils supposent à ce titre des paliers de mesure entre le laps de temps qui sépare ce constat et cette évaluation de la fin de la guerre ainsi que des priorités liées à l'ordre temporel de ces évaluations. Les conséquences se donnent à voir dans l'immédiateté du conflit, elles sont appréciables aussi à long terme. Il convient de se donner des résultats souhaitables à court terme et de considérer la différence entre des conséquences inacceptables et les conséquences légitimes du recours à la force. En envisageant ces deux questions, la guerre préventive ne serait plus pour les uns la solution idéale de leur politique de sécurité et pour les autres la brisure coupable d'un tabou.

Enfin, le cadre de la mise en débat des affaires internationales doit être pensé à nouveau. L'enceinte des Nations unies est le lieu de la messe des grands prêtres. Sous couvert de liturgie et de transcendance, il est pourtant bien souvent le site de l'échange des intérêts et des bons services. Il n'est pas assez l'agora de la volonté de participation des individus aux affaires de ce monde et le lieu de l'expression des passions et des sentiments. Il serait juste et bénéfique que l'individuation des affaires internationales sur un mode cosmopolitique ait une incidence sur les conditions de délibération, ce qui suppose une révision de ses règles procédurales.

Chapitre 5 / LEÇONS D'APRÈS-GUERRES ET LÉGITIMITÉ *EX-POST*

Éric CHEVALLIER

La dernière décennie a clairement montré qu'il est souvent beaucoup plus difficile de construire la paix que de gagner une guerre. Dans les Balkans, au Timor, dans plusieurs pays d'Afrique, en Afghanistan, en Haïti ou en Irak, la communauté internationale s'est engagée dans des processus de reconstruction et de démocratisation post-conflit souvent ambitieux. Si, bien sûr, chaque crise est différente, chaque lendemain de guerre particulier, nous avons désormais assez d'expérience, dans des contextes différents, pour tenter de faire le bilan de nos erreurs comme de nos succès.

Après des mois, et souvent des années, de destructions, de violences et de souffrances, tout est à faire, et tout semble urgent : assurer la sécurité et apaiser les tensions qui restent souvent considérables ; répondre aux autres besoins vitaux (alimentation, santé, hébergement) ; engager des travaux titanesques d'infrastructure pour permettre l'accès le plus large possible à l'eau, à l'électricité, mais aussi construire des routes et des écoles, tout en révisant les programmes et les manuels scolaires pour les nettoyer de leurs scories discriminatoires et parfois clairement racistes ; développer les services publics et mettre en place une administration ; instaurer la justice ; favoriser l'émergence d'une société civile, de médias soucieux d'éthique et de déontologie, promouvoir les droits de l'homme et trouver les chemins du dialogue au sein de sociétés meurtries et déchirées ; aider à l'émergence d'une vie démocratique, en organisant des élections et en soutenant le développement de partis politiques, pour que les populations se réapproprient leur propre destin ; créer les conditions du développement économique et social... On mesure mieux désormais l'extrême complexité et les incertitudes de tels défis. C'est aussi ce qui les rend si exaltants aux yeux de ceux qui s'y sont engagés ou rêvent de le faire...

Curieusement, la communauté internationale commence seulement à dresser, au-delà des spécificités propres à chaque crise, des leçons transversales sur la manière de conduire ces processus, qu'ils soient politiques, institutionnels, économiques, sociaux, culturels... Il n'y a pas, bien sûr, de recettes magiques. Mais on peut tout de même identifier une série d'approches, de méthodes et d'outils ayant émergé à l'épreuve des faits, et qui ont permis parfois de concilier l'inconciliable : impératifs de court terme et nécessités du long terme ; objectifs contradictoires ; logiques d'acteurs souvent conflictuelles.

Ces questions d'après-guerres sont souvent les points aveugles des débats sur la légalité et la légitimité des interventions internationales ayant recours à la force armée. Elles en sont pourtant indissociables. Car si le contexte de légalité et de légitimité *ex-ante* n'est pas, loin s'en faut, sans conséquences sur le déroulement du processus de post-conflit, la façon dont se déroule ce dernier, dont il est mené ou appuyé par les acteurs internationaux, a en retour un impact sur l'évaluation que l'on peut faire de la légitimité d'une intervention. En d'autres termes, plus l'intervention paraît initialement légitime, plus la suite a des chances de rencontrer certains succès. Mais il parait aussi clair que plus la dynamique de post-conflit évolue favorablement, plus elle renforce la légitimité initiale.

Ce constat de bon sens est évidemment d'un emploi explosif. Brandi sans nuances, il peut en effet devenir l'argument majeur de ceux pour qui « la fin justifie les moyens ». Faut-il pour autant le disqualifier ? Peut-on négliger le fait qu'il constitue un des éléments – pas le seul bien sûr, mais pas le plus mineur non plus – à apprécier pour tenter de répondre à la question complexe de la légitimité d'une intervention intégrant le recours à la force ? Sans doute pas.

Le groupe de travail piloté par Gareth Evans et Mohammed Sahnoun avait proposé dans son rapport publié au début des années 2000[1], cinq critères majeurs pour tenter d'évaluer, au-delà de la question de la légalité, la légitimité d'une intervention armée. Ils constituent sans doute un excellent cadre de référence et d'analyse.

Les quatre premiers critères – de légitimité *ex-ante* – concernent la période précédant l'intervention :

– Le premier porte sur l'existence d'une menace imminente d'exactions massives ou leur réalité déjà effective. C'est évidemment le critère central. Il est au cœur de la justification d'une intervention... mais n'en est pas pour autant aisé à documenter. Trois questions au moins viennent immédiatement à l'esprit : quels chiffres mettre derrière le terme « massif » ? Comment, concrètement, objectiver ces exactions, si elles ont déjà cours ? Comment, précisément, juger du caractère imminent de la menace ? Cette dernière interrogation est à l'origine des travaux, à la fois complexes, passionnants et porteurs d'espoir, qui fleurissent aujourd'hui sur la mise au point de systèmes d'alerte précoce. S'ils devaient aboutir à l'émergence d'une véritable capacité d'anticipation, puis de réaction rapide, le sort de centaines de milliers – sans doute de millions – de victimes potentielles des crises à venir en serait changé. Mais on sent bien la difficulté de l'exercice au travers d'un simple exemple : quand et comment aurait-il fallu agir en Yougoslavie face à la construction par certains esprits enfiévrés de l'académie des sciences de Belgrade du corpus théorique sur lequel se fondera la politique criminelle de Milosevic ? S'agissait-il à ce stade d'une menace imminente ? Il est peu probable que la réponse soit consensuelle.

---

1. *Gareth Evans et Mohammed Sahnoun,* La Responsabilité de protéger, *Ottawa, Centre de recherches pour le développement international, décembre 2001.*

– Le deuxième critère pose comme condition que toutes les options alternatives (diplomatiques, économiques...) au recours à la force aient été épuisées. On ne peut bien sûr qu'adhérer à ce principe, mais en reconnaissant que son simple énoncé conduit à en mesurer, dans le même temps, les limites : une fois l'intervention armée à l'œuvre, il n'est évidemment plus possible de dérouler à l'envers le film de l'Histoire. Il est alors trop tard pour savoir si d'ultimes tentatives non militaires auraient permis de résoudre la crise ! Et l'on retrouve ainsi, par exemple, dos à dos ceux qui pensent que l'on aurait dû poursuivre les efforts politico-diplomatiques au-delà de la conférence de Rambouillet sur le Kosovo, plutôt que d'en faire un point de non-retour, et ceux qui se font, à raison, l'écho du passif bosniaque de Milosevic et qui, surtout, rappellent que cette pente conduit rapidement au drame rwandais.

– Le troisième critère vise à s'assurer des motivations, explicites et implicites, de l'intervention. Sujet consensuel par excellence en apparence : une intervention ne saurait être légitime qu'à condition que ses motivations, affichées et réelles, soient uniquement tournées vers la protection de populations en danger. La vie réelle est malheureusement plus complexe, comme l'a rappelé Pierre Hassner dans son « Plaidoyer pour des interventions ambiguës[2] ». On peut, on doit, souhaiter au nom de l'éthique que seules des intentions pures président à la décision de recourir à la force ; mais la lucidité impose de reconnaître que cette dernière sera toujours le fruit d'un mélange complexe de motivations égoïstes et d'autres qui le sont un peu moins. Quel décideur public pourrait, sur le seul argument de vouloir protéger des populations lointaines, risquer le sang national et y engager des ressources importantes ? Il faut

---

2. *Pierre Hassner, « Plaidoyer pour des interventions ambiguës »,* Commentaire, *novembre 1993.*

sans doute, contre l'impuissance et la non-assistance à peuples en danger, se résoudre à une dose d'ambiguïté. Ici, comme ailleurs, les militants sans nuances se révèlent être en réalité les hérauts involontaires (?) de l'inaction et de l'indifférence.

– Le quatrième critère de légitimité proposé par Evans et Sahnoun consiste, enfin, à s'assurer que le recours à la force est proportionné à la menace. Mais comment juger du caractère proportionnel ? Vieille question de stratégie militaire, sans doute sans réponse univoque à ce jour, et dont on a vu dans la période récente qu'elle pouvait encore opposer fortement civils et militaires du Pentagone.

On voit bien la pertinence de chacun de ces critères d'analyse de la légitimité d'une intervention armée, avant que celle-ci ne soit enclenchée. Mais on perçoit aussi les incertitudes qui les entourent et la dimension nécessairement subjective de leur évaluation. Ni séparément ni même ensemble, ils ne sauraient permettre de répondre de façon binaire et simple à la question posée.

Ce qui a sans doute au moins deux conséquences. La première répond à un vieil adage qui donne ici tout son sens au plaidoyer pour le multilatéralisme, au-delà du pur exercice incantatoire, parfois un peu stérile : face à autant de complexité et d'incertitudes, et compte tenu de l'importance de l'enjeu, la décision collective s'impose. On risque moins de se tromper à plusieurs que tout seul. La seconde oblige à décrypter plus en détail le cinquième critère proposé par le groupe de Sahnoun et Evans : celui de la « balance des conséquences ».

En d'autres termes, la situation après l'intervention est-elle plus satisfaisante que celle qui prévalait auparavant ? On voit ici aussi la difficulté à répondre clairement. Quand faut-il en juger, six mois après, un an, cinq ans ? Et que faut-il regarder ? Quels éléments d'appréciation décide-t-on de retenir ? Comment évaluer rétrospectivement la période pré-intervention – qui ne s'offre plus aux yeux des observateurs – sans verser dans la révision historique comme Michael Moore, résumant le régime de Saddam Hussein à quelques images d'enfants épanouis et joyeux faisant du toboggan ? Sans compter que cette balance des conséquences peut s'avérer bien différente selon les critères ou les catégories de population considérés. On ne peut évidemment faire le même bilan de l'intervention au Kosovo, au regard de la situation antérieure, selon que l'on se place du côté albanais ou du côté serbe ; de celle en Irak, lorsque l'on est kurde, sunnite ou chiite. Et si l'on est particulièrement attentif à la condition de la femme, on accueillera d'autant mieux le départ forcé des Talibans. Comment s'accorder sur la façon de pondérer l'amélioration des conditions de vie pour certains, face parfois à la dégradation pour d'autres ?

Ce cinquième critère, on le voit, n'est pas aisé à analyser. Mais on peut y contribuer en tentant de tirer les leçons des dynamiques de post-conflit qui ont marqué la dernière décennie, dans les Balkans, en Afghanistan, en Irak, en Haïti, ou dans certaines régions d'Afrique, au-delà des mouvements propres à chacune. Trois au moins paraissent majeures :

1) Le décalage considérable entre les objectifs affichés publiquement et la réalité de ce qu'il est possible de faire ne doit pas conduire à dresser des bilans trop rapides.

Paix, réconciliation, démocratie, prospérité pour demain matin... Voilà à peine caricaturé le message souvent implicitement, et parfois même explicitement, véhiculé par les promoteurs et les acteurs des interventions internationales armées, mais aussi par certains observateurs patentés, médias ou milieux universitaires. On peut pour partie le comprendre, tout semble y concourir :

– Tout d'abord, la nécessité pour les décideurs de tenir un discours mobilisateur à destination d'opinions publiques rétives, de façon quasi-réflexe, à l'emploi de la force. Il faudrait des talents de communication – et sans doute une forme de masochisme – politique hors pair pour les convaincre de dépasser cette aversion première, sans masquer, au moins pour partie, le caractère aléatoire et complexe des après-guerres et l'impossibilité de garantir des résultats spectaculaires.

– Ensuite, l'accélération de nos temporalités occidentales. Non seulement, il faut que la situation soit radicalement différente de celle qui prévalait auparavant, mais il faut faire vite, très vite. Une anecdote à cet égard est particulièrement illustrative. Dès les premiers mois après la fin du conflit en 1999, il n'était pas rare de voir à Pristina des journalistes de médias influents – pas tous bien sûr – ou des délégations de pays importants – pas toutes, heureusement – s'étonner de la rareté, dans la nouvelle ère qui s'ouvrait, des mariages intercommunautaires entre Serbes et Albanais... ! Comme si l'implication de la communauté internationale avait pu gommer, comme par magie, en quelques semaines, plusieurs siècles de tensions et de violences. Le temps du post-conflit n'est pas celui de nos impatiences médiatiques ou politiques.

– Enfin, l'oubli de nos propres Histoires et de leurs soubresauts au décours des conflits qui les ont jalonnés. Est-il judicieux par exemple de tenir un discours sans nuances sur l'impératif immédiat de réconciliation et de multi-ethnicité ? Combien de temps nous a-t-il fallu en France pour faire progressivement – et encore imparfaitement – disparaître de notre vocabulaire le « boche » pour qualifier nos frères européens d'outre-Rhin ? Mesure-t-on toujours ce que cela implique lorsque nous demandons – nous imposons – à des peuples, à des groupes communautaires, de vivre ensemble si tôt après la fin des violences, ou même alors que celles-ci perdurent ? Serions-nous capables, chacun d'entre nous, d'autant de beauté d'âme ? La marche forcée vers la réconciliation peut s'avérer contre-productive, incitant souvent au repli réflexe de communautés encore traumatisées. Pourquoi, par exemple, ne pas se fixer comme objectif initial déjà ambitieux – et s'acharner à garantir – la coexistence entre des peuples, des groupes, qui se sont fait souffrir ? Sans renoncer bien sûr, dans un deuxième temps, et s'ils le souhaitent, à les pousser à s'engager vers la vie commune, au nom de la multi-ethnicité, qui demeure l'idéal-type à défendre ?

Et lorsque l'on définit pour le Kosovo, comme préalable à des discussions sur un statut pérenne, des standards que probablement la Norvège elle-même ne serait peut-être pas en mesure de remplir parfaitement dans dix ans, sommes-nous bien raisonnables ? On finit d'ailleurs par les simplifier pour les recentrer sur l'essentiel, et notamment sur la protection des communautés minoritaires. Mais pourquoi ne pas l'avoir fait d'emblée ?

Au regard d'objectifs souvent inaccessibles, en tout cas à brève échéance, l'échec est évidemment rapidement patent. À la fois aux yeux des observateurs internationaux – opinions publiques, médias, universitaires – mais aussi, plus grave, aux yeux des populations locales concernées qui, à force de se voir promettre des lendemains qui chantent, finissent par y croire. D'autant que les traumatismes passés les placent souvent dans une ambivalence où la lucidité peut s'effacer, pour peu qu'on l'y incite, au profit des espoirs les plus fous. Le bilan n'a alors qu'une seule saveur : la frustration. Ce qui ne peut que rétro-agir négativement sur le processus en cours.

Mais si l'on accepte d'introduire modestie dans les ambitions, complexité dans les analyses de situation, échéanciers et prudence dans les objectifs, alors l'histoire peut être différente. Il y a sans doute peu d'aussi belles aventures modernes ! Ceux qui y ont goûté le savent ; mais ils connaissent aussi la saveur amère de la peur parfois, de la frustration souvent. Faut-il pour autant conclure à l'échec de ces tentatives dans lesquelles nous avons mis tant d'espoirs et de moyens ? Certainement pas, ne serait-ce que par devoir à l'égard de millions d'hommes et de femmes. Mais il est temps à la fois de revoir nos ambitions – de les rendre plus réalistes – et de tirer les enseignements, pour chacune des composantes de ces dynamiques de post-conflit.

Ainsi, si Pierre Hassner a plaidé pour des interventions ambiguës, je me ferais volontiers également l'avocat des post-conflits incertains, marqués par la dynamique imparfaite des petits pas sans certitudes. Un éloge de la grisaille, qui ne cherche ni à refuser de mettre à jour responsabilités et échecs, ni à délivrer les acteurs de l'impératif d'excellence, mais qui souhaite les remettre dans le contexte du réel et dans le champ des possibles. La difficulté, mais aussi l'honnêteté, consistent à reconnaître que rien n'est garanti, que le post-conflit ouvre une période de tension extrêmement forte entre objectifs souvent contradictoires mais aussi entre temporalités difficilement conciliables.

Par exemple, justice et stabilisation politique ne vont pas forcément de pair. Or, ce sont souvent deux objectifs majeurs affichés simultanément, comme s'ils allaient de soi ensemble, alors que l'on navigue souvent, dans ce domaine, sur une ligne de crête extrêmement étroite : un chemin semé d'impasses pour lesquelles il faut parfois, sans gaîté de cœur, choisir l'un contre l'autre, au moins temporairement. Tous les avocats des droits de l'homme et les militants pourfendeurs de l'impunité détestent bien sûr – à raison – cette idée, mais malheureusement certaines situations imposent un bien désagréable principe de réalité, que la Convention européenne des droits de l'homme, elle-même, ne méconnaît toutefois pas, lorsque dans son article 15 elle fait référence à des situations exceptionnelles. Ce que sont toujours les post-conflits. De la même manière, court et long terme sont parfois, et même souvent, en contradiction. Et l'on peut être conduit, en tant qu'acteur, à devoir privilégier l'impératif de stabilisation immédiat contre les nécessités de l'avenir. Comme le rappelait justement Keynes pour d'autres raisons, sur le long terme nous serons tous morts !

En matière économique et sociale, qui constitue le socle indispensable sans lequel aucune stabilisation d'après-guerre n'a de chance de durer, les tensions sont également nombreuses. La principale tient à la nécessité à la fois d'offrir du travail très vite à de larges pans de la société et, en même temps, de jeter les bases nécessaires au développement d'une économie de marché productive. Contre une large part de l'orthodoxie économique, et même s'ils n'ont pas de sens à long terme, il faut plaider ici pour les programmes « à haute intensité d'utilisation temporaire de main-d'œuvre » que les Anglo-Saxons résument par la formule du « *cash for work* » pour des programmes dits « *labour intensive* ». L'emploi massif, notamment des jeunes, est un instrument puissant de stabilisation. Il faut lui consacrer une part importante des ressources disponibles, y compris lorsqu'il n'y a pas de rationalité économique à le faire. Allouer des sommes importantes pour employer plusieurs milliers de personnes, pendant quelques mois, pour refaire les jardins municipaux et les trottoirs des principales villes du Kosovo, n'apparaissait pas comme une priorité aux yeux de beaucoup d'économistes ! Cela permettait pourtant à de nombreuses familles de retrouver moyens de subsistance et dignité, d'avoir quelques raisons de résister aux sirènes de l'économie grise, consubstantielle des périodes d'après-guerre, et, mieux encore, de canaliser les énergies vers autre chose que la spirale des violences !

Il faudrait sans doute faire comprendre aux pourfendeurs implacables des processus de post-conflit que les situations sont bien rares où l'on a à choisir entre une bonne et une mauvaise solution. Dans la plupart des cas, l'alternative se situe entre une mauvaise option et une autre un peu moins mauvaise... ! Ce n'est pas pour autant qu'il faut renoncer. Et auprès de ceux qui mettent la barre si haut qu'elle en devient inaccessible, il faut plaider encore et encore pour l'affichage et la définition d'objectifs réalistes.

2) Quel que soit le contexte international de légalité et légitimité, il faut engager très vite les processus de légitimation interne et d'appropriation par les populations locales.

Sergio Viera de Mello avait coutume de dire à propos de Timor – situation pourtant presque « chimiquement pure » d'intervention armée légale et légitime – qu'il avait senti très tôt le risque pour la communauté internationale, perçue initialement comme libératrice, d'apparaître rapidement comme une force d'occupation. Un tel constat trouve évidemment encore plus d'acuité pour la plupart des situations moins univoques de la dernière décennie. Dans tous les cas, il est impératif d'engager très vite des processus de légitimation interne et d'appropriation par les acteurs et les populations locales. Mais comment faire ?

La séquence afghane, dans son déroulé schématique en quatre temps, est sans doute à cet égard intéressante.

– Premier temps : celui des résolutions du Conseil de sécurité conférant à l'intervention armée puis à la présence internationales une incontestable base légale.

– Second temps : celui du dialogue de Bonn, donnant à la dynamique de post-conflit une première « légitimité partagée », en associant acteurs internationaux et acteurs locaux autour d'objectifs et de processus définis en commun.

– Troisième temps : celui de la *Loya Jirga*, rassemblant environ mille personnalités afghanes et constituant, dans l'attente de premières élections, une instance nationale à la représentativité certes imparfaite, mais suffisamment large et multiple – à la différence peut-être d'un étroit « Conseil des sages » de sept membres en Haïti – pour conférer une forme de légitimité interne et un sentiment d'appropriation, au moins partielle, de la dynamique nouvelle par les Afghans.

- Quatrième temps : celui des élections, d'abord présidentielle puis parlementaires, qui enclenchent le processus de démocratisation proprement dit, sans constituer autre chose que des premières étapes encore forcément imparfaites.

Cet exemple afghan ne saurait être érigé en modèle, mais il permet, sans pour autant méconnaître les difficultés que connaît la période de post-conflit ouverte avec le départ des Talibans en 2001, d'illustrer la façon dont on peut glisser progressivement, dans un continuum élégant et cohérent, du droit international à l'émergence d'une dynamique locale de démocratisation et d'appropriation.

Au Kosovo, sous mandat de Bernard Kouchner de mi-1999 à début 2001, une démarche équivalente avait été mise en place par la mission des Nations unies, la MINUK. C'était même l'axe stratégique majeur du représentant spécial du secrétaire général des Nations unies de l'époque. À l'été 1999, pourtant parée du droit international au travers de la résolution 1244 du Conseil de sécurité qui la consacrait comme seule autorité légale et légitime, la MINUK se trouvait face à au moins quatre entités politiques locales, non reconnues internationalement mais bien réelles : un gouvernement héritier de la lutte armée de l'UCK, un président issu de consultations clandestines pendant la décennie 1990, le regroupement de Serbes du Kosovo autour du monastère de Gracanica, et même encore une représentation à Pristina du pouvoir de Belgrade, toujours aux mains de Milosevic à cette époque.

Fallait-il que la MINUK s'entête à vouloir diriger le Kosovo seule, au risque de n'exercer qu'un pouvoir formel, sans ancrage dans la vie réelle, et de voir se développer une hostilité croissante à son égard, ou bien au contraire associer la plupart de ces acteurs dans une dynamique de partage du pouvoir, et donc, facteur clé, de partage des responsabilités ? Le choix fut fait de mettre en place des institutions communes (à l'exception des représentants de Milosevic), avec un conseil intérimaire d'administration du Kosovo, associant internationaux et représentants locaux, Albanais et Serbes, mais également avec des « départements ministériels » codirigés par un membre de la MINUK et un responsable Kosovar. Les décisions étaient parfois plus difficiles ou plus longues à prendre que si les responsables internationaux de la MINUK avaient été seuls aux commandes. Mais cela pesait peu au regard de l'intérêt en termes de formation pratique à la gouvernance des Kosovars de toutes communautés, et de signal envoyé à la population sur le fait que la nouvelle dynamique engagée devait progressivement devenir la sienne.

Si le recours à des mécanismes d'association ou de cogestion fait désormais l'objet d'un assez large consensus, plusieurs questions sont encore en débat sur leurs modalités et leurs mises en œuvre :

– La première concerne le périmètre d'inclusion et le choix des interlocuteurs. L'un des principaux problèmes qui se posent au début d'un processus de post-conflit, c'est la difficulté à savoir qui représente réellement les aspirations des différentes communautés et groupes de population. Et le fantasme le plus contre-productif consiste à croire que les acteurs internationaux, quelle que soit leur puissance, sont en mesure d'imposer des choix dans ce domaine. Après bien d'autres, l'histoire irakienne est venue le rappeler, lorsque la Coalition s'est résolue à abandonner la plupart de ceux qu'elle avait cru pouvoir pousser initialement et à reconnaître le rôle majeur joué par l'Ayatollah Sistani. Il est illusoire de croire que le choix des acteurs est uniquement entre vos mains, surtout au début du processus. La réalité des rapports de force sur le terrain l'emporte presque toujours, au moins dans un premier temps.

Quant au périmètre d'inclusion, l'expérience et le bon sens plaident pour qu'il soit le plus large possible, au-delà de tous les vœux pieux formulés qui voudraient que l'on ne travaille qu'avec les « modérés et les démocrates » ! Une attitude d'emblée exclusive, comme ce fut le cas en Irak, rétrécit d'autant l'assise et pousse dans l'opposition des acteurs qui auraient pu être intégrés dans la nouvelle dynamique.

Tout après-guerre se traduit par un bouleversement des équilibres de pouvoir antérieurs, et conduit spontanément à marginaliser certains de ceux qui sont, ou se vivent, comme les « perdants », et à en faire ainsi des opposants farouches. Multiplier les initiatives pour les insérer, pour peu que l'on veille à ce qu'elles ne soient pas comprises par les autres comme une discrimination positive injuste, concourt à la stabilité. Schématiquement, c'est probablement une stratégie d'entonnoir qu'il faut choisir, largement inclusive initialement, mais avec un tamisage qui se fera progressivement pour privilégier les acteurs qui souhaitent réellement le succès du processus et y prendre toute leur part. La communauté internationale n'a pas d'autres choix que de construire le nouvel horizon avec des gens aux mains plus ou moins propres – mais combien les ont immaculées après un conflit ? – ou qui ne sont pas ceux que l'on souhaiterait. Ce qui n'empêche pas de travailler, dans le même temps, à la promotion progressive d'acteurs respectueux des valeurs démocratiques, et au respect de ces dernières par ceux qui en semblent plus éloignés.

– La seconde question touche au moment et aux procédures de transfert de responsabilités vers les acteurs locaux. Deux discours caricaturaux s'affrontent généralement sur ce sujet, défendant soit un transfert total et rapide, soit à l'inverse la conservation d'un contrôle maximal par les internationaux, jusqu'à ce que la situation apparaisse stabilisée. Il faut sans doute, entre les deux, privilégier un transfert de responsabilité progressif, qui s'accompagne de démonstrations tangibles de respect des critères de bonne gouvernance, comme cela était prévu par le dispositif imaginé pour le Kosovo début 2000.

Pour que les peuples se réapproprient leur destin, il faut leur offrir l'occasion d'exprimer leur volonté, et de choisir des représentants. La tenue d'élections et leur calendrier oppose eux aussi schématiquement deux écoles. L'une envisage les premières élections comme l'aboutissement d'un processus de démocratisation et plaide ainsi pour des échéances relativement tardives, une fois que de multiples conditions sécuritaires, sociales et politiques sont remplies. Mais faut-il croire à un bien hypothétique « Godot démocratique » ? L'autre voit dans l'élection un élément même du processus de stabilisation, au cours duquel peuvent se succéder des élections, si possible de moins en moins imparfaites, pour espérer arriver à faire émerger une dynamique démocratique satisfaisante. Et pousse donc à de premières élections précoces.

Même si, bien sûr, chaque situation appelle des réponses spécifiques entre ces deux approches, on peut peut-être préférer la seconde, sans méconnaître certains risques qui lui sont inhérents, pour deux raisons principales :

– la première tient à l'impressionnante appétence de la population au lendemain d'un conflit – et parfois encore au cœur de ses prolongements – pour participer à un processus électoral. Une volonté vérifiée du Kosovo à l'Irak en passant par Afghanistan, au cours des dernières années, même si les imperfections ou l'instrumentalisation du processus ne dupent personne, et sans doute pas ces femmes afghanes qui ont pourtant fait parfois jusqu'à dix kilomètres à pied pour mettre un bulletin dans une urne, pour la première fois de leur vie ;

– la seconde tient à la nécessité de responsabiliser les interlocuteurs locaux, mais aussi de les rendre ainsi comptables de ce qui se passe chez eux, y compris de tout ce qui ne s'y passe pas bien.

Pour autant, faire le choix de premières élections relativement précoces ne signifie pas se dégager des responsabilités qui incombent à la communauté internationale pour que se construise progressivement le processus de démocratisation. La nature des mandats des élus de ces premières élections, leur durée, l'établissement des procédures permettant d'assurer la transparence des décisions et de l'utilisation des ressources peuvent constituer autant de garde-fous face aux risques de dérives.

3) La fin des combats n'est jamais la fin de la violence : le défi de la sécurité, de la loi et de l'ordre est central

L'Irak a démontré, s'il en était encore besoin, que la question de la sécurité était une condition majeure de toute reconstruction politique ou socio-économique, et qu'elle représente une préoccupation majeure de populations épuisées par de longues périodes régies par la violence.

En Irak, la coalition a fait dans ce domaine une erreur tragique, celle de ne pas répondre à une question déterminante : que faire des anciens combattants après un conflit ? Ou plutôt, elle a choisi d'y répondre de la pire des façons, en excluant des centaines de milliers d'anciens membres de l'armée irakienne. Elle les a ainsi transformés en adversaires résolus, quand une part d'entre eux aurait sans doute été prête à jouer le jeu de la stabilisation, ou ne s'y serait en tout cas pas opposée frontalement. Ce qui n'était sans doute pas très judicieux à l'égard de personnes qui non seulement faisaient vivre par leur salaire toute une famille, avaient un statut et une identité sociale mais qui, surtout, dans une perspective sécuritaire, savaient se battre, étaient organisées et avaient l'habitude de l'action clandestine. Le résultat était prévisible, il ne s'est pas fait attendre : un nombre significatif s'est solidarisé avec la dynamique hostile au processus de transition.

Ailleurs, dans les Balkans, en Afghanistan, en Afrique surtout, depuis longtemps déjà, de multiples programmes de désarmement, de démobilisation et de réintégration des anciens combattants – qu'ils soient issus d'armées régulières ou de guérillas – ont été menés avec plus ou moins de bonheur. Bien qu'indispensable, la mise en place des processus de désarmement-démobilisation-réintégration des combattants est difficile et incertaine. De même qu'avec les représentants politiques, il faudra donc sans doute engager une démarche inclusive qui s'adresse aussi à des personnes aux mains pas toujours très propres. Mais comment pourrait-il en être autrement quand vous n'avez pas les outils d'information, de renseignement ou de justice nécessaires pour faire initialement le tri ? Il faudra dans ce cas aussi privilégier la stratégie de l'entonnoir. C'est une des raisons pour lesquelles la mise en place d'institutions à même d'assurer la loi et l'ordre prend tout son sens.

Mais quelle loi appliquer après un conflit ? Au Timor, au Kosovo, l'erreur fut de croire que l'on pouvait se référer aux textes antérieurs. Il fut donc décidé de reprendre les lois applicables en Yougoslavie et en Indonésie, en les nettoyant de leurs parties les plus inacceptables. Mais c'était oublier la dimension symbolique, politique du droit. C'était comme si l'on avait imposé à Nelson Mandela de maintenir le cadre juridique en vigueur pendant l'apartheid. Toute référence au passé renvoie à un temps du conflit ou de sa genèse. C'est pourquoi a été proposée la création d'un « kit juridique d'urgence » qui pourrait être appliqué dans les premiers mois, le temps que soit développé un nouveau corpus juridique adapté au contexte local. Plusieurs textes ont déjà été conçus, mais cette démarche rencontre encore beaucoup d'inutiles oppositions sur le plan théorique, sous prétexte qu'elle créerait un « droit d'exception ». Faut-il expliquer aux juristes qui s'y opposent que les situations d'après-guerres sont effectivement des situations d'exception ?

*

On peut ainsi dégager quelques lignes de forces communes, au-delà des spécificités de chacune des situations d'après-guerres de la dernière décennie. Sans offrir de garantie de succès, elles peuvent sans doute utilement éviter de reproduire les principales erreurs du passé. Elles ne sauraient pour autant faire oublier un facteur déterminant encore trop souvent négligé : le facteur humain. Plus que de stratégies, de programmes ou de moyens, l'engagement international dans les processus de post-conflit est avant tout fait de femmes et d'hommes. De leur capacité à affronter l'extrême complexité des après-guerres, de leur détermination comme de leur faculté d'adaptation pour évoluer dans des environnements instables, dépend une part considérable de la dynamique. C'est pourtant ce à quoi l'on attache aujourd'hui le moins d'importance : que ce soit en termes de préparation, de formation, de sélection ou d'accompagnement au retour. La France dans ce domaine n'est pas en avance. Il y a là un chantier considérable, à peine ouvert, qu'il est de notre responsabilité collective d'engager résolument.

Deuxième partie

Guerre
et contre-terrorisme

Chapitre 6 / LA « GUERRE CONTRE LE TERRORISME »
DANS UNE PERSPECTIVE HISTORIQUE*

Adam ROBERTS

Quels enseignements peut-on tirer de la longue histoire du terrorisme et du contre-terrorisme pour la campagne internationale actuelle contre le terrorisme ? Aujourd'hui le terrorisme international se distingue des mouvements passés, par l'extrémisme de ses objectifs et par l'ampleur, la coordination et la cruauté de ses opérations. Les combats actuels, américain et mondial, contre le terrorisme ne sont pas moins inédits. Mais malgré tous les aspects sans précédents de ce conflit, à négliger l'histoire du terrorisme et du contre-terrorisme on risque de répéter les erreurs du passé.

Cette étude montre en quoi les débats sur ce sujet ont fréquemment souffert d'une absence de dimension historique. Elle fait quelques propositions, nécessairement simplificatrices, tirées de l'histoire des luttes contre le terrorisme ; elle critique l'accent mis sur l'intervention militaire dans le cadre de la « guerre contre le terrorisme » ; elle s'intéresse enfin au sujet, curieusement négligé, de la manière dont ces luttes se terminent. En conclusion, six critiques seront apportées à la campagne menée actuellement par les Américains.

Le refus de l'histoire

Depuis le 11 septembre 2001, les déclarations des principaux dirigeants occidentaux sur la question de la « guerre contre le terrorisme » font peu référence à la manière dont les gouvernements se sont attaqués par le passé à des menaces similaires. Il

* Cet article a été traduit par Hélène Arnaud.

semble en avoir été de même lors des délibérations internes, telles qu'elles ressortent du *Plan of Attack* de Woodward : au cours des deux années de préparation de la décision qui conduisit à l'invasion de l'Irak, on ne trouve quasiment aucune référence aux précédents historiques. À une exception honorable près, celle du secrétaire d'État Colin Powell qui demanda sarcastiquement à une réunion de planification sur l'Irak : « Allons-nous débarquer à Gallipoli[1] ? » La plupart des écrits sur le terrorisme depuis 2001, notamment aux États-Unis, tendent également à négliger l'histoire du terrorisme comme celle du contre-terrorisme. De fait, la réponse de chaque pays à la « guerre contre le terrorisme » a été profondément influencée par sa propre expérience. Au Royaume-Uni, les références à l'Irlande du Nord ont été fréquentes. Ministres et responsables britanniques ont cependant été par trop réticents à souligner que, tout ou presque – discours et méthodes pour faire face au terrorisme en Irlande du Nord – avait été complètement différent de l'approche américaine de la « guerre contre la terreur ».

La tendance à aborder le terrorisme en négligeant l'histoire est en soi une longue tradition. Des deux côtés, on privilégie une forme de raisonnement exprimé en termes moraux – faisant appel à une morale relativement simple, dans laquelle les actions de l'adversaire représentent une menace tellement sérieuse que le recours à la contre-violence s'impose alors comme une nécessité. Beaucoup de spécialistes des opérations antiguérilla perçoivent davantage leur sujet comme une lutte de la lumière contre les ténèbres que comme un thème ordinaire et récurrent dans l'histoire. Le groupe français de théoriciens qui écrivait dans les années 1950 et au début des années 1960 sur la « guerre révolutionnaire » constitue un bon

---

1. Bob Woodward, Plan of Attack, *New York (N.Y.), Simon & Schuster, 2004, p. 324.*

exemple de ce type d'approche anhistorique de la question ; ils refusaient d'en admettre la complexité, pourtant essentielle pour comprendre pourquoi et comment naissent les mouvements terroristes. Le colonel Lacheroy, figure éminente de ce groupe, et chef du Service d'action psychologique de l'armée française, fit cette déclaration célèbre : « Au début, il n'y a rien[2]. » Pour eux, le terrorisme avait été délibérément introduit dans une société paisible par une force extérieure omniprésente – c'est-à-dire par le communisme international. Ces théories démonologiques sont aujourd'hui presque complètement oubliées, y compris en France. Elles le sont également aux États-Unis, même si les événements auxquels elles sont liées illustrent pourtant concrètement les erreurs à ne pas commettre dans la lutte antiterroriste.

Si les terroristes et les contre-terroristes ont souvent oublié l'histoire, l'histoire ne les a pas entièrement oubliés. De nombreux historiens ont écrit de manière subtile et intéressante sur l'évolution du terrorisme, sa philosophie et sa sociologie. Ceux qui ont combiné analyse historique du terrorisme et recommandations pour le présent ont tendance à privilégier une ligne dure contre le terrorisme, mais également à préférer une réponse policière énergique aux solutions militaires[3].

---

2. *Colonel Charles Lacheroy, « La Guerre révolutionnaire »,
exposé du 2 juillet 1957, republié dans* La Défense nationale,
Paris, 1958, p. 322 ; cité dans Peter Paret, French Revolutionary Warfare from Indochina to Algeria : The Analysis of a Political and Military Doctrine, *Londres, Pall Mall Press, 1964, p. 15. Paret commente en disant que, dans ce cas, « rien » signifie « la garantie du maintien du* statu quo *».*

3. *Voir, par exemple, Walter Laqueur,* The Age of Terrorism, *Londres, Weidenfeld & Nicolson, 1987. Voir aussi le professeur Michael Howard, mentionné plus loin dans cet article.*

Huit réponses fondées
sur des campagnes antérieures

Au risque d'une simplification excessive, on peut tirer de l'histoire du terrorisme et des actions menées contre lui, les huit propositions suivantes :

1) L'action terroriste a souvent des conséquences involontaires.

La plupart des mouvements et des terroristes conçoivent le changement selon deux modèles : 1) un acte spectaculaire de violence politique transformera le paysage politique, notamment en mobilisant et en radicalisant les masses dormantes ; 2) une longue campagne terroriste usera l'adversaire, aboutissant à la démoralisation, au doute et au retrait. Ce sont les équivalents terroristes du *Blitzkrieg* et de la guerre d'usure.

Il ne fait aucun doute que certaines campagnes terroristes ont atteint des objectifs considérables, surtout contre des puissances coloniales aux forces trop étendues et, plus récemment, contre les Nations unies. Mais la seule conséquence certaine d'une vague de terrorisme prolongée est que ce n'est pas bon pour le tourisme.

Les autres conséquences sont bien plus imprévisibles. Les assassinats politiques, par exemple, ont très rarement produit les effets attendus, et le plus souvent, ils ont abouti à renforcer le régime contre lequel les terroristes se battaient. Une étude exhaustive, concentrée en particulier sur cinquante-six assassinats de chefs de gouvernement ou de chefs d'État dans la période 1919-1968, concluait ainsi : « Nous sommes [...] surpris que l'impact de presque chaque assassinat, même celui d'un chef de l'exécutif ou d'un dictateur, tende généralement à être faible[4]. »

---

4. *Murray Clark Havens, Carl Leiden et Karl M. Schmitt,* The Politics of Assassination, *Englewood Cliffs (N. J.) Prentice-Hall, 1978, p. 153.*

Dans certains cas, l'acte terroriste a été tellement cruel qu'il a suscité une opposition au sein même d'une population par ailleurs favorable aux idées défendues par les terroristes. Exemple : en août 1949, l'assassinat aux Philippines de la très populaire veuve du président Quezon par des terroristes communistes, déclencha pour la première fois une grande fureur populaire contre les insurgés[5]. Ce genre d'actions peut contribuer à l'isolement des groupes terroristes. De fait, le rêve de réveiller les masses par ce type d'actions n'a presque jamais fonctionné comme l'avait espéré le terrorisme.

2) Le caractère endémique du terrorisme.

L'un des aspects les plus pernicieux du terrorisme est sa capacité à devenir endémique au sein de régions, cultures et sociétés données. Par son caractère clandestin et par la haine qu'il engendre au sein des communautés et entre celles-ci, il devient facilement une habitude et a tendance à se propager à d'autres groupes et factions dissidentes. Lancé par la droite, il est repris par la gauche ou vice-versa. Initié par des nationalistes, il peut être repris par de soi-disant fondamentalistes religieux. Utilisé par l'organisation sioniste *Stern*, il est repris par l'OLP. Porté par des individus aux idéaux nobles, il est récupéré par des criminels, des trafiquants de drogue ou des mafieux. Plus, il peut s'avérer difficile de mettre fin aux luttes terroristes : un groupe pur et dur dissident au sein d'un mouvement, peut refuser tout compromis, et être capable de poursuivre la lutte.

---

5. *Robert B. Asprey,* War in the Shadows : The Guerrilla in History, *Londres, Macdonald and Jane's, 1976, p. 811, qui se réfère à Napoleon D. Valeriano et Charles T. R. Bohannan,* Counter-Guerrilla Operations : The Philippine Experience, *New York (N. Y.), Praeger, 1962.*

Cette vision du terrorisme, comme un phénomène profondément néfaste aux sociétés au sein desquelles il se développe, est confirmée par l'histoire du Proche-Orient, de l'Amérique latine, des Balkans et de l'Irlande au cours des deux siècles passés. Son caractère destructeur pour les sociétés qui le produisent fournit une meilleure base à la répression internationale que certaines conceptions du terrorisme qui en font une menace essentiellement dirigée contre les États démocratiques occidentaux, ou contre les États-Unis en particulier.

3) La capacité du contre-terrorisme à obtenir des résultats.

Contrairement aux idées reçues, il arrive que les actions et les politiques antiterroristes réussissent. Ce fut le cas par exemple en Malaisie où les forces opposées au terrorisme sortirent victorieuses du long « état d'urgence » qui avait débuté en 1948 ; c'est également le cas aux Philippines à la même époque et contre les « Brigades rouges » qui opérèrent en Italie et en Allemagne au début des années 1970. Elles ont indéniablement connu certains succès en Irlande du Nord au cours des trente-six dernières années.

L'activité principale du combat contre le terrorisme se résume pour 95 % à un travail de renseignement et de police : identifier les suspects, infiltrer les mouvements, collaborer avec les forces de police d'autres pays, réunir des preuves pour les jugements, etc.

4) Nécessité de traiter les conflits sous-jacents.

La plupart du temps, c'est en combinant un ensemble de mesures, politiques qui soit répondait à certaines exigences des terroristes tout en en rejetant d'autres, soit affaiblissait les terroristes à la base en réduisant leur réserve de soutien politique, soit les deux, que les stratégies antiterroristes ont réussi. En Malaisie, par exemple, la promesse, et la réalité, d'une indépendance nationale inconditionnelle ont été essentielles pour contenir la menace terroriste.

On suggère parfois que procéder à des changements qui répondent dans une certaine mesure aux revendications des terroristes constitue une forme d'apaisement. Ce genre de suggestion est erroné. Les réponses que ces revendications appellent ne sont pas nécessairement celles qu'exige le mouvement terroriste. En revanche, refuser tout changement sur un sujet parce que le mouvement terroriste s'en serait emparé revient en fait à permettre aux terroristes de dicter l'agenda politique.

5) Le respect d'un cadre juridique.
Le respect du droit a été un facteur important de succès pour de nombreuses opérations menées contre des terroristes ; non seulement les normes juridiques nationales mais aussi les normes internationales, dont celles incluses dans le droit de la guerre. Leur respect peut contribuer au consensus public en faveur des opérations militaires antiterroristes, à l'intérieur, et entre États membres, dans le cas d'opérations menées dans le cadre d'une coalition.

La plupart des terroristes ne remplissent pas les conditions traditionnelles du statut juridique de belligérant. En outre, peu d'États accepteraient l'application du droit de la guerre si cela devait signifier que tous les terroristes soient reconnus comme des combattants légitimes. Cependant, l'application du droit n'exige l'acceptation ni de l'une ni de l'autre de ces deux propositions discutables. Elle signifie plutôt que le respect de certaines limites peut être juridiquement nécessaire et politiquement souhaitable, même dans une guerre contre des terroristes impitoyables[6].

---

6. *Pour un exposé complet, voir Adam Roberts, « The Laws of War in the War of Terror », dans Paul Wilson (ed.), « International Law and the War on Terrorism »,* International Law Studies, *79, 2003, p. 175-230.*

6) Le traitement des détenus.

Le traitement des détenus est une question cruciale dans l'histoire du terrorisme et du contre-terrorisme. En effet, le terrorisme moderne tient sa naissance d'un événement survenu en Russie en 1878. Suite à la flagellation d'un prisonnier politique, une jeune femme, Véra Zassoulitch, tira sur le général Trepov, chef de la police de Saint-Pétersbourg qui avait fait fouetter le prisonnier, et le blessa gravement[7]. De même en Égypte, l'émergence d'un terrorisme radical soi-disant islamique a souvent été attribuée à la torture pratiquée dans les prisons égyptiennes à partir de l'époque de Nasser.

Toutes les sociétés rencontrent des difficultés lorsqu'elles combattent un ennemi invisible et brutal, susceptible d'avoir de nombreux sympathisants secrets. Dans ce genre de circonstances, la plupart des États, même démocratiques, recourent à une forme de détention sans jugement. Celle-ci comporte des risques importants. Premièrement, celui d'arrêter et de détenir les mauvaises personnes ; deuxièmement, celui de maltraiter les détenus. Dans les deux cas, on risque de créer des martyrs et d'alimenter le terrorisme.

Le long combat du Royaume-Uni contre le terrorisme en Irlande du Nord prouve le bien-fondé de ces deux assertions : il montre également dans quelle direction chercher une solution. Malgré le refus d'admettre l'existence d'un conflit armé et la forte résistance à l'octroi du statut de prisonnier de guerre aux détenus, le Royaume-Uni en est lentement venu à accepter que leur traitement soit conforme aux normes internationales. Après avoir utilisé des méthodes juridiquement contestables et très controversées, le

---

7. *Roland Gaucher,* Les Terroristes, *Paris, Cercle du Nouveau Livre, 1965 (trad. anglaise :* The Terrorists : From Tsarist Russia to the OAS, *trad. de Paula Spurlin, Londres, Secker & Warburg, 1965, p. 10-11).*

Royaume-Uni a eu recours à une approche différente, appliquant de fait les principes juridiques fondamentaux dérivés du droit de la guerre. Cela a contribué au lent et difficile processus qui consistait à désamorcer politiquement la question chargée émotionnellement du traitement des détenus[8].

Or le traitement des détenus et des prisonniers est l'un des échecs majeurs de la « guerre contre le terrorisme » depuis ses débuts fin 2001. Dans une déclaration tristement célèbre en janvier 2002, Donald Rumsfeld, secrétaire américain à la Défense, a déclaré à propos des prisonniers de Guantanamo : « Je ne suis pas le moins du monde préoccupé par leur traitement. Ils ont été beaucoup mieux traités qu'ils n'ont traité qui que ce soit au cours de ces dernières années et beaucoup mieux qu'ils ne l'étaient lorsqu'on les a trouvés[9]. » Inutile de dire que cette remarque, et d'autres identiques, ont été largement diffusées dans le monde par les stations de radio et de télévision critiques à l'égard des États-Unis. Les épisodes de mauvais traitements et de torture en Irak depuis avril 2003 ont aggravé les dégâts. Ceux qui laissent entendre que l'humanité du traitement est une question relativement insignifiante – et plus rare encore qui soutiennent que torturer des prisonniers est un moyen de combattre le terrorisme – doivent répondre aux critiques qui

---

8. *Le document essentiel de ce processus fut le rapport minoritaire de lord Gardiner,* Report of the Committee of Privy Counsellors Appointed to Consider Authorized Procedures for the Interrogation of Persons Supected of Terrorism, *Cmnd. 4901, Londres, Her Majesty's Stationery Office, mars 1972. Son rapport minoritaire fut accepté par le gouvernement, comme l'annonça le Premier ministre Edward Heath à la Chambre des communes, le 2 mars 1972.*

9. *Donald Rumsfeld, table ronde à la radio, 15 janvier 2002 (disponible sur : http://www.defenselink.mil/transcripts/2002/t01152002_t0115sdr.html).*

montrent que mauvais traitements et torture ont par le passé justifié le recours au terrorisme et discrédité la cause antiterroriste.

7) Le mal contre l'erreur.

Au sein des mouvements terroristes, de nombreux individus, par ailleurs honnêtes et sérieux, ont été séduits par le concept simple du pouvoir de l'action : un acte de purification par la violence pourrait débarrasser le monde des forces qui incarnent le mal.

En revanche, dépeindre l'adversaire comme l'expression du mal dans le cadre d'opérations antiterroristes, pose de sérieux problèmes pratiques. L'un des risques à diaboliser le terrorisme vient du fait que, dans la population dont sont issus les terroristes, nombreux sont ceux qui savent que ce genre d'explication est par trop simpliste. Ils ont une idée générale du mélange de traits qui peuvent fabriquer un terroriste : idéalisme, sacrifice de soi, naïveté, espoir, désespoir, ignorance, myopie intellectuelle, brutalité, haine, sadisme, intelligence et stupidité. Il se peut que la population ait de la sympathie pour la cause que défendent les terroristes, mais non pour leurs méthodes. Si le groupe terroriste est décrit purement et simplement comme « le mal », la population se détournera davantage de la cause antiterroriste.

8) Similitudes entre les terroristes et certains de leurs adversaires.

Quiconque étudie l'histoire du terrorisme ne peut s'empêcher d'être frappé par certaines ressemblances entre les terroristes et au moins certains de leurs adversaires. Non seulement les uns et les autres partagent la même vision du monde, celle d'une lutte du bien contre le mal, mais ils ont aussi en commun de croire que des armes et des tactiques nouvelles particulières donneraient enfin l'occasion de frapper directement au cœur du pouvoir à combattre. Régis Debray a noté les similitudes entre les soi-disant terroristes et leurs adversaires dans un roman peu connu, *L'Indésirable*. Dans cette analyse incroyablement peu sentimentale de ses camarades révolutionnaires en Amérique latine, il se moque du goût de ses compagnons de lutte pour les films de cow-boys et laisse entendre que les révolutionnaires rouges ne défendent peut-être rien de plus que l'idéologie du western américain[10]. Les temps ont malheureusement changé depuis et c'est un scénario de film catastrophe hollywoodien qui a inspiré Ousama Ben Laden et ses collègues[11].

Le concept d'une guerre propre et bien ciblée contre les régimes dictatoriaux a beaucoup influencé l'élaboration de la politique américaine. C'est ce qu'exprime George Bush dans son discours « Mission accomplie » du 1er mai 2003, resté tristement célèbre (parce que prématuré) :

« Aujourd'hui, nous avons l'immense pouvoir de libérer une nation en renversant un régime dangereux et agressif. Avec de nouvelles tactiques et des armes de précision, nous pouvons réaliser des objectifs militaires sans faire preuve de violence contre les civils. Aucun procédé humain ne peut empêcher la guerre d'être une tragédie ;

---

10. *Régis Debray*, L'Indésirable, *Paris, Le Seuil, 1975 (trad. anglaise :* Undesirable Alien, *trad. de Rosemary Sheed, Londres, Allen Lane, 1978, p. 121, 123 et 172).*

11. *D'après de nombreux rapports, Abou Zoubaydah (Palestinien capturé au Pakistan en 2002, qui serait le chef des opérations d'Ousama Ben Laden) a dit à ses interrogateurs à Guantanamo que les terroristes pourraient avoir pris des idées au film* Godzilla, *qui a fait l'objet d'un* remake *en 1998, et qui montrait l'attaque par un monstre du pont de Brooklyn et de la Statue de la Liberté. Timothy W. Maier, « Has FBI cried wolf too often ? »,* Insight on the News, *5 août 2002 (disponible à : http://www.insightmag.com/news/2002/08/26).*

c'est pourtant une grande avancée morale que le coupable ait bien plus peur de la guerre que l'innocent[12]. »

Voir en 2003 la guerre en Irak comme la suppression plus ou moins clinique d'un mauvais régime a ressemblé à un mirage ; l'idée, très répandue chez les terroristes, qu'on obtient le changement en recourant à la violence, a conduit à autant de désillusions.

Les interventions militaires peuvent-elles être efficaces contre le terrorisme ?

Dans les pays confrontés aux attaques terroristes, on trouve souvent de bonnes raisons d'attaquer le terrorisme à ce qu'on croit être sa source. Cependant, la question de l'intervention militaire dans le cadre de la « guerre contre le terrorisme », est extrêmement ambiguë.

Afghanistan : la guerre et ses suites

Le premier engagement majeur de la « guerre contre le terrorisme », l'opération *Enduring Freedom*, a été largement perçu comme un recours légitime à la force. Il a reçu un important soutien diplomatique et a été légitimé de manière significative par les résolutions adoptées aux Nations unies. Il semblait ne pas y avoir d'autres moyens de faire cesser les activités d'Al-Qaida, compte tenu de la protection que lui assurait le régime taliban. La guerre s'acheva par une victoire – par une sorte de victoire du moins. Au cours de l'année 2002, 1,8 million d'Afghans au total se sont réinstallés en Afghanistan. Ce qui prouvait

---

12. *George W. Bush, Remarques depuis le* USS Abraham Lincoln, *au large de la côte de San Diego (Calif.), 1ᵉʳ mai 2003.*

qu'en contribuant à déposer un régime réactionnaire, oppressif et tout à fait dangereux, la « guerre contre le terrorisme » pouvait au moins avoir des effets positifs.

Cependant, trois facteurs particuliers ont permis le succès de la campagne afghane : 1) La faiblesse du régime taliban tant en Afghanistan que sur le plan international. 2) La nature fanatique de l'attaque du World Trade Center et les preuves convaincantes des liens de ses auteurs avec l'Afghanistan qui ont contribué à priver les Talibans d'alliés, notamment du Pakistan. 3) Le rôle sur le terrain des forces (soutenues par les Américains) de l'Alliance du Nord qui a permis à la campagne de bombardements menée par les Américains d'être efficace plutôt que seulement punitive.

Irak : la guerre et ses suites

La guerre en Irak s'est déroulée dans un contexte très différent. La rhétorique de la « guerre contre le terrorisme » peut en partie expliquer l'attaque de l'Irak menée par les Américains en 2003. Dans son discours télévisé du 17 mars 2003, le président Bush déclare aussi que l'Irak a « aidé, entraîné et abrité des terroristes, dont des agents d'Al-Qaida[13] ». Pourtant, en réalité, l'Irak ne semble pas avoir pris une part significative à la vague implacable d'attaques terroristes internationales dont Al-Qaida a été jugée responsable. Lorsque, le 20 mars 2003, le gouvernement américain adresse au Conseil de sécurité une lettre dans laquelle il justifie l'attaque de l'Irak, celle-ci évoque exclusivement le non-respect par l'Irak d'une série de résolutions du Conseil de sécurité de l'ONU

---

13. *Discours du président Bush prononcé à la Maison-Blanche, le 17 mars 2003.*

sur les questions d'armements. Le terrorisme n'est pas même mentionné[14].

Dans ce contexte, il est curieux que le gouvernement américain ait déclaré que la guerre en Irak faisait partie de la « guerre contre le terrorisme ». De manière générale, la guerre en Irak a probablement fait plus de mal que de bien aux efforts américains et anglais pour combattre le terrorisme. Les historiens ont eu raison de signaler, comme le fit le professeur Michael Howard dans des interviews en mars 2003, qu'il était peut-être facile de battre l'Irak dans une campagne militaire, mais qu'il serait difficile de l'occuper et de l'administrer. En termes de lutte contre le terrorisme, tout au moins, les résultats de la guerre en Irak paraissent pour le moment terriblement négatifs.

En Irak, le renversement de Saddam Hussein a cependant été très bien accueilli et certains continuent d'espérer qu'un ordre démocratique stable puisse progressivement émerger des décombres de ce régime brutal. Les élections de janvier 2005, auxquelles ont participé près de 60 % des habitants admis à voter, ont renforcé l'espoir de sauver quelque chose de ce pays sinistré. En dehors de l'Irak, il se peut que la guerre ait incité certains gouvernements à plus de prudence dans la conduite de leur politique.

La doctrine britannique et américaine de l'intervention militaire

Le cas de l'Irak laisse penser qu'il est nécessaire de réexaminer l'idée que l'attaque est la meilleure forme de défense. Le document officiel britannique *Strategic Defense Review : A New Chapter*

---

14. *Lettre datée du 20 mars 2003 du représentant permanent des États-Unis, John Negroponte au président du Conseil de sécurité de l'ONU.*

indique : « L'expérience montre qu'il est préférable, chaque fois que possible, de livrer le combat au loin avant que l'ennemi n'ait l'opportunité de monter une attaque contre le Royaume-Uni[15] ». De son côté *The National Security Strategy of the Unites States* engage les États-Unis à attaquer les organisations terroristes en « convainquant ou en obligeant les États à accepter leurs responsabilités de souveraineté[16] ». Ceci implique que si les États ne se débarrassent pas des terroristes sur leur sol, les États-Unis le feront pour eux.

Trois motifs sérieux permettent de critiquer l'idée qu'il faut attaquer le terrorisme à sa source plutôt que d'y parer de manière défensive :

a) C'est une fausse alternative. Si séduisant que puisse être le fait d'attaquer l'ennemi de manière anticipée, il n'y a pas de substitut aux activités défensives antiterroristes et contre-terroristes. Compte tenu de l'imperfection des services de renseignements et des risques de l'action militaire, il arrive qu'il ne soit pas toujours possible d'attaquer le terrorisme à sa source. Tandis que nombre de mesures intérieures peuvent être prises pour réduire le risque d'une attaque terroriste. La stupéfiante désinvolture du dispositif de sécurité dans les aéroports américains avant le 11 septembre en est une parfaite illustration.

b) L'histoire des opérations antiterroristes ne suggère pas une conclusion aussi simple. De nombreuses campagnes antiterroristes ont été conduites avec efficacité alors qu'on ne disposait que de capacités limitées d'attaquer l'ennemi à distance. Par exemple, le

---

15. *Ministère de la Défense du Royaume-Uni,* The Strategic Defense Review : A New Chapter, *Londres, Stationery Office (Cm. 5566, vol. I et II), vol. I, juillet 2002 p. 9.*

16. *Maison-Blanche,* The National Security Strategy of the United States of America, *Washington (D. C.), septembre 2002, p. 6.*

gouvernement britannique a dû combattre le terrorisme en Irlande du Nord sans recourir à une intervention militaire en République d'Irlande, alors qu'il était patent que l'IRA provisoire en recevait financements et soutien.

c) C'est une recette pour un retour de l'impérialisme. Intervenir militairement au sein d'un État pour éliminer les sources du terrorisme impliquera nécessairement l'exercice d'une domination extérieure pendant des décennies. Par un paradoxe pervers, le contrôle extérieur, dont l'objet est d'arrêter le terrorisme là où il se trouve, a fréquemment pour effet de le provoquer et de lui fournir une justification toute faite.

Comme l'historien américain Paul Schroeder l'a dit des interventions militaires de la « guerre contre le terrorisme » :

> « Ce qu'ils essaient de faire à présent n'est pas une audacieuse et nouvelle expérience américaine pour créer le meilleur des mondes, mais le retour à une forme d'impérialisme du XIXe et du début du XXe siècle qui n'a pu réussir temporairement (en ayant finalement des conséquences dévastatrices) qu'en raison de conditions qui ont disparu depuis longtemps et qu'il est inimaginable de reproduire aujourd'hui. Lancée maintenant, cette entreprise échouera et est déjà en train d'échouer. Ses défenseurs illustrent le dicton qui veut que ceux qui refusent de tirer des leçons de l'histoire soient condamnés à la répéter[17]... »

---

17. *Paul W. Schroeder, « The Mirage of Empire Versus the Promise of Hegemony », dans Paul W. Schroeder, David Wetzel Robert Jervis et Jack S. Levy (eds),* Systems, Stability and Statecraft : Essays on the International History of Modern Europe, *New York (N. Y.), Palgrave Macmillan, 2004, p. 305.*

Comment s'achèvent les campagnes terroristes ?

La vision de l'administration Bush

Dans son message sur l'état de l'Union du 3 février 2005, tout en signalant l'importance qu'il y a « à éliminer les conditions qui alimentent l'extrémisme et les idéologies du meurtre », le président Bush a réaffirmé le concept clé de l'action offensive comme principal moyen de vaincre le terrorisme : « Notre pays est toujours la cible de terroristes qui veulent tuer beaucoup de gens et nous intimider – et nous maintiendrons l'offensive contre eux jusqu'à la victoire. »

Cette façon de concevoir la victoire tient plus de l'abstraction et de l'euphémisme que de l'histoire. Laissant peu de place à la complexité, elle a permis à certains individus de se focaliser davantage sur l'idée de détruire l'ennemi que sur les autres réponses possibles. Lorsque Timothy Garton Ash a demandé à un très haut fonctionnaire de l'administration américaine comment s'achèverait la « guerre contre le terrorisme », ce dernier lui a répondu : « par l'élimination des terroristes[18] ».

On retrouve des visions aussi simplistes dans un livre écrit par deux partisans de l'administration Bush, David Frum et Richard Perle. Publié en 2003, *An End to Evil : How to Win the War on Terror* est modestement décrit par ses auteurs comme un « manuel

---

18. *Cette réponse fut donnée par un haut fonctionnaire à Washington (D. C.) le 10 décembre 2002, elle est rapportée par Timothy Garton Ash dans* Free world : Why a Crisis of the West Reveals the Opportunity of our Time, *Londres, Allen Lane, 2004, p. 126.*

de la victoire[19] ». Dans la pure tradition américaine, cet éloge dithyrambique de la politique antiterroriste de Bush, appartient à la catégorie « Mode d'emploi pour... » ; il est rempli d'instructions impératives, mais ne donne pas la moindre indication sur la manière dont pourrait s'achever cette guerre contre le terrorisme.

Comment se sont achevées les précédentes campagnes terroristes et antiterroristes

Les termes « gagner » et « victoires » impliquent un résultat décisif. Or les processus – souvent extrêmement imparfaits – de règlement des campagnes antiterroristes sont bien plus complexes que le laisse entendre le discours sur la « guerre contre le terrorisme ». Ils s'accompagnent généralement de pertes humaines provoquées par l'action militaire pour affaiblir le mouvement terroriste, d'arrestations et de jugements. Ils peuvent toutefois s'accompagner également de l'un ou de l'ensemble des quatre facteurs suivants :

1) Les mouvements terroristes prennent conscience qu'ils sont en train de perdre politiquement ou du moins qu'ils ne font pas de progrès. Habituellement, les actions terroristes ne réussissent pas à soulever les masses ; ceci peut conduire politiquement le mouvement terroriste, ou une partie de celui-ci ou encore de ses alliés politiques, à passer à une autre phase de la lutte ou de l'action politique.

2) Les gouvernements qui ont organisé ou soutenu le terrorisme reconnaissent qu'ils doivent renoncer à cette méthode pour défendre leur cause. Ce type de prise de conscience peut parfois (comme dans le cas de la Libye en 2003) s'accompagner de compensations pour les familles des victimes des actes terroristes.

---

19. *David Frum et Richard Perle,* An End to Evil : How to Win the War on Terror, *New York (N. Y.), Random House, 2003, p. 9.*

3) L'amélioration des conditions affaiblit la force et la légitimité de leur soutien. Les terroristes messianiques n'ont pas intérêt à ce genre d'amélioration, laquelle peut prendre la forme d'un changement du contexte politique et offrir au mouvement terroriste de nouvelles occasions de poursuivre ses objectifs d'une manière différente. La tenue d'élections multipartis peut ainsi saper les prétentions des terroristes à parler au nom de la nation ou d'une partie de la société.

4) Les deux parties prennent conscience d'être dans une impasse, ce qui les incite à passer un accord, négocié ou tacite, impliquant des concessions mutuelles. Dans ce cas, il appartient à ses adversaires de reconnaître que, quelque criminelles qu'aient été ses actions, le mouvement terroriste représente effectivement une cause et un électorat – et donc d'admettre à contrecœur la nécessité de faire des concessions sur certaines positions défendues par les terroristes.

Il arrive que les campagnes terroristes soient en perte de vitesse plus qu'elles ne s'achèvent vraiment. Il se peut qu'elles dégénèrent alors en activités mafieuses : kidnappings contre rançon, trafic de drogue et hold-up contre des banques, ou encore, que quelques chefs terroristes, cachés dans une jungle ou dans une ville, gardant la foi, continuent à comploter ou à faire exploser une bombe de temps en temps, alors qu'ils ont perdu tout soutien et crédit[20].

---

20. *En 1987, presque quarante ans après la déclaration de l'état d'urgence en Malaisie et plus de trente-cinq ans après que le Parti communiste malais eut décidé de mettre fin à la lutte armée (décision annoncée le 1ᵉʳ octobre 1951), quelque six cents guérilleros déposèrent les armes et commencèrent une nouvelle vie comme cultivateurs dans le sud de la Thaïlande. Michael Fathers « Communist "Bandits" Lay Down Arms in Malaysia »,* The Independant, *Londres, 8 juin 1987.*

Toutes les voies par lesquelles s'achèvent les campagnes terroristes ne sont pas transposables à la lutte actuelle contre Al-Qaida ou contre d'autres mouvements terroristes. Nous devrions mieux prendre conscience que, même si elles peuvent durer longtemps, les luttes contre le terrorisme prennent toujours fin ; non tant par une victoire clairement gagnée, mais parce que le terrorisme est compris pour ce qu'il est : un moyen de changer les choses porteur de très graves problèmes. Il ne peut être le fondement unique d'un mouvement, il cause souvent des dégâts au sein même de la population au nom de laquelle il agit et peut se consumer lui-même ou se retourner contre ses propres auteurs.

*

En conclusion, il faut commencer par reconnaître que la « guerre contre le terrorisme » a obtenu un résultat, quoique incomplet, dans le cadre des opérations militaires en Afghanistan ; parce que les Américains ont pesé de tout leur poids et de toute leur ingéniosité dans la lutte ; parce que la collaboration internationale a été remarquable et a d'ailleurs en grande partie survécu à la discorde sur l'Irak.

Cependant, l'histoire du terrorisme permet de dégager des enseignements que l'on peut opposer aux États-Unis sous forme de six grandes catégories de critiques :

Premièrement, le nom et le vocabulaire de la soi-disant « guerre contre le terrorisme » sont trompeurs. Ils laissent entendre que son objectif, pourtant impossible à réaliser, serait l'élimination complète des mouvements terroristes. L'expression de « campagne internationale contre le terrorisme », plus précise bien que moins dramatique, présenterait l'avantage d'exprimer la même résolution, sans se référer autant à l'imagerie de la guerre. Il n'est peut-être pas trop tard pour employer cette expression en la substituant, au moins partiellement, à celle de « guerre contre le terrorisme ».

Deuxièmement, la « guerre contre le terrorisme » risque de devenir une forme d'impérialisme moderne. Il est nécessaire d'intervenir dans certaines sociétés : il faut le faire avec une adresse et une précaution exceptionnelles. L'ironie de la situation n'est-elle pas, on le sait, qu'une autorité étrangère, et notamment une occupation militaire étrangère, génère des mouvements terroristes ?

Troisièmement, certaines déclarations officielles durant la « guerre contre le terrorisme » ont, sans le vouloir, donné beaucoup trop de crédit aux mouvements terroristes. Même si les actions des terroristes ont souvent des répercussions majeures, ce sont rarement celles qu'ils escomptaient. Cela n'a pas de sens d'accorder aux terroristes plus de crédit que n'en mérite la précision de leurs calculs politiques ou l'efficacité de leurs actions.

Quatrièmement, l'histoire des opérations antiterroristes au xxe siècle laisse penser qu'il est important de disposer de quatre atouts :

– la confiance de la société dans le processus de décision public ;

– la confiance de la société dans le renseignement sur lequel est fondé le processus de décision ;

– le respect d'un cadre juridique au cours de l'opération ;

– la volonté de s'attaquer à certains des problèmes qui ont contribué à l'émergence du terrorisme.

Il est tragique de constater que ces quatre atouts risquent d'être compromis par de nombreux événements liés à la « guerre contre le terrorisme », et en particulier par l'intervention de 2003 en Irak et l'insurrection qui s'en est suivie.

Cinquièmement, la torture et le mauvais traitement des détenus, dont la « guerre contre le terrorisme » a fourni de nombreuses preuves, sont – pour citer Talleyrand – plus qu'un crime, une faute. Guantanamo et Abu Ghraib ont donné des éléments de propagande aux adversaires.

Sixièmement, la lutte internationale contre le terrorisme a besoin d'une vision plus réaliste de la manière dont s'achève le combat contre le terrorisme que l'image simpliste qui consiste à éliminer ou à incarcérer les terroristes.

En s'appuyant sur ce que nous apprend l'histoire, on peut proposer quelques recommandations positives sur ce que pourraient être les objectifs essentiels et la nature de la campagne internationale contre le terrorisme. Il faudrait présenter cette lutte, non seulement comme un combat contre le mal ou la défense des sociétés libres, mais aussi comme un combat contre des idées qui aboutissent à des erreurs tragiques. Ce combat devrait être présenté comme le moyen de s'assurer que les sociétés dont le terrorisme est issu ne succombent pas à une violence endémique. Il doit avoir pour objectif non la capture jusqu'au dernier des chefs terroristes, mais leur relégation à un statut quasi insignifiant à mesure que la vie se poursuit, que l'on s'attaque à de très anciennes injustices et que les peuples peuvent constater qu'une sinistre guerre d'usure par le terrorisme produit peu de résultats alors qu'elle provoque des dégâts dans leurs propres sociétés. Il faut enfin accorder une grande attention à l'aide à apporter aux sociétés qui ont été déchirées par le terrorisme.

Le problème du terrorisme peut diminuer avec le temps. Cette diminution exigera une résolution et une fermeté constantes, dont des arrestations, des jugements et la volonté de mener une action militaire là où c'est nécessaire. Elle nécessitera également une approche patiente et plus prudente, marquant la rupture avec certains aspects majeurs de ce que nous avons vu jusqu'ici dans la « guerre contre le terrorisme ». Et par-dessus tout, la campagne internationale contre le terrorisme devra tenir compte de la longue histoire du terrorisme et du contre-terrorisme – et de la manière dont les historiens les ont interprétés.

Chapitre 7 / LE CONCEPT DE GUERRE CONTRE LE TERRORISME FAIT-IL LE JEU DES TERRORISTES ?

Gilles ANDRÉANI

La guerre contre le terrorisme est avant tout une métaphore, comme la guerre contre la drogue ou la guerre contre le crime. À ce titre, son emploi appartient à l'emphase normale du vocabulaire politique, et reflète l'énormité de l'enjeu et de la mobilisation que représente, depuis le 11 septembre 2001, la répression du terrorisme jihadiste international.

Cependant, dans l'esprit du président Bush et de son administration, la guerre contre le terrorisme n'est pas simplement une hyperbole sémantique. Elle est, à beaucoup d'égards, une réalité : *war president*, président de guerre, selon sa propre expression, il mène depuis 2001 une série de « campagnes » militaires ; il a qualifié l'Irak de « front central » dans la guerre contre la terreur ; le statut des prisonniers de Guantanamo et les pouvoirs répressifs élargis accordés à l'exécutif par le *Patriot Act* d'octobre 2001 partent du principe que les États-Unis sont « en guerre », au sens plein du terme ; enfin, dans la psychologie collective américaine, le 11 septembre a bien été vécu comme un acte de guerre. Ce sentiment, atténué, restait cependant assez vivace en 2004 pour favoriser la réélection du président sortant : au bénéfice du doute, on ne change pas de commandant en chef en temps de guerre (l'ambiance de guerre ayant, pour cette raison, été soigneusement entretenue par l'administration Bush).

La guerre contre le terrorisme a ainsi acquis une réalité stratégique, politique et juridique. Du moins aux États-Unis. Car, de ce côté de l'Atlantique, la conscience d'être en guerre est beaucoup plus mince, et rares sont les dirigeants politiques européens qui utilisent l'expression de guerre contre le terrorisme (à la différence de Vladimir Poutine, qui s'en repaît, et de la droite israélienne, à qui revient, semble-t-il, la paternité de l'expression de « guerre contre la terreur »). Cette différence de vocabulaire et de sensibilité a exacerbé la divergence euro-américaine qui a accompagné la montée de guerre en Irak. La coopération antiterroriste a été épargnée, dit-on de part et d'autre, par la crise irakienne ; mais pourra-t-on la maintenir sur le long terme si, sur la nature du combat commun, on continue à nourrir des différences fondamentales ? Cette dimension transatlantique ajoute aux interrogations que l'on peut nourrir sur le concept de guerre contre le terrorisme.

Cinq d'entre elles seront plus particulièrement développées ci-après : 1) Le terroriste est un révolté du temps de paix qui se croit ou se voudrait en guerre : ne faisons-nous pas son jeu en parlant de guerre ? 2) Quelle part a la « bellicisation » de la lutte contre le terrorisme dans la polarisation entre l'Occident et le monde arabo-musulman ? 3) Peut-on concevoir une guerre sans enjeu territorial ? 4) Quelle relation entre la guerre contre le terrorisme et la guerre d'Irak ? 5) Enfin, dans la lutte antiterroriste, quelle part revient à l'éradication des « causes profondes » du terrorisme ?

La qualification de guerre est-elle dans l'intérêt de l'Occident ?

Le terrorisme moderne est une activité de temps de paix dont l'objectif est la guerre. Le terrorisme est un substitut imparfait à une guerre ouverte que le rapport des forces ou la situation sur le terrain rendent impossible. Pour le mouvement qui y recourt, la paix n'est qu'une apparence que l'acte terroriste doit dissiper. Ainsi sera révélée aux masses la vraie nature, violente, de l'oppression qu'elles subissent et la nature profonde, celle d'une véritable guerre, du différend qui l'oppose à l'autorité légitime qu'il combat.

C'est vrai, d'abord, des mouvements de libération nationale, ou des nationalismes minoritaires, qui estiment être en guerre avec une puissance extérieure, le colonisateur, ou le pouvoir étatique dont ils veulent s'affranchir. Leur objectif est de faire reconnaître qu'il existe avec eux un état de guerre, prélude logique à leur but ultime : la reconnaissance internationale de leur existence en tant que nation indépendante. C'est aussi vrai du terrorisme interne, des anarchistes aux Brigades rouges et à la bande à Baader : leur violence est une action en légitime défense en réponse à la violence sociale dont la classe ouvrière est l'objet (« le champ de bataille qu'est devenu le marché du travail » dit ainsi un anarchiste français de la fin du XIXe siècle[1]). Les Brigades rouges s'estiment en guerre avec l'État-policier italien. Les terroristes de l'IRA, comme les brigadistes, réclament le statut de prisonnier de guerre, que leur dénient à juste titre les autorités anglaises et italiennes. Le terroriste revendique la guerre dans une société en paix. Son horizon, c'est, dans le premier cas, la guerre internationale, dans le second, la guerre civile.

L'idéologie de Ben Laden est intermédiaire et participe de ces deux dimensions : sa rhétorique emprunte aux mouvements de libération nationale (libérer le monde arabe de l'oppression américaine) et aux mouvements subversifs internes (mettre à bas les régimes apostats du Moyen-Orient, à commencer par la monarchie saoudienne). Sa vision est celle d'une guerre civile mondiale, entre l'Occident et ses complices conservateurs arabes, d'une part, les vrais musulmans, de l'autre.

Pourquoi cette constance du terrorisme à se vouloir en guerre avec ses ennemis ? Parce que la guerre est une affaire sérieuse : elle

---

1. *Émile Pouget (1860-1931)*, Le Sabotage, *1898.*

confère respectabilité et dignité aux parties en cause ; elle crée des droits (le statut de prisonnier de guerre, revendication classique des mouvements terroristes) et de la légitimité. Pour les mouvements nationaux, le combat est une guerre de libération ; pour les mouvements révolutionnaires, la violence répond à la violence sociale des dominants, elle est une réponse à la guerre des classes infligée à celle-ci par le capitalisme ; pour Ben Laden, elle est un acte de défense contre la guerre d'agression que mène l'Occident contre l'islam.

Face à ces déclarations de guerre, l'autorité étatique répond invariablement que les terroristes sont des criminels et non des guerriers : les Russes se réfèrent avec constance aux « bandits tchétchènes », et récusent le mot guerre ; la France qualifiait la guerre d'Algérie d'« opérations de maintien de l'ordre en Afrique du Nord ». Il y a des raisons fortes à ces attitudes, même si dans les deux cas cités, elles apparaissaient un déni de la réalité : si nous sommes en guerre avec eux, ils sont en guerre avec nous. La relation hiérarchique de l'État répresseur au criminel se transforme en un processus réciproque où les deux sont sur le même plan. C'est exactement ce que voulaient les terroristes et que l'État, normalement, lui refuse (sauf s'il ne peut pas faire autrement : la Russie a négocié en 1998 avec les Tchétchènes rebelles ; la France reconnaît aujourd'hui qu'il y a eu guerre en Algérie.)

Et pourtant, l'Amérique, attaquée le 11 septembre, s'est reconnue en guerre ; elle a inscrit la répression des auteurs de ces attentats dans le cadre de ce qu'elle a appelé la « guerre contre la terreur », dont le vocabulaire, les concepts et les outils juridiques sont largement ceux de la guerre. Certes, l'échelle et la violence des attentats ne lui ont pas laissé le choix. La guerre s'est imposée à elle comme une évidence. Mais il n'était probablement pas inévitable que le vocabulaire qui s'était légitimement imposé sur le moment et sous le coup de l'émotion se transforme en une construction cohérente et des attitudes politiques durables, où les États-Unis sont à présent enserrés.

Il y a trois séries de raisons à cela : l'une, circonstancielle, a fait de la campagne d'Afghanistan la première réponse, unanimement soutenue par la communauté internationale, aux attentats du 11 septembre ; le succès de cette réplique initiale contre le régime taliban, complice manifeste de Ben Laden, a donné le ton pour la suite. La seconde, historique, est une expérience américaine de la guerre plutôt positive, celle de combats clarificateurs, qui ont uni l'Amérique, et où celle-ci l'a emporté à un coût limité : la « guerre contre le terrorisme » s'inscrit ainsi dans une continuité exemplaire et rassurante pour les États-Unis, le Vietnam mis à part. La troisième est politique : l'administration Bush avait un intérêt tactique, déjà mentionné, à utiliser une rhétorique de guerre valorisante pour le président, mais aussi une propension idéologique à inscrire ce combat dans la continuité des victoires de l'Amérique au XXe siècle, en particulier la guerre froide : même « clarté morale » du combat, même dimension planétaire de l'ennemi, l'internationale communiste hier, le terrorisme global aujourd'hui, même division du monde entre le camp de la liberté et le totalitarisme, soviétique hier, jihadiste aujourd'hui.

L'analogie avec la guerre froide est néanmoins historiquement erronée, et lourde d'erreurs stratégiques potentielles. La guerre froide était un affrontement de puissances classique, un combat idéologique sérieux, qui résonnaient l'un et l'autre dans l'ensemble du monde. Les cassettes de Ben Laden et les ressources stratégiques de ses affidés ne sont évidemment pas à l'échelle du marxisme-léninisme ou de la puissance soviétique. Le vocabulaire de guerre, en général, et la comparaison avec la guerre froide, en particulier, grandissent inutilement l'ennemi, et valorisent de façon démesurée, et presque ridicule, sa créativité idéologique et ses capacités stratégiques.

Les terroristes, combattants ou criminels ?

S'il y a guerre se pose le problème du statut des combattants qui y sont engagés. Les États-Unis ont conclu qu'ils ne pouvaient être considérés comme des combattants, ni bénéficier du statut de prisonniers de guerre. « Combattants illégaux », ils seront détenus par les autorités militaires américaines, au besoin jusqu'à la paix, et jugés par des commissions militaires pour les crimes qu'ils auraient pu commettre. Des suspects de toute origine, y compris des Américains, ont été soumis à ce régime, qui emporte la faculté pour les autorités américaines de les détenir sans jugement et, le cas échéant, au secret. Les conséquences les plus extrêmes de cette construction ont été censurées en 2004 par la Cour suprême des États-Unis[2], qui n'en a cependant pas contesté les prémices, à savoir l'existence d'un état de guerre entre les États-Unis et les groupes terroristes qui les ont attaqués le 11 septembre et continuent leurs actions dans le cadre de la nébuleuse Al-Qaida.

Depuis l'ère moderne, le point de départ du droit de la guerre est que celle-ci oppose des États ; comme le dit Rousseau, la guerre est une affaire entre personnes morales[3]. C'est ce qui distingue le soldat de l'assassin : sa responsabilité est absorbée par celle de la puissance souveraine au nom de laquelle il combat, et ce même si la cause de l'État est injuste, ou la guerre qu'il mène illégale. En

---

2. Rumsfeld c. Padilla, *28 juin 2004*.

3. *Jean-Jacques Rousseau*, L'État de guerre, *dans* Œuvres complètes, *t. 3, Paris, Gallimard, 1964, p. 609.*

contrepartie, le combattant doit arborer un uniforme ou un signe distinctif, porter les armes ouvertement, relever d'un commandement organisé. Capturé, il peut être détenu jusqu'à la cessation des hostilités, mesure non punitive, mais de précaution, destinée à éviter qu'il retourne prendre part au combat. Prévenu d'une infraction au droit de la guerre, il peut être jugé par la puissance qui le détient, selon les règles de son propre code militaire.

Le corollaire de cette construction est l'interdiction de la guerre privée, qui devient définitive au XVIIIᵉ siècle. Pour Vattel, « le droit de guerre n'appartient qu'à la puissance souveraine[4] ». Les résistances, guérillas et guerres civiles du XXᵉ siècle ont néanmoins conduit à étendre le champ du droit des conflits armés aux conflits internes, et la protection dont bénéficient les combattants aux combattants irréguliers, et ce, d'une façon assez généreuse liée au climat favorable aux guerres de partisans qui régnait après la Seconde Guerre mondiale. Or ce corpus juridique n'est pas pertinent pour traiter la situation des terroristes jihadistes de la mouvance Al-Qaida : aucun effort d'imagination ne permet d'y voir une puissance souveraine, actuelle ou en gestation, susceptible d'absorber leur responsabilité, comme l'État le fait de celle de ses soldats ; leurs activités sont criminelles et ne sont susceptibles de rentrer dans le cadre ni du combat régulier ni de la guerre de partisans.

Se situant dans le cadre conceptuel de la guerre, les États-Unis en déduisent logiquement qu'ils ont affaire à des combattants en infraction avec les lois de la guerre, des « combattants illégaux ». Le problème est que, ce faisant, ils les exposent à une grande insécurité juridique : à la guerre, la qualité de combattant se détermine par des facteurs objectifs (la nationalité, l'appartenance aux forces armées

---

4. *Emer de Vattel*, Le Droit des gens, *Livre III, chap. 1,* § 4.

de l'adversaire, la présence sur le théâtre des opérations). C'est une détermination objective, de nature quasiment administrative, qui correspond à la nature non punitive de la détention des militaires ennemis en temps de guerre. La lutte contre le terrorisme global ne connaît de limite ni dans le temps ni dans l'espace. Les terroristes sont, par définition, clandestins : dès lors, un terroriste présumé peut, dans la conception américaine, être appréhendé n'importe où, quelle que soit sa nationalité, et détenu sans limite de temps. La réalité est que, dans cette guerre, les « combattants » appartiennent non à une armée mais à une organisation criminelle. La détermination de ce lien d'appartenance est fondamentalement différente de celle qui permet de reconnaître l'appartenance d'un soldat à une armée ennemie dans le droit de la guerre : elle est en effet une incrimination et devrait, dès lors, être une décision de nature judiciaire. Tout montre d'ailleurs, et jusqu'aux pires excès, que leur internement est, pour les Américains, punitif et non de précaution.

Au total, les Américains revendiquent pour eux toutes les facilités de la guerre dans le traitement de leurs adversaires, tout en leur en refusant le bénéfice. Ils se veulent en guerre, tout en déniant à leurs ennemis le droit de l'être eux-mêmes avec eux. Ainsi étaient autrefois traités les pirates, *hostis humani generis*, ennemis du genre humain. Cette construction, dont l'effet le plus visible a été de dénier aux prisonniers de Guantanamo le statut de prisonnier de guerre en dépit de la rhétorique de guerre de l'administration Bush, l'a fait apparaître incohérente et inutilement vindicative dans la répression du terrorisme global. Elle en paye le prix, et avec elle ses alliés dans cette lutte, qui en sont tous restés à l'application de mécanismes de répression criminelle, sans qu'on sache pour autant qu'ils en aient été moins efficaces que les États-Unis.

En réalité, l'asymétrie que revendiquent les États-Unis en étant en guerre avec les terroristes sans qu'ils puissent l'être eux-mêmes existe naturellement dans les relations d'État à criminel, et on peut se demander s'il fallait faire le détour par l'état de guerre, qui est normalement un état réciproque, pour en arriver là. Les lois pénales, dira-t-on, n'étaient pas à la mesure des besoins face à un ennemi nouveau, qui semblait aussi mystérieux qu'implacable. Sans doute. Mais prêter en temps de paix à la répression pénale le renfort de moyens militaires, et en particulier de facilités d'internement de suspects par l'autorité militaire, est une ressource classique des démocraties en temps de crise. De nombreux dispositifs y pourvoient tels l'état d'urgence ou la loi martiale ; de nouveaux, plus adaptés, auraient pu être imaginés, tant sur le plan interne qu'à l'échelle internationale. Le détour par la guerre, là encore, n'était pas nécessaire.

Peut-il y avoir une guerre sans territoire ?

La lutte contre le terrorisme global a eu, et aura, ses phases guerrières. L'Afghanistan en a été l'exemple le plus probant et le moins contestable. Dans la foulée du 11 septembre, on a vu le Conseil de sécurité adopter plusieurs résolutions qui, si elles n'ont pas formellement autorisé la guerre d'Afghanistan, ont du moins prescrit à tous les États de coopérer dans la lutte contre le terrorisme, et détaillé minutieusement leurs obligations à ce titre. Un État complice des auteurs des attentats ou qui s'abstiendrait de les poursuivre serait en violation des obligations ainsi édictées, et une action militaire à son encontre bénéficierait, sinon d'une autorisation expresse que le Conseil ne pouvait donner à l'avance, du moins d'une forte présomption de légalité.

Le 11 septembre a ainsi entraîné une réaction de la communauté des États, défiés dans leur monopole de la violence de masse par le

terrorisme global, et qui non seulement se sont interdits de le favoriser ou de s'en servir, mais se sont engagés à coopérer à son élimination. On ne peut naturellement en déduire que cette réaction,
fortement encouragée par la menace de représailles américaines,
mettra fin à l'emploi du terrorisme par les États, et encore moins à
leurs attitudes ambiguës ou complices. Mais l'air du temps n'est pas
favorable à ceux qui seraient tentés de soutenir le terrorisme global
ou de le manipuler à leurs fins. Ce contexte réduit les hypothèses de
futures guerres ouvertes dans la lutte contre le terrorisme. Mais si
ces hypothèses sont limitées, cela tient aussi, au-delà du contexte, à
la nature de la lutte et au centre de gravité de la menace.

La nature de la lutte antiterroriste est d'être localisée. À la différence des pirates d'autrefois, qui étaient en mer, donc juridiquement nulle part, les terroristes sont bien, eux, quelque part. On ne
fait normalement pas la guerre chez autrui. Les États qui le peuvent
assumeront chez eux la répression du terrorisme. Reste le problème
de ceux qui ne veulent pas et de ceux qui ne peuvent pas, *rogue
states* et *failed states,* des États voyous et des États faillis. L'Afghanistan procédait des deux catégories, et son sort a sans doute eu
valeur d'exemple à l'égard des *rogues* : qui sera assez fou pour
revendiquer son soutien comme les Talibans, ou même prendre le
risque de voir son éventuelle aide clandestine mise à jour ? La Syrie
et l'Iran ont coopéré à la répression d'Al-Qaida.

C'est aujourd'hui la grande faiblesse stratégique de cette
mouvance et l'une des causes les plus sûres de sa défaite que de ne
pas avoir de base arrière. Verra-t-on le terrorisme global chercher
refuge à l'arrière des fronts où se reconnaît la cause jihadiste, de la
Tchétchénie au Cachemire ? Ou dans des pays faillis où l'État peine
à exercer son autorité ? Verra-t-on des opérations militaires
empêcher ces tentatives de reconstitution des bases arrières du
terrorisme ? Ces hypothèses correspondraient, à strictement parler,

au champ de validité du concept de guerre contre le terrorisme. On peut cependant parier qu'elles ne seront ni nombreuses ni décisives.

C'est que le centre de gravité de la menace terroriste globale se déplace. D'un ensemble constitué par l'Afghanistan et le Pakistan, il s'est déplacé vers deux pôles, l'Asie du Sud-Est et l'Europe occidentale, deux régions où les systèmes étatiques sont solides, leur complaisance envers le terrorisme nulle. La dimension majeure de la lutte y est répressive, policière et judiciaire. Les mouvements terroristes ne contrôlent pas de territoire, ils tentent de se développer dans les interstices des sociétés où ils sont installés (et, d'ailleurs, là où l'on avait d'abord assimilé la répression d'Al-Qaida à la lutte armée contre des mouvements indépendantistes, comme aux Philippines et en Indonésie, on s'est aperçu que la collusion des uns et des autres était limitée et que l'on avait fait fausse route).

Il n'y a pas de guerre sans territoire. La part qui revient aux opérations militaires dans la lutte contre le terrorisme a été de priver Al-Qaida de sa base arrière principale, l'Afghanistan, et de dissuader ceux qui pourraient faciliter sa reconstitution. C'est un succès important, mais la dimension territoriale de cette lutte est à présent réduite, en tout cas dans les deux régions du monde où les attaques du terrorisme jihadiste se sont concentrées depuis deux ans, l'Europe et l'Asie du Sud-Est.

Terreur et terrorisme : les ambiguïtés de la guerre d'Irak

C'est sans doute en Irak que le concept de « guerre contre le terrorisme » a rencontré ses limites les plus évidentes, et suscité les divisions transatlantiques les plus profondes. Car, pour l'administration Bush, l'intervention en Irak fait bien partie de la guerre contre le terrorisme ou, dans le jargon du Pentagone, de la GWOT (pour *global war on terror*) ; une conviction que peu d'Européens partagent, même parmi ceux qui ont soutenu la guerre d'Irak, et qui, en général, croyaient à la réalité des armes de destruction massive irakiennes ou souhaitaient la fin du régime tyrannique de Saddam Hussein.

Les États-Unis ont cherché à inscrire la guerre d'Irak dans la guerre contre le terrorisme à plusieurs niveaux. Le plus direct, mais qui s'est avéré factuellement inexistant, était constitué par les accusations de complicité directe entre Saddam Hussein et Al-Qaida. Un argument plus sérieux est celui qui faisait dire qu'à l'ère du terrorisme de masse, le risque que des régimes comme celui de Saddam Hussein ne favorisent l'accès des terroristes aux armes de destruction massive était inacceptable et justifiait que les États-Unis prennent les devants pour empêcher l'émergence d'une telle menace. À cette théorie de la guerre préventive, qui n'était pas indéfendable dans l'abstrait, il manquait cependant les éléments de fait qui auraient justifié de l'appliquer à l'Irak : les motifs qu'aurait eus Saddam Hussein d'armer Al-Qaida étaient inexistants, la collusion d'intérêts entre l'un et l'autre imaginaire, les armes de destruction massive absentes.

Aux arguments explicites s'est mêlé le bruit de fond de la montée de la guerre, au cours de laquelle l'administration Bush a mêlé le « terrorisme » d'Al-Qaida et le régime de terreur de Saddam Hussein, la menace des armes de destruction massive irakienne et celle du terrorisme de masse : le terme même de « guerre contre la terreur » plutôt que « contre le terrorisme » participe de cet amalgame sémantique, où l'administration a suggéré plus qu'elle n'a accusé ; il a été efficace, puisque la majorité du public américain a cru que la guerre d'Irak était une réplique aux attentats du 11 septembre, et que des Irakiens avaient pris part à ceux-ci. Enfin, depuis la fin des opérations militaires, la résistance à laquelle continue de se heurter la Coalition, la fréquence des actes terroristes, fait dire aux Américains que l'Irak est devenu le « front central de la guerre contre la terreur », le président Bush précisant qu'il était préférable de « rester sur l'offensive » et de combattre ainsi les terroristes au loin, plutôt que d'attendre qu'ils viennent attaquer aux États-Unis mêmes.

La faiblesse ou le caractère franchement abusif de ces différents arguments ne veulent naturellement pas dire qu'il n'y ait pas de lien stratégique sérieux avec la lutte contre le terrorisme dans l'esprit de ceux qui ont voulu cette guerre. Ont-ils cru que le terrorisme jihadiste et la terreur d'État façon Saddam Hussein étaient les deux faces d'un même ennemi ? Peut-être. Mais s'ils procèdent de la même matrice (le terroriste est étymologiquement l'auteur de la terreur révolutionnaire ; l'un et l'autre justifient la violence et la peur par les fins historiques qu'ils poursuivent), la tactique tend plutôt à les séparer. La terreur d'État est rationnelle, centralisée et vise au contrôle ; elle se défie du terrorisme comme d'une illusion romantique, peu fiable, et incontrôlable dans ses effets. Les bolcheviks raisonnent ainsi, avec Trotsky, qui fait l'apologie de la terreur d'État et de la loi des otages dans *Leur morale et la nôtre*, et condamne le terrorisme individuel dans *Communisme et Terrorisme*.

À l'arrivée, deux liens unissent sans doute l'Irak et la lutte contre le terrorisme. Le premier est que Saddam Hussein et Ben Laden ont en commun d'incarner, chacun à leur façon, l'hostilité aux États-Unis et à ses politiques, à l'Occident et à ses valeurs. La crédibilité américaine exigeait pour beaucoup que l'on fît, au Moyen-Orient même, une démonstration de la puissance et de la résolution américaines en réponse au 11 septembre. Saddam Hussein était affaibli et isolé : il se désignait ainsi à la vindicte américaine. Le second lien était une volonté de changer la donne : le maintien du *statu quo* n'était plus une politique pour les États-Unis au Moyen-Orient depuis que le 11 septembre avait montré les réserves de désordre et de violence que recelait la stabilité apparente de la région. Il fallait que cela change, et le lieu le plus propice au changement était l'Irak.

L'instinct de faire sentir sa force, comme celui de changer les choses, sont humains au lendemain d'un grand revers. Mais ils ne sont pas en eux-mêmes une stratégie. Ils ont servi à relier la lutte contre le terrorisme à la guerre d'Irak d'un lien insincère, au mieux oblique, et peut-être contre-productif : lorsque l'heure du bilan viendra en Irak, la guerre aura-t-elle affaibli le terrorisme ou exaspéré l'hostilité envers les États-Unis et favorisé les jihadistes ? Attaquer l'Irak pour affaiblir le terrorisme était un pari. Les actes hasardeux ne peuvent trouver de justification que dans le succès, et un succès démontrable. Rien ne s'est produit à ce jour qui permette ainsi de conclure que le terrorisme global a été amoindri par la guerre d'Irak.

Le problème des causes profondes

Nous sommes dans un monde rationnel, qui veut croire à la corrélation des effets et des causes. Historiquement, les capacités de destruction et de désordre ont été assez largement proportionnelles à l'audience et à la signification politique des mouvements qui les provoquaient. Les guerres semblent avoir toujours vérifié cette règle : en dépit de la part de hasard et de jeu qu'elles comportent, elles paraissent après coup des repères nécessaires, les principaux peut-être, de l'histoire. Dans leur dénouement, des facteurs objectivement mesurables, comme le rapport des forces, jouent un rôle essentiel.

Les grands effets doivent être produits par de grandes causes. Il en va ainsi du 11 septembre, événement énorme, aussitôt chargé de tous côtés d'une signification extrême. L'hyperterrorisme et la perspective d'une privatisation de la violence de masse rendent néanmoins extrêmement problématique cette confiance rationnelle dans la signification des événements. Le terroriste, pense-t-on solitaire, auteur des attentats à l'anthrax d'octobre 2001 aux États-Unis maîtrisait des capacités de destruction naguère monopole des États ; il aurait pu tuer des milliers de personnes. Plus compétente ou plus heureuse, la secte japonaise Aoum l'aurait pu elle aussi. L'audience sociale, la signification politique de l'un et de l'autre sont dérisoires ; ils le seraient restés si leurs projets destructeurs avaient été menés à bien.

Erostrate ayant brûlé le temple d'Artémis à Ephèse, l'une des sept merveilles de monde, avec l'espoir d'immortaliser ainsi son nom, l'assemblée des Ioniens le condamna à mort, décréta son acte insensé et ordonna que son nom serait voué à l'oubli. C'est la désobéissance d'un historien grec au décret des Ioniens qui nous a néanmoins livré le nom et l'histoire d'Erostrate.

On admettra qu'en réponse à un acte fonctionnellement assez comparable au 11 septembre, les deux instincts de la Grèce ancienne – refuser de charger de signification un acte insensé, renvoyer son auteur dans l'obscurité d'où il avait cherché à s'extraire par son crime – paraissent aussi admirables qu'impraticables aujourd'hui. On ne peut évidemment ni ignorer le terrorisme global ni s'empêcher de lui donner un sens et de rechercher ses causes.

Mais il faut, à l'exemple des juges d'Erostrate, essayer de conserver un peu de sagesse et de sang-froid lorsqu'on réfléchit au terrorisme contemporain. Or, il faut bien admettre que l'on a tendance en cette matière à passer d'un extrême à l'autre. Au lendemain du 11 septembre, le débat américain s'était polarisé sur cette question : fallait-il chercher à comprendre ? Expliquer, n'était-ce pas commencer à excuser ? C'est au fond la thèse d'André Glucksmann : les terroristes sont des nihilistes, ils ne cherchent que la mort, la leur et celles des autres, il n'y a rien à comprendre dans ces actes de haine pure[5].

Deux ans après, tout est changé aux États-Unis. L'administration Bush, dans la foulée de la guerre d'Irak, proclame qu'il n'y aura pas de solution à long terme au terrorisme s'il n'est pas remédié aux dysfonctionnements du Moyen-Orient au sens large : l'autoritarisme de régimes bloqués, la stagnation économique, la précarité de l'État de droit, le statut inférieur des femmes, tous facteurs qui renforcent l'audience de l'islam politique. « Transformation », « démocratisation », « réforme » du Moyen-Orient, selon des terminologies utilisées successivement, s'imposent donc comme réponses au problème du terrorisme, aux côtés de la répression. (« Assécher le marais, tout en tuant les moustiques. »)

En admettant ainsi qu'il y a des raisons de fond au terrorisme, les Américains ont rejoint un instinct européen au départ : c'est sans arrière-pensées qu'une certaine entente transatlantique s'est faite sur cette approche. Mais le chemin ainsi parcouru par les États-Unis les fait passer du terrorisme à ses causes structurelles et quasiment culturelles au Moyen-Orient, en passant par-dessus une série de facteurs politiques où leur responsabilité est engagée : leur hégémonie de fait sur une région où le sentiment d'être le jeu des puissances extérieures exacerbe depuis des décennies le nationalisme et le rejet de l'Occident ; leur soutien à Israël, et leur passivité devant les faits qu'il crée sur le terrain, mur de séparation ou extension des colonies, qui exaspèrent les opinions arabes ; le paternalisme de leur discours sur le monde arabe, jamais totale-

---

5. *André Glucksmann, « Nihilisme ou civilisation », entretien dans* Politique internationale, *97, automne 2002.*

ment exempt de préjugé et de condescendance. (Notons, en sens contraire, le retrait des forces américaines d'Arabie Saoudite, le soutien récent au désengagement de Gaza, qui attestent de la capacité des États-Unis de prendre en compte les sensibilités du monde arabe ; mais elle ne va pas jusqu'à admettre que les États-Unis et l'Occident, leurs politiques et leur présence au Moyen-Orient, sont une partie du problème).

Dans les causes profondes du terrorisme, comme de l'opposition qu'ils rencontrent en Irak, les États-Unis restent réticents à considérer le nationalisme (déjà, dans les années 1960, Stanley Hoffmann remarquait cette propension des Américains à sous-estimer le nationalisme, le leur, comme celui des autres). Or, il est une force de mobilisation anti-américaine essentielle au Moyen-Orient. Qui plus est, il risque d'être encouragé par les processus d'ouverture et de démocratisation que disent favoriser les États-Unis dans la région. À l'origine, la démocratie est une revendication d'autonomie susceptible d'être autant mobilisée contre l'étranger que contre un pouvoir interne abusif. Un Moyen-Orient où gagne la démocratie risquera d'être plus nationaliste et plus anti-américain qu'il ne l'est aujourd'hui.

Cela ne veut pas dire qu'il ne faut pas l'encourager. À long terme, un Moyen-Orient démocratique sera sans doute plus stable et moins propice au terrorisme. Mais il faut être conscient des dynamiques de tout processus d'ouverture politique, de la faible aptitude du monde extérieur à le susciter et à l'encadrer, de l'imprévisibilité de ses résultats.

Ce qui nous ramène au problème des causes profondes. Il est raisonnable d'en présumer l'existence et de chercher à les traiter ; mais il ne faut pas en attendre la disparition du terrorisme ; au mieux, la diminution des sympathies et de l'attrait qu'il suscite (ce qui est déjà beaucoup). S'agissant du terrorisme jihadiste global – et à la différence du terrorisme d'État ou des terrorismes « territorialisés » classiques –, le cheminement des causes aux effets est trop incertain et tortueux, trop chargé de passion et de délire pour être vraiment sujet à un « traitement par les causes ». Même dans un Moyen-Orient démocratique et en paix subsisteront des interstices de violence extrême où pourront prospérer des Timothy McVeigh arabes.

C'est un inconvénient supplémentaire du vocabulaire et des concepts de guerre appliqués à la lutte antiterroriste qu'ils suggèrent la possibilité d'une « grande stratégie » dans cette lutte ; or, il n'y en a pas, parce que Ben Laden et ses émules en sont eux-mêmes dépourvus : les cheminements de pensée qui les ont menés de leurs objectifs nébuleux aux attentats du 11 septembre ne sont pas moins obliques et tordus que ceux qui ont fait choisir l'Irak comme lieu privilégié de la réplique américaine. Ce qui confirme l'avertissement de Sir Adam Roberts ailleurs dans ce volume : les terroristes et ceux qui les combattent tendent à se ressembler.

*

Si l'on a cherché à démonter, dans ce qui précède, les arguments en faveur de l'existence d'une guerre contre le terrorisme, ce n'est pas par perfectionnisme sémantique, ni pour soutenir qu'une telle guerre serait impossible, mais parce que le choix des mots importe dans cette affaire : le vocabulaire de guerre peut servir ceux qu'il prétend combattre, et rendre moins improbable une guerre à laquelle ils aspirent, mais qui n'existe aujourd'hui que dans leur imagination.

La guerre contre le terrorisme n'est pas une réalité. Il y faudrait plusieurs conditions : que le terrorisme jihadiste global suscite dans le monde arabo-musulman une audience qui en ferait un interprète autorisé de ses frustrations et de ses aspirations, une force politique authentique (nous n'en sommes pas là, et il reste un mouvement minoritaire et sectaire, pour l'instant voué à la marginalité politique) ; qu'il bénéficie de soutiens extérieurs, ait accès à des ressources étatiques, contrôle à nouveau du territoire (sur ce plan, il a reculé, notamment à la faveur de la guerre d'Afghanistan) ; enfin, qu'il accède à des moyens de destruction massive, dans la pire hypothèse à des armes nucléaires (or, celles-ci restent à ce jour le monopole des États).

On peut dire du concept de guerre contre le terrorisme qu'il a contribué à éloigner la réalisation de la seconde condition avec la campagne d'Afghanistan, mais pourrait bien transformer la première en réalité. Il projette en effet l'image d'un Occident vindicatif et belliqueux, sourd aux motifs légitimes de plainte du monde arabe et des opinions musulmanes. Il tend à conforter l'image de combattants de l'islam que cherchent à projeter d'eux-mêmes les terroristes. Il est particulièrement négatif pour les États-Unis, dont la propagande de guerre reste pour l'essentiel sans écho chez leurs alliés, tout en embarrassant leurs soutiens arabes et en exaspérant leurs opinions.

La lutte contre le terrorisme n'a pas besoin d'emphase, d'appel au sentiment national et d'héroïsme collectif. Elle demande de la téna-cité et du sang-froid, une grande application à ne pas surestimer la capacité stratégique de l'adversaire, et à diminuer sa légitimité. À l'examen, le concept de guerre contre le terrorisme, en général, et son application à l'Irak, en particulier, nous semblent avoir desservi ces objectifs.

Chapitre 8 / NOTRE GUERRE CONTRE LE TERRORISME[*]

Christoph BERTRAM

L'expérience montre souvent que des expressions nouvelles ont tendance à être considérées comme de simples effets de mode d'intellectuels, surtout quand elles émergent du discours américain traditionnellement porté sur l'hyperbole. La « guerre contre le terrorisme » n'en est que le dernier exemple. Les Américains qui n'ont pas connu de guerre sur leur sol depuis la fin de la guerre de Sécession, il y a un peu plus d'un siècle, ont peu de scrupules à qualifier de guerre ce qu'on appellerait, dans des sociétés éprouvées par la guerre, une situation d'urgence exigeant un effort particulier : « la guerre contre la misère, la pauvreté, le crime » – autant de formules qui témoignent de la division transatlantique. C'est dans ce cadre que s'inscrit la guerre contre le terrorisme, dernière du genre.

Michael Howard, l'éminent historien de la guerre a écarté sans ménagement cette idée[1]. La guerre, dit-il, est un sujet trop sérieux pour être confondu avec une situation d'urgence et ceux qui assimilent les deux prennent le risque de ne pas adopter la bonne stratégie. Les situations d'urgence doivent être affrontées sans attendre, alors que les guerres doivent être évitées aussi longtemps que possible. Les guerres ont un début et une fin clairement identifiés. Les situations d'urgence doivent être combattues dans la durée. L'ennemi est identifiable à la guerre, il a un effet mobilisateur qui justifie la mise en danger de jeunes hommes et femmes. Ce n'est pas un énième « -isme ».

---

[*] Cet article a été traduit par François Bernard.

1. Michael Howard, « What's in a Name ? How to Fight Terrorism », Foreigh Affairs, janvier-février 2002.

Si la guerre moderne doit mobiliser l'ensemble des forces de l'État pour s'imposer, l'utilisation de la puissance militaire est décisive et c'est elle qui fait la différence entre la guerre et toute autre action d'État ayant recours à la force. En conséquence, Howard polémique brillamment sur les déclarations faites par certains des membres les plus importants du premier cabinet de Bush, selon lesquelles l'expédition en Irak était une guerre contre le terrorisme. « Ils se sont comportés, écrit-il, comme ces ivrognes qui ont perdu leur montre dans une ruelle sombre et la cherchent sous un réverbère sous prétexte qu'on y voit mieux. » Eliot Cohen de la Paul Nitze School for Advanced International Studies de Washington, expert en stratégie respecté jusque dans les cercles conservateurs aux États-Unis, s'est fait l'écho des critiques formulées par Howard : « La guerre globale contre la terreur, un terme qui n'a pas plus de sens que si les États-Unis avaient réagi à Pearl Harbour en déclarant une guerre globale aux bombardiers en piqué[2]. » Cela mis à part, pour la plupart des Européens, le terme de guerre n'est pas adéquat pour décrire la lutte contre les opérations terroristes mais, pour la majorité des Américains, il est parfaitement adapté à la situation.

Mais la querelle ne vaut pas qu'on s'y attarde. Bien sûr, comme avec tout terme général, qualifier de guerre l'effort à long terme de lutte contre les attaques terroristes visant son pays ou un pays allié n'est pas satisfaisant à plus d'un titre. Mais se complaire dans une escarmouche sémantique sur la question n'aurait pas grand sens. Au contraire, il y a de bonnes raisons d'adhérer à ce terme, ou du moins de ne pas le rejeter.

---

2. *Eliot A. Cohen, « From Colin to Condoleezza »,* Wall Street Journal, *17 novembre 2004.*

La plus importante, c'est que l'urgence terroriste d'aujourd'hui est à l'image du nouveau modèle de guerre qui domine dans le monde développé – tout comme, il y a cinquante ans, le terme de guerre froide définissait le modèle émergeant alors. Des régions moins favorisées de notre planète sont affectées par des guerres traditionnelles qui rappellent celles qu'a connues l'Europe avant le milieu du XIXe siècle. Mais, pour les pays qui continuent à définir les relations internationales, cette époque est, pour l'heure, révolue.

Ceux qui réfutent la pertinence du terme « guerre contre le terrorisme » veulent réserver le mot de « guerre » aux formes de conflit qui ont terrorisé le monde dans le passé. Ces conflits pourraient bien resurgir. Leur exclusion irréfléchie de la liste rituelle des menaces contemporaines à la sécurité – le terrorisme international, les armes de destruction massive, les États précaires – révèle un curieux manque de respect pour des siècles d'histoire. Néanmoins, il ne fait pas de doute que les pays développés font aujourd'hui face à des menaces d'une nature différente dues à des développements majeurs : la globalisation de l'insécurité et la capacité pour des groupes d'individus de faire subir des dommages importants non seulement à des groupes rivaux mais aussi à des États modernes. La globalisation de l'insécurité va de pair avec la globalisation dans d'autres domaines importants : communication, commerce, capitaux. Ce qui se passe à des milliers de kilomètres peut affecter (même si ce n'est pas toujours le cas) notre propre sécurité. Le terrorisme n'est qu'une manifestation, parmi d'autres, de ce phénomène mais elle en est la plus concrète.

L'autre transformation, c'est que les États ont perdu le monopole du recours à la force. On est, c'est vrai, encore loin de l'imaginaire de Ian Fleming dont les Dr No, Blofield ou Goldfinger auraient pu (sans l'intervention du vaillant commandant Bond) rançonner les superpuissances, fabriquer une bombe nucléaire, déployer et intercepter des missiles intercontinentaux (ce que même les superpuissances n'ont pu réaliser jusqu'à présent). La prédiction selon laquelle les terroristes seraient bientôt en possession de l'arme nucléaire appartient plus au monde de Fleming qu'à la réalité du nôtre. La raison en est simple : ce n'est pas une arme terroriste très utile. D'une part, l'arme terroriste la plus efficace et la plus novatrice aujourd'hui, c'est le kamikaze. D'autre part, quoi qu'en disent les auteurs de science fiction, il reste très difficile, et donc risqué, pour un groupe privé de concevoir, développer, fabriquer et utiliser des armes chimiques ou biologiques de grande puissance, à plus forte raison une bombe atomique. Les prédictions les plus alarmistes ne sont donc pas justifiées. Les terroristes ne peuvent pas vaincre les États modernes. Mais on ne peut pas ignorer que ce nouveau modèle de conflit a largement remplacé dans notre monde globalisé celui qui oppose les États entre eux. Faute d'un meilleur terme, quand cette violence se manifeste contre nous ou nos alliés proches, autant la qualifier de guerre.

Il est vrai que ce nouveau type de confrontation appartient à un genre moderne, plus proche de la guerre froide que des guerres traditionnelles – on notera qu'à l'époque, personne ne contestait cette appellation. Comme la guerre froide, celle contre le terrorisme n'a pas de limite géographique. Son théâtre, c'est la planète tout entière. Elle n'a pas de stratégie de sortie. Il s'agit davantage de gagner les esprits et les cœurs de ceux qui soutiennent les actes terroristes que d'éliminer les armes du terrorisme. La victoire est aussi un but insaisissable dans cette nouvelle guerre, comme pendant la guerre froide : détruire les bases d'Al-Qaida dans certaines régions d'Afghanistan n'a pas désactivé le réseau, et les frappes en Irak ont aggravé, et non réduit, le potentiel terroriste au Moyen-Orient et au-delà. À l'époque de la guerre froide, la victoire n'a jamais été perçue comme la chute de l'URSS mais comme le renoncement par les Soviétiques à leurs visées agressives et à leurs pratiques répressives. Dans la guerre contre le terrorisme, comme le sénateur Kerry le faisait justement observer, la victoire pourrait se résumer ni plus ni moins à transformer la menace en désagrément. Enfin, comme la nouvelle guerre, la guerre froide a duré plusieurs décennies et s'est répandue sur toute la planète. La capacité pour les forces de défense de rester performantes, d'établir et de maintenir une alliance large et unie pour traquer et disperser les terroristes sera, sur le plan stratégique, aussi importante que la nécessité de convaincre – il y a un demi-siècle, durant la confrontation Est/Ouest – l'Union soviétique de ne plus rechercher sa sécurité dans l'insécurité des autres.

Mais il y a une différence majeure quand on compare la guerre contre le terrorisme et la guerre froide. Il y avait alors un ennemi identifiable, localisable. La guerre – les critiques ont raison sur ce point – a besoin d'un ennemi définissable. On peut imaginer qu'avec un talent intellectuel et politique supérieur à celui révélé par les événements de septembre 2001, il aurait peut-être été possible d'établir une définition claire, assez précise, de la menace terroriste à la sécurité internationale.

Le président américain, à son crédit, avait, tout d'abord, simplement essayé ceci : le terrorisme « de portée globale » était l'ennemi. C'est ce qu'il déclara après que les auteurs des attaques sur New York et Washington eurent été identifiés comme venant du groupe Al-Qaida, opérant depuis le territoire afghan contrôlé par les Talibans. Pendant un instant fugitif de cette guerre, l'ennemi offrait une cible claire, identifiable. Il opérait à distance et disposait d'une « portée globale ».

Depuis lors, en tout cas, tous les terroristes, quelle que soit la cause, réelle ou déclarée, qu'ils défendent, ont été classés dans une même catégorie, même si ces groupes recourant à la violence pour combattre la puissance d'État à travers le monde font preuve de profondes différences concernant leur motivation, leurs ressources, leur soutien populaire, leur mode d'opération et de commandement, ou leur importance au plan international. Les traiter comme une entité unique et mouvante a transformé l'analyse en idéologie, contrevenant à une des lois fondamentales de la stratégie : « connais ton ennemi ». Cela n'a pas permis une approche au cas par cas des actions terroristes pour éventuellement séparer les fanatiques de leurs bases de soutien, prenant en compte les circonstances spécifiques et reconnaissant les insatisfactions qui avaient nourri l'action terroriste.

Si bien que l'espoir de voir réémerger une définition plausible et appropriée d'un terrorisme dangereux à l'échelle internationale est devenu vain, même dans le cas de la « catégorie » la plus importante aujourd'hui : le terrorisme islamique. Il y a trois raisons à cette difficulté. D'abord, de par leur mode opératoire, ceux qui affrontent les États ne dévoilent aucune cible claire à d'éventuelles représailles. Al-Qaida fit une grave erreur en permettant de localiser son commandement et ses bases en Afghanistan, une erreur qu'aucun autre groupe n'a répétée depuis.

En second lieu, le terme « terroriste » a été détourné par ceux qui accusent leurs opposants violents d'en être pour gagner en respectabilité auprès de Washington en les combattant. Une fois que le président Bush eut lancé sa guerre contre le terrorisme et appelé au soutien international, ses alliés les plus dévoués furent les Poutine, les Karimov et les Sharon de ce monde. La plupart, pour ne pas dire tous, furent accueillis à bras ouverts par les néo-conservateurs à Washington, comme servant la même cause. Pour eux, les combattants de Tchétchénie, les insurgés d'Irak ou les militants du Hamas étaient tous des suppôts d'Al-Qaida et les combattre, c'était combattre Ousama Ben Laden lui-même. Les actions des terroristes islamiques ont, par conséquent, toutes été assimilées entres elles, immédiatement et de manière irréversible, où qu'elles se déroulent, quels qu'en soient les raisons, le contexte local et politique et les cibles.

Mais aujourd'hui, et ceci est la troisième raison, il devient de plus en plus difficile, si ce n'est impossible, de différencier ces groupes divers tant les liens entre eux sont devenus étroits. Les combattants du Jihad aident tout autant les insurgés irakiens que les opposants à la présence russe en Tchétchénie ou à l'occupation de la Cisjordanie par Israël. En effet, plus longs sont les conflits, plus ils attirent ces révolutionnaires nomades, les opérations terroristes locales bénéficiant trop souvent de l'aide de ces terroristes « internationaux ». Ne pas avoir su prévenir cette situation compliquée et, au contraire, l'avoir accélérée en négligeant délibérément de distinguer les groupes, se révèle être une des plus graves erreurs stratégiques de la guerre contre le terrorisme à ce jour. Elle ne pourra pas être corrigée dans un futur proche.

Certes, la difficulté de localiser l'ennemi est inhérente à la guerre contre le terrorisme. Cela n'en demeure pas moins une guerre, une guerre d'aujourd'hui. Et même ceux qui contestent l'appellation doivent reconnaître qu'elle présente certains avantages. Après tout, l'expérience des guerres passées peut aider à gérer ces guerres nouvelles où les États ne sont plus confrontés à d'autres États mais à des organisations privées, hostiles et puissantes.

Sans surprise, les concepts rodés pendant la guerre froide semblent particulièrement adaptés à la guerre contre le terrorisme. La bonne stratégie durant la guerre froide, plutôt que de détruire les forces ennemies, consista à convaincre la partie adverse, par la dissuasion et l'endiguement, de ne pas recourir à la force et à encourager, par la détente, son penchant pour la coopération. L'alliance d'un grand nombre de pays solidaires face à la menace commune joua un rôle central dans cette stratégie.

Chacun de ces concepts peut s'appliquer, dans un sens comme dans l'autre, à la guerre contre le terrorisme. Pourtant, la pensée dominante actuelle, telle qu'elle est exposée par l'administration Bush – et peu contestée par les alliés de l'Amérique – s'exprime différemment. La dissuasion est écartée puisqu'elle est censée être inefficace contre le terrorisme, l'argument étant qu'elle ne peut s'appliquer aux kamikazes, dernier maillon dans la chaîne du commandement. Mais la dissuasion durant la guerre froide aurait pu aussi bien être inefficace dans le cas d'un commandant de sous-marin nucléaire soviétique qui aurait reçu l'ordre de déclencher une attaque en atteignant un point spécifique de la côte atlantique. Pourtant, la dissuasion fonctionna remarquablement bien à l'encontre des donneurs d'ordre, c'est-à-dire des pouvoirs politique et militaire. Il faut noter que les gouvernants des deux bords se sont interdit la confrontation nucléaire même quand, l'histoire le montre, de fausses alertes faisaient croire à une attaque imminente de la partie adverse.

Pourquoi la dissuasion ne fonctionnerait-elle pas avec ceux qui donnent des ordres aux porteurs de bombes ? Il n'y a pas de doute que la menace de représailles militaires est efficace contre les États qui soutiennent des activités terroristes à partir de leur territoire. Personne ne veut se retrouver dans la situation des Talibans. (Voilà une raison supplémentaire de la faible crédibilité d'une personne aussi autorisée que le vice-président Cheney quand il affirmait que le dirigeant irakien Saddam Hussein avait suscité des projets d'attaques terroristes contre les États-Unis). Israël, en éliminant de manière sélective des dirigeants palestiniens radicaux, a bafoué la légalité mais a pu réduire le nombre d'attentats suicides. Il semble avéré que les chefs terroristes sont facilement prêts à sacrifier les vies humaines – « Nous voulons mourir alors que vous voulez vivre », proclame un de leurs communiqués. Mais ce mépris concerne les jeunes bombes humaines et leurs victimes, et ne s'applique pas aux chefs terroristes. Ils veulent, eux, vivre pour garder le contrôle de leurs opérations. Ils peuvent donc être dissuadés. La dissuasion dans la guerre contre le terrorisme est après tout bien plus crédible que pendant la guerre froide. La menace de prendre des mesures contre un État soutenant des terroristes ou des actions terroristes ne s'embarrasse pas du concept de crédibilité inhérent à la dissuasion nucléaire : le dissuadeur ne craint pas que le dissuadé fasse exploser la planète en retour !

Mais cette prétendue inefficacité de la dissuasion est peut-être moins le résultat d'une confusion de cible que de l'empressement à justifier une action préventive, baptisée « préemption » dans la stratégie pour la sécurité nationale du président Bush. Les États-Unis, trop confiants dans leur puissance, étaient déterminés à éliminer toutes les restrictions qui les entravaient. Examiner une alternative semblait alors une perte de temps. Désormais, l'expérience irakienne ayant marqué la conscience publique américaine, cela ne pourra perdurer. La dissuasion n'est pas seule adaptée aux guerres modernes, l'endiguement, son pendant du temps de la guerre froide, est approprié à la lutte contre les terroristes. Le concept est à la fois ancien et simple. L'ennemi est mis en échec non par l'anéantissement physique mais par une série de contre-mesures efficaces.

Preuve que cela marche, depuis le 11 septembre, on constate avec soulagement qu'aucune attaque d'Al-Qaida n'a frappé le territoire des États-Unis ni, jusqu'à l'attentat de Londres, le 7 juillet 2005, celui de leur partenaire britannique en Irak ; avec le massacre dans des trains à Madrid le 11 mars 2004, c'est la seule attaque perpétrée sur le sol d'un allié européen des États-Unis. Al-Qaida ou des groupes similaires ont fait bien des tentatives mais les mesures prises par les États ont rendu les attaques bien plus difficiles.

L'endiguement peut marcher, et il a marché. Autre exemple visible au niveau des résultats mais aussi de la préparation physique, la barrière métallique érigée par Israël pour empêcher les Palestiniens d'accéder au territoire israélien. La légalité de cette action est peut-être contestable au regard du droit international et humanitaire, mais les résultats en termes d'endiguement parlent d'eux-mêmes.

Bien sûr, ni la politique de dissuasion ni celle d'endiguement n'ont été jusqu'à présent efficaces à 100 %. C'était impératif durant la guerre froide car tout autre cas de figure aurait conduit à une catastrophe planétaire. La nécessité d'être efficace contre les terroristes est moins drastique car les conséquences en cas d'insuccès seraient, dans les circonstances actuelles, bien moindres. Comme nous l'avons dit, la probabilité pour un groupe terroriste de disposer d'une capacité de frappe nucléaire demeure lointaine. Et l'accès à des moyens chimiques ou biologiques, s'il ne doit pas être pris à la légère, ne produira jamais autant de destruction et de perturbation qu'une explosion nucléaire. Dans la lutte contre l'action terroriste, Israël le démontre chaque jour, dissuasion et endiguement sont des concepts utiles mais leur succès n'est pas garanti.

L'endiguement n'est pas non plus une mesure de protection réservée aux pays occidentaux. Partout, les États font alliance contre le danger terroriste et leurs services secrets ont développé, en conséquence, un niveau de coopération sans précédent. À la suite de l'élargissement de l'OTAN et de l'Union européenne, d'importants programmes d'assistance à la protection des frontières ont été créés, au bénéfice d'anciens membres mais aussi des nouveaux. Résultat de ces efforts, les opérations d'Al-Qaida et assimilés ont été détournées vers des régions du monde moins bien protégées et, même là, l'endiguement limite considérablement l'éventail de leurs options. Le saut qualitatif de la surveillance, consécutif au 11 septembre, a dans le même temps réduit toute tentation pour les terroristes de s'engager dans la production d'un arsenal nucléaire, biologique ou chimique. Toute entreprise dans ce sens nécessiterait une activité d'une magnitude telle qu'elle pourrait difficilement échapper à la détection de services de renseignement qui mettent en commun leurs moyens technologiques. Là encore, l'endiguement a fait la preuve de son efficacité.

Qu'en est-il du concept de détente issu de la guerre froide ? Si cela implique simplement la coopération avec l'ennemi, la détente n'aurait aucune fonction dans la guerre antiterroriste. Elle ne peut concerner des assassins. Mais la détente, dans le contexte Est/Ouest a toujours été plus que l'apaisement. Son objectif prioritaire était de convaincre l'autre camp des bienfaits de la coopération, en impliquant les dirigeants de l'Union soviétique et leurs alliés d'alors, mais aussi la société civile pour la faire profiter des fruits de cette coopération. L'objectif sous-jacent, en d'autres termes, était ce qu'on appellerait aujourd'hui un changement de régime, non par un renversement mais par une évolution.

Cette idée de base n'est pas moins adaptée à la guerre contre le terrorisme issu du monde islamique, au contraire. Les conditions locales sont souvent de nature à encourager l'antagonisme violent d'opposants au régime en place ou le soutien d'autorités religieuses à des mouvements radicaux. L'objectif central des efforts occidentaux pour promouvoir la modernisation des sociétés du monde arabe et leur bonne gouvernance consiste principalement à rompre le lien entre le terrorisme et les sources locales de mécontentement. Et comme pour les régimes communistes, l'Occident ne peut atteindre ses objectifs sans tenir compte de ceux qui détiennent le pouvoir dans ces pays ; il doit négocier avec eux. Le fait qu'un certain nombre de ces pays possèdent une part de plus en plus importante des réserves mondiales de pétrole et de gaz invite certainement à la coopération plutôt qu'à la confrontation. L'après-guerre en Irak conforte cette idée.

La stratégie de détente dans la guerre contre le terrorisme va, en conséquence, susciter des dilemmes similaires à ceux rencontrés durant la guerre froide. Jusqu'à quel point la coopération renforce-t-elle des régimes non démocratiques plutôt qu'elle ne desserre leur emprise sur les populations ? Et à quelle distance des normes de la bonne gouvernance la détente doit-elle s'arrêter, la dissuasion et l'endiguement devenant alors les seules options non-violentes disponibles ?

Les cinquante ans de guerre froide montrent que la ligne est difficile à tracer une fois pour toutes mais qu'elle dépend des circonstances spécifiques à chaque pays, régime ou société. Il est impossible d'éviter le « deux poids, deux mesures ». Autre leçon à tirer : les politiques de dissuasion, d'endiguement et de détente ne sont nullement incompatibles entre elles et donnent même de meilleurs résultats quand elles sont menées de front. La proportion de chacune dépend alors du contexte local. Dissuasion des combattants terroristes et de leurs dirigeants par la menace, contre eux et leurs partisans, de représailles sans merci aux actions qu'ils mèneraient ; endiguement pour émousser leur capacité d'action. Détente et coopération avec des régimes locaux acceptables et leur population, mais aussi avec les « branches politiques » des mouvements qui considèrent le terrorisme comme un moyen légitime de faire avancer leur cause. Parmi tous les éléments qui ont contribué à faire cesser la guerre civile en Irlande du Nord, la distinction entre le militaire et le politique (et ce qui, par conséquent, les sépare) est devenue une donnée fondamentale.

Et comme pour la guerre froide, la cohésion à long terme des alliances sera déterminante dans la guerre contre le terrorisme. Une coopération étroite entre les services de sécurité et de renseignement sera décisive dans cette guerre. Cela requiert un engagement politique ferme et sans équivoque de la part des gouvernements respectifs. Mais cela sera souvent un arrangement plutôt discret, à travers un réseau, comme les services secrets le font depuis longtemps car, et ce n'est pas la moindre raison, bien des gouvernements dont la coopération est essentielle ont peu d'intérêt à voir celle-ci devenir un sujet local de controverse politique. C'était différent durant la guerre froide car l'affrontement était à la fois sécuritaire et idéologique. Il fallait que la cohésion soit visible. C'était un acte de loyauté idéologique autant que l'expression d'un engagement militaire et un nécessaire soutien à la politique de dissuasion. Par contraste, l'alliance dans la lutte contre les terroristes est pragmatique et son seul objectif est la sécurité. Plus elle devient ostensiblement idéologique, plus elle est sujette à controverse dans les pays dont la contribution à la stratégie commune est importante. Pendant la guerre froide, un pays occidental optant pour le communisme ou un pays de l'Est adoptant la démocratie aurait fragilisé son alliance respective ainsi que la politique de dissuasion. Dans la guerre contre le terrorisme, la discipline idéologique n'améliorerait pas l'effort de sécurité et lui serait, au contraire, néfaste.

En même temps, les dilemmes moraux de cette guerre seront plus aigus. À première vue, ils peuvent sembler plus simples : pourchasser et tuer des terroristes politiques ou religieux qui sont déterminés à utiliser la force contre des citoyens innocents pour faire pression sur leur gouvernement pose des problèmes moraux moins angoissants que de mettre en danger des populations en attaquant leur pays, en l'occupant ou encore, cas extrême, en utilisant l'arme nucléaire. En y regardant de plus près, un autre tableau se dessine. L'usage de la force contre des infrastructures terroristes dans des pays vulnérables, États faillis ou voyous, imposera une souffrance supplémentaire à des populations déjà sous pression. Mais une autre considération est encore plus importante : les terroristes défendent des causes. Leurs combats, affirment-ils, soutiennent de justes causes. Et pour l'opinion publique de ces régions et d'ailleurs, ces causes sont, jusqu'à un certain degré, justifiables, voire justes. La guerre contre le terrorisme doit être menée avec la conscience que les terroristes sont l'émanation de griefs fondés et compréhensibles. Pas même la plus abominable attaque suicide palestinienne contre des civils israéliens n'a pu éliminer la sympathie de base pour un peuple luttant contre l'occupation.

La supériorité de la force étatique par rapport à la force terroriste va encore ajouter à ces préoccupations morales. On peut parler de guerre asymétrique dans les séminaires militaires. Mais, en pratique, cela veut dire que la capacité militaire d'États puissants serait déployée contre une bande d'insurgés combattant avec des bombes ambulantes et des voitures piégées. C'est un aspect dont doivent prendre conscience ceux qui réclament, en réponse à la menace terroriste, un effort militaire plus grand encore.

S'il s'agit de guerre, cela ne veut pas dire que la force de ses lois s'applique sans restriction. Les terroristes ne peuvent pas bénéficier des mêmes droits que ceux qui respectent les conventions de Genève et de La Haye. Cela ne signifie pas pour autant qu'aucune règle n'est en vigueur. Nous devons plutôt transposer par analogie les lois de la guerre en les adaptant au nouveau contexte. La règle de proportionnalité doit être respectée tant sur le plan militaire que politique. Le traitement des prisonniers de cette nouvelle forme de guerre devra avoir une base légale. Les tribunaux américains l'admettent petit à petit. Mais ils ont jusqu'à présent réservé leur juridiction aux seuls citoyens américains, ce qui met en avant le besoin de développer une juridiction internationale pour ce qui est, après tout, un crime international. Une telle juridiction n'existe pas aujourd'hui.

C'est pourquoi les arguments en faveur de l'établissement d'une Cour pénale internationale pour juger les activités terroristes sont puissants. Plutôt que de solliciter en vain le consentement des États-Unis pour son établissement, ceux qu'un tel principe intéresse devraient dépenser leur énergie à la création d'une cour spéciale pour les terroristes. Cela comblerait un vide juridique évident, mais cela aiderait également à formuler une définition du terrorisme international qui fasse autorité et que les gouvernements ont, jusqu'à présent, été incapables d'articuler. Les chances d'y parvenir dépendent bien sûr de l'accord des États-Unis. Les partisans de la ligne dure à Washington sont de plus en plus embarrassés par les scandales qui éclatent faute d'avoir laissé des tribunaux militaires nationaux s'occuper de ces affaires. Le sénateur Jesse Helms, grande figure des conservateurs, qui a mené une campagne virulente et fructueuse contre la CPI, a indiqué qu'il adopterait une position différente concernant la mise en place d'une cour internationale pour les crimes terroristes. La nécessité de son existence est encore plus évidente aujourd'hui. Si les gouvernements de l'Europe sont réellement prêts à établir le principe d'une juridiction internationale, ils devraient faire une proposition qui permette de relever le défi terroriste. Une telle initiative convaincrait le plus sceptique des Américains de l'avantage que représenterait un organe international de référence dans la longue guerre contre le terrorisme.

Chapitre 9 / UN COMBAT SUI GENERIS*

Michael J. GLENNON

C'est sous l'angle du « crime » que les gouvernants américains ont commencé à analyser le terrorisme. Dans les années 1990, et même avant celles-ci, ils ont surtout traité les attaques terroristes contre des cibles américaines comme un problème relevant de l'exécution de la loi. Et les outils utilisés pour poursuivre les terroristes étaient ceux de la lutte contre le crime. La réponse à l'explosion d'une voiture en 1993 au World Trade Center en est un exemple typique. Le principal suspect, Ramzi Ahmed Yousef, dont le nom fut ajouté à la liste des dix criminels les plus recherchés (avec une récompense de 2 millions de dollars à la clé), fut arrêté au Pakistan, extradé aux États-Unis, jugé par une cour fédérale et condamné à la perpétuité. Cette approche était semblable à celle adoptée à la suite du plasticage du bureau fédéral d'Oklahoma City en 1995, dont le responsable fut également traité comme un criminel, arrêté, jugé, condamné mais, dans ce cas-là, exécuté. Peu importait que les coupables soient des nationaux ou des étrangers : les terroristes étaient jugés comme des criminels et on estimait que les moyens traditionnels pour dissuader le crime, pour le prévenir, étaient tout aussi efficaces pour prévenir le terrorisme.

On considère généralement que le paradigme a changé le 11 septembre 2001. On avait cependant déjà commencé à s'interroger, avant cette date, sur l'efficacité de l'arsenal juridique existant pour lutter contre le terrorisme. Après l'explosion, en décembre 1988, du vol 103 de la Pan Am à Lockerbie (en Écosse), provoquant la mort de 270 personnes, des porte-parole du Département d'État déclarèrent que les services secrets reliaient ce crime au gouvernement libyen. Un tribunal écossais fut réuni aux Pays-Bas

---

*   *Cet article a été traduit par Nathalie Savary.*

pour juger deux employés du gouvernement libyen. Il fallut cependant attendre treize ans, le mois de janvier 2001, pour que le tribunal juge coupable un des deux accusés et condamne l'autre à la perpétuité, et, selon les critères de la preuve adoptés à l'insistance de la Libye, aucune preuve concernant la responsabilité du gouvernement libyen ne pouvait être admise. Si les principes guidant l'action étaient les principes habituels – nécessité d'une justice rapide et aucune impunité –, l'exemple de Lockerbie montrait qu'il fallait complètement revoir la façon de concevoir le terrorisme.

Le 11 septembre 2001 a confirmé le sentiment américain qu'il n'était plus approprié de traiter les terroristes comme des criminels ordinaires. Le Conseil de sécurité des Nations unies se réunit immédiatement et sembla admettre la possibilité d'un recours à la force contre les responsables de l'attaque. Dans un discours à la nation, le président Bush énonça une nouvelle doctrine selon laquelle les États abritant des terroristes seraient également comptables des actes de ces derniers. Cela constituait une nouvelle orientation du paradigme : apparemment, pour lutter contre le terrorisme, les États-Unis pourraient dorénavant avoir recours aux outils des militaires plus qu'à ceux de la police. Le terrorisme serait ainsi abordé sous l'angle de la guerre et non comme un problème criminel.

En fait aucun de ces deux paradigmes ne s'applique vraiment au terrorisme. La guerre et l'application de la loi diffèrent sous sept aspects décisifs :

1. Le coupable diffère d'un paradigme à l'autre : dans le paradigme de la guerre, traditionnellement, il s'agit d'un État ; dans celui du crime, il s'agit d'un individu.

2. La victime n'est pas la même d'un paradigme à l'autre : dans celui de la guerre, la victime est un État ; dans le paradigme du crime, c'est un individu.

3. Les lois susceptibles d'être appliquées sont également différentes : dans le premier paradigme, ce sont celles qui proviennent du droit international ; dans le second, du droit pénal interne.

4. Il en est de même pour le corps chargé d'appliquer les lois : d'un côté, ce sont les militaires ; de l'autre, c'est la police.

5. Les recours possibles : dans le premier paradigme, c'est la destruction des vies et des biens ; dans le second, l'arrestation.

6. La durée d'exercice de l'autorité : dans le premier, elle cesse avec la fin des hostilités ; dans le second, lorsque la peine infligée au coupable est purgée.

7. La victoire n'est pas du même ordre : dans le premier cas, elle a lieu lorsque l'ennemi est battu ; dans le second, lorsque l'accusé est mis en prison.

Telles sont les deux catégories classiques, mais ni l'une ni l'autre ne constitue une case appropriée pour le terrorisme. Le terroriste n'est ni un État ni un individu mais un groupe transnational souvent en relation symbiotique avec un État voyou ou en décomposition comme l'Afghanistan. La victime du terrorisme est à la fois l'État et l'(les) individu(s). Les règles susceptibles de s'appliquer de façon appropriée ne proviennent ni du droit international ni du droit interne mais d'un mélange des deux. Le corps chargé d'appliquer ces règles est souvent constitué d'un mélange d'unités de police et militaires sous forme de forces de renseignement ou d'opérations spéciales. Contre les terroristes, on a recours aux destructions comme aux arrestations. Le moment de l'arrêt de la lutte est flou. Et la victoire est proclamée lorsqu'il n'y a plus d'attaque terroriste.

Les deux derniers points de la comparaison demandent à être explorés car chacun pointe le caractère inapproprié des deux paradigmes. Il est facile de voir en quoi l'application simpliste du modèle de la guerre ne permettrait pas d'apprécier correctement le moment adéquat pour libérer les prisonniers terroristes. D'après le modèle de la guerre, explicité dans les quatre conventions de Genève de 1949, les prisonniers doivent être libérés à la fin des hostilités. Mais le terrorisme a constitué un fléau pour l'humanité depuis la nuit des temps et il y a peu de chances qu'il disparaisse de si tôt. Si les prisonniers peuvent être incarcérés jusqu'à ce que la « guerre » au terrorisme soit terminée, tous les prisonniers pourront être condamnés à la prison à vie – quelle que soit la gravité de leur délit. Ceci s'accorde difficilement au principe de l'adéquation de la peine au « crime ». D'un autre côté, considérer le terrorisme comme un simple crime signifierait que le terroriste devrait être libéré à la fin de sa peine. Selon les principes de base de la justice criminelle, personne ne doit être incarcéré simplement parce qu'il est « mauvais » mais uniquement pour un délit caractérisé et pour une durée déterminée à l'avance. En même temps, relâcher chaque terroriste à une date fixée d'avance peut se révéler catastrophique. Certains détenus sont sans aucun doute des individus dangereux ayant la formation et la motivation nécessaires pour infliger le plus de mal possible au maximum d'innocents possible. Le ministère américain de la Défense a d'ailleurs indiqué qu'au moins cinq personnes ayant été libérées de Guantanamo sont retournées en Afghanistan pour y rejoindre à nouveau les éléments en guerre contre les États-Unis. Si, comme on le dit souvent, la Constitution américaine n'est pas un pacte suicidaire, il doit en être de même pour le droit international.

Que peut-on *réellement* qualifier de victoire contre le terrorisme ? Pour certains, le test adéquat est évident : si les attaques terroristes ont cessé ou non. Par voie de conséquence, disent-ils, on ne peut affirmer que le terrorisme est vaincu tant que se produisent des attaques. On comprend la logique de ce raisonnement ; rares sont ceux qui seraient convaincus que le terrorisme est vaincu si se produisait une nouvelle attaque, de l'ampleur de celle du 11 septembre. En ce sens, le paradigme de la guerre est certes adéquat : ce n'est pas fini tant que ce n'est pas fini et « ce » signifie le mal qui a donné naissance au combat.

Mais, à nouveau, la comparaison n'est pas entièrement pertinente. Il est toujours possible que les garde-fous les plus sûrs, installés avec le maximum de prévoyance, soient détruits. Les terroristes, comme la police et les militaires auxquels ils s'attaquent, peuvent avoir de la chance. Cela ne signifie pas pour autant que ceux qui tentent de s'en protéger aient échoué. Ils réussissent lorsqu'ils installent des garde-fous conçus en fonction des menaces prévisibles. Ils échouent lorsque ces garde-fous sont, *soit* trop lâches, *soit*, au contraire, beaucoup trop draconiens par rapport aux menaces raisonnablement prévisibles. On pourrait mettre fin au terrorisme en enfermant chaque individu de tout le pays dans une camisole de force, mais un tel succès, à partir de telles mesures, pourrait difficilement être qualifié de « victoire ». La suppression à grande échelle des libertés individuelles et de la liberté politique conduirait à une victoire mais aussi à une défaite. Aussi pénible que cela puisse être, les Américains, et d'autres d'ailleurs, auraient intérêt à réfléchir à ce à quoi ils *ne veulent pas* renoncer pour éviter une catastrophe telle que celle qui s'est abattue sur les États-Unis le 11 septembre. Pour la plupart d'entre eux, la liste des libertés chéries serait sûrement longue.

Pour un gouvernement qui veut offrir « une bonne vie » à son peuple, cela consiste à faire des compromis raisonnables. Limiter le terrorisme tout en préservant les libertés constitue également un bon compromis. Le plus souvent, ni le paradigme de l'exécution de la loi ni celui de la guerre ne permettent de réaliser ces compromis de façon raisonnable. Nous avons besoin d'un nouveau paradigme qui permette de concilier la liberté et la sécurité ; on trouvera cette nouvelle approche dans une nouvelle gamme de compromis. Il est trop tôt pour savoir quelle en sera la structure. Pour une bonne part, cela dépend de ce qui va se passer dans un avenir proche. Si un engin nucléaire éclate dans une ville importante des États-Unis ou d'Europe, il est sûr que les compromis seront d'un autre ordre que s'il n'y a pas de nouvelle attaque terroriste. La seule chose que nous puissions dire à ce stade est que l'Europe et les États-Unis semblent adopter des voies très différentes pour parvenir à ces compromis.

En analysant ce processus, de nombreux Européens se focalisent à tort sur ce que disent les Américains plutôt que sur ce qu'ils font. Ils se laissent prendre à l'éternelle rhétorique du « avec ou contre nous », du Bien contre le Mal. Ils en déduisent que les États-Unis adoptent une position manichéenne vis-à-vis non seulement des terroristes eux-mêmes mais également des pays ayant une position plus ambiguë face, disons, au fondamentalisme islamique et aux sources de financement terroriste. En réalité, la façon dont les Américains ont identifié l'État impliqué dans l'attentat du 11 septembre, l'Afghanistan, puis traité le problème, fut tout sauf irréfléchie. De la même façon, la politique américaine vis-à-vis de ses alliés intermittents, l'Arabie Saoudite, le Pakistan, l'Indonésie et autres, fut tout sauf simpliste. Et leur approche des institutions internationales où la lutte contre le terrorisme est menée – comme le Conseil de sécurité de l'ONU et l'Agence internationale pour l'énergie –, organismes dans lesquels ils n'ont pas toujours eu le dessus, fut tout sauf immodérée.

Si les Européens considéraient plus attentivement la façon dont les Américains agissent réellement (et non pas ce qu'ils disent), ils observeraient que ceux-ci se tournent, de façon pragmatique, vers un nouveau paradigme, cherchant pas à pas une nouvelle voie, hésitant entre la tentation d'un compromis face à un autre, soupesant les besoins concurrents, tout en gardant présent à l'esprit le coût d'une erreur. L'approche américaine repose plus sur l'expérience que sur la logique. Pour eux, les catégories sont malléables et les principes adaptables. Ils se concentrent sur ce qui marche ; pour la plupart d'entre eux, la guerre contre le terrorisme constitue un problème de navigation : aller du point A au point B.

Ce qui ne signifie pas que les Européens suivraient la voie américaine, même bien comprise. La leur, en effet, est fondamentalement différente. En réalité, ce sont eux qui considèrent la lutte contre le terrorisme comme une lutte aux profondes implications morales. Ils évaluent les résultats de cette lutte à l'aune de critères moraux – encore que séculiers au sens kantien –, mais ces critères, en dernière analyse, reposent sur la croyance que les mêmes règles « universelles » doivent s'appliquer à tout.

Pour eux, les critères internationaux sont autonomes et indépendants des valeurs politiques des différents acteurs. Les normes peuvent et doivent être appliquées de façon stricte et sans variantes. Les Européens semblent croire que ces normes sont accessibles à tous ceux qui « pensent bien » et que la conduite d'une nation – dans le domaine de la lutte contre le terrorisme ou dans n'importe quel autre – doit suivre ces normes et uniquement ces normes.

Les Européens pourraient sûrement soutenir que l'Irak en fournit un contre-exemple frappant ; n'est-ce pas un exemple classique d'une action américaine menée de façon idéologique et moraliste plutôt que de façon pragmatique, étant donné l'indéniable possibilité qu'elle ne conduise à créer davantage de terroristes qu'à en tuer ? En réalité, si on se concentre sur ce que les États-Unis ont *fait* plutôt que *dit* – non pas leurs discours sur les armes de destruction massive mais ce qu'ils ont fait en éliminant un régime semblant avoir et la capacité et la volonté de leur nuire, sinon maintenant, du moins dans un avenir indéterminé –, on voit qu'ils ont fait ce qui, de façon pratique, était nécessaire pour atteindre leurs objectifs sans bafouer les normes internationales. (Comme l'indiquent mes remarques à propos du terrorisme[1], je ne suis pas d'accord avec l'idée qu'il existe des règles internationales d'emploi de la force.) La question n'est pas de savoir si les politiciens américains ont bien analysé la situation ou non : leur processus de décision a été fondamentalement pragmatique, il a reposé non pas sur la logique mais sur l'expérience.

En résumé, le processus de décision privilégié par les acteurs politiques américains a été un processus d'analyse coût-bénéfice classique, aux calculs simples et *ad hoc* – du moins jusqu'ici –, sans tenter de se donner un cadre global formellement intégré. De là, pensaient les Américains, émergeraient progressivement les contours d'un nouveau paradigme. Dans leur logique, formaliser ces éléments à ce stade serait prématuré ; cela risquerait d'en gommer certains qui pourraient se révéler décisifs à la lumière d'autres expériences ou donner un poids injustifié à une expérience récente qui pourrait par la suite se révéler atypique. À une autre étape, le processus peut certes produire des résultats susceptibles de s'intégrer dans un modèle du genre de ceux que l'on trouve dans les traités habituels mais, à ce stade, les Américains considèrent que formaliser ainsi des règles fixes et rapidement élaborées risquerait de geler le développement d'un nouveau paradigme.

L'approche américaine, que l'on peut décrire comme un réalisme pragmatique, est appropriée non seulement au développement d'un paradigme plus nuancé pour faire face au terrorisme mais également à leur approche du droit en général. Un dernier commentaire à propos de cette approche pourra être éclairant dans la mesure où, sur beaucoup de points clés, à nouveau, elle paraît très différente de l'approche que de nombreux Européens (continentaux) ont du

---

1. *Voir chapitre* infra, « *Droit, légitimité et intervention militaire* ».

droit. Aucun texte n'a davantage influencé la représentation américaine du droit que celui d'Oliver Wendell Holmes, « The Path of the
Law » (« Le chemin de la Loi »), paru en 1897 dans la *Harvard Law
Review*. L'influence des écrits de Holmes aux États-Unis explique en
grande partie les divergences entre les réponses américaines et
européennes à quatre questions décisives : quelle est l'origine des
règles juridiques ? Comment savons-nous en quoi elles consistent ?
Pourquoi le système fonctionne-t-il ainsi ? Que pouvons-nous faire
pour avoir de meilleures règles ? Holmes apporte une réponse
succincte à chacune de ces questions.

Quelle est l'origine des règles juridiques ? Avant tout, Holmes
était un empiriste et un pragmatique. « La loi ne naît pas de la
logique : elle naît de l'expérience. Les nécessités de l'époque, les
théories morales et politiques dominantes, les intuitions de la
politique publique, exprimées ou inconscientes, les préjugés
mêmes que les juges partagent avec leurs concitoyens, ont beaucoup plus d'influence que le syllogisme sur la détermination des
règles devant gouverner les hommes » écrit-il dans un propos
devenu célèbre. Il n'existe donc aucune « source originelle dans le
ciel », aucun principe de loi naturelle que tous les humains
devraient nécessairement admettre. Les concepts de loi naturelle
comme l'universalité des droits de l'homme et la notion de « cause
juste » pour mener une « guerre juste » sont intellectuellement
incohérents. Et, poursuit-il, il n'y a aucun sens à raconter des
histoires de fantômes à des gens qui ne croient pas aux fantômes.
Aujourd'hui, nous savons bien que les règles n'existent pas
« quelque part », attendant d'être découvertes, mais plutôt qu'elles
sont faites par des humains – ce qui est particulièrement important dans un système basé sur le consensus comme le droit international. Dans un système volontariste, ce que les États font a
autant d'effet sur le plan juridique que ce qu'ils disent, car les faits

permettent mieux que les mots de saisir les règles que les États reconnaissent réellement.

Comment connaissons-nous les règles que les États ont vraiment acceptées ? Ici vient la célèbre « théorie de la prédiction » de Holmes : « Un devoir légal ainsi qualifié n'est rien d'autre que la prédiction que si un homme accomplit ou omet d'accomplir certaines choses, d'une façon ou d'une autre, il en supportera les conséquences négatives résultant d'une décision de justice... Ce que j'appelle loi n'est rien d'autre ni quoi que ce soit de plus prétentieux que des prophéties sur ce que les cours feront effectivement. » Dans l'ordre international, il n'existe pas de cours semblables à celles qui siègent dans les systèmes juridiques internes. Il vaut mieux s'interroger sur la façon dont d'autres États ou organisations internationales réagiraient à d'éventuelles violations des règles. Sur quoi se baserait un bon juriste pour prédire les réactions des États ? Le point de départ serait bien évidemment ce que les États disent – les règles qu'ils sont censés respecter – comme les articles 2(4) et 51 de la Charte des Nations unies. Les règles pèsent sur le comportement des États. Mais il n'y a pas qu'elles. Un bon juriste, pour prédire les réactions à d'éventuelles violations, prendrait également en considération les précédents et le contexte. La disparité des réactions de la communauté internationale à l'emploi de la force au Kosovo et en Irak est instructive. L'accord est général pour considérer que l'usage de la force par l'OTAN en 1998 en Yougoslavie violait la Charte des Nations unies. Le cas de l'Irak constituait un exemple plus discutable ; les États-Unis et la Grande-Bretagne ont présenté des arguments raisonnables selon lesquels le Conseil national de sécurité des Nations unies avait autorisé leur action. Si les règles constituaient les seuls ou les principaux déterminants de la conduite d'un État, on aurait pu s'attendre à une condamnation beaucoup plus largement répandue de l'action de l'OTAN au

Kosovo que de celle des Américains et des Anglais en Irak, puisque l'argument juridique en faveur de l'invasion de l'Irak était beaucoup plus fort que celui en faveur de l'action au Kosovo. Ce fut cependant exactement l'inverse : l'action au Kosovo suscita un soutien international beaucoup plus important que l'invasion de l'Irak. Ainsi, un bon juriste ne s'intéresserait pas seulement aux règles formelles pour prédire ce que feront les États – pas seulement aux mots utilisés –, mais également à leurs actes. Un bon juriste examinerait le nombre de fois où la règle est bafouée avant de dire « ce que la loi est ». Et ainsi, avant de prédire si une règle comme l'article 2(4) sera respectée, il observerait qu'elle a été violée des centaines de fois depuis 1945 et se demanderait si les termes de cet article constituent réellement une règle que les États acceptent ; si c'est le cas, il serait en mesure de demander pourquoi ceux-ci n'ont pas prévu, en cas de violation, des mesures suffisamment dissuasives pour en garantir le respect ?

Pourquoi le système fonctionne-t-il ainsi ? La théorie du « mauvais homme » de Holmes apporte une réponse : « Si vous voulez connaître la loi et rien d'autre, vous devez la voir comme un homme mauvais, qui ne se préoccupe que des conséquences matérielles qu'une semblable connaissance lui permet de prédire, et non comme un homme bon, qui trouve ses raisons d'agir soit dans la loi, soit à l'extérieur, dans la vague sanction de sa conscience. » Transposons cette approche au système juridique international et envisageons une « théorie du mauvais État » : quels sont les éléments que prennent en considération la Corée du Nord ou l'Iran lorsqu'ils envisagent de violer les règles internationales ? Et les responsables de l'OTAN, lorsqu'ils examinent la possibilité d'une action au Kosovo ? Pour Holmes, les uns et les autres effectuent une analyse du rapport coût-bénéfice de cette action – tous analysent le coût d'une éventuelle pénalité et se demandent s'ils peuvent amortir ce coût. C'est ainsi que fonctionne le système juridique international : les États effectuent des calculs serrés, sans faire de sentiment, soupesant les coûts des violations de la prétendue règle par rapport aux gains rapportés par leur respect. Non que les règles ne soient pas pertinentes ; les règles constituent un facteur, mais *pas le seul*. La qualité du gouvernement d'un pays, le pouvoir des électeurs, la structure du système international, toute une gamme d'autres facteurs pèsent également sur les décisions des États de violer ou non « la loi ». Ceci explique pourquoi la régulation internationale de l'emploi de la force internationale demeure avant tout une affaire politique et non juridique – et également pourquoi le nouveau paradigme de contrôle du terrorisme demeure, à ce premier stade de son développement, bien davantage une question de compromis politiques au coup par coup qu'un cadre juridique structuré.

Et enfin, dernière question : comment produisons-nous les règles qui marchent ? Réponse de Holmes : « Soyons pragmatiques et réalistes. » Voyons ce qui marche et ce qui ne marche pas en analysant les traces historiques des règles. « Une page d'histoire vaut un volume de logique. » Reconnaissons que les règles juridiques ne sont effectives que lorsque « les impératifs du moment » sont en accord avec la loi ; que les règles ne sont vraiment admises et respectées que lorsque l'environnement les porte suffisamment. Ces conditions impliquent, entre autres points, un consensus sur les valeurs implicites, une relative égalité entre les acteurs au sein du système, que personne n'agisse en profiteur, ou, du moins, qu'existe une transparence suffisante pour permettre qu'il soit identifié et sanctionné, et un niveau de confiance suffisant pour permettre la coopération. Aucun nouveau paradigme permettant de lutter contre le terrorisme ne sera efficient sans conditions favorables. À ce stade précoce de développement de ce paradigme, nous ignorons tout de ce que sont ces conditions, et encore plus de ce que nous devrions faire pour en favoriser l'existence. Il est probable que ces conditions varieront d'une région à l'autre, tout comme elles ont varié au cours de l'histoire, et il est donc possible que des règles différentes puissent finir par dominer dans la serre kantienne de l'Europe que Bob Kagan a décrite plutôt qu'en Asie, où un système d'équilibre des puissances dans le style du XIXe siècle existe, ou qu'en Afrique, où on ne peut discerner aucun système identifiable. Il en résulte que concevoir de « bonnes règles » dans l'abstrait est comme décider de planter des tulipes sans se préoccuper de savoir si la terre est bonne ou non. Cela ne peut marcher.

Telles sont les doctrines implicites mais fondamentales qui semblent avoir guidé l'approche américaine dans l'élaboration de nouvelles règles pour lutter contre le terrorisme. Rien, bien sûr, ne nous permet de croire que ceci, ou toute autre approche, garantira des résultats conformes à la loi ou judicieux. En 2004, la Cour suprême américaine a rejeté une demande de l'exécutif qui prétendait pouvoir indéfiniment maintenir en prison et interroger de prétendus membres d'Al-Quaida ou Talibans arrêtés sur le champ de bataille sans jamais apporter des preuves des accusations portées contre eux ou leur fournir des avocats. À l'administration, la Cour suprême a répondu que les détenus avaient le droit d'en appeler aux cours américaines. S'il n'y a aucun doute que le départ de Saddam Hussein est un point positif, il n'est pas évident, pour autant, à ce stade que les bénéfices à long terme de son éviction en compenseront les coûts à long terme. Le pragmatisme ne garantit pas la sagesse.

Il n'y a cependant aucune raison d'accepter l'allégation selon laquelle l'approche américaine qui conduira à un nouveau paradigme est soit nihiliste, ou machiavélienne, soit immorale d'une autre manière. Pour paraphraser Hans Morgenthau, il ne s'agit pas d'une opposition entre la moralité et l'immoralité, mais entre un type de moralité politique et un autre : le premier tirant ses critères d'une préférence subjective déguisée en loi universelle, le second reconnaissant qu'on n'échappe pas à la relativité, à la contingence, au contexte, aux situations spécifiques et incommensurables ; l'un considérant les règles juridiques comme échappant au pouvoir, l'autre comme des artefacts du pouvoir ; l'un jugeant que l'obligation précède l'expérience, l'autre qu'elle en découle ; l'un marchant au rythme des préjugés, de l'idéologie et du dogme, l'autre se déterminant à partir du possible, du pratique, du pragmatisme ; l'un, enfin, procédant à partir de certitudes et de croyances, l'autre du doute et du scepticisme.

Troisième partie

Légitimité
et autorité

Chapitre 10 / DROIT, LÉGITIMITÉ ET INTERVENTION MILITAIRE[*]

Michael J. GLENNON[1]

Si le droit international est fondé sur l'assentiment des États, si ceux-ci ne sont liés, en fait, que par les règles qu'ils acceptent, c'est cette acceptation qu'il importe tout d'abord d'évaluer à propos d'une règle de droit donnée. La réponse sera toujours fonction de la totalité des dires et des actes des États, de *tous* les éléments factuels, formels et informels, susceptibles d'indiquer à quelles règles ils sont réellement disposés à se soumettre. Une conduite non conforme à la règle est donc extrêmement probante.

Par exemple, pour déterminer si le paragraphe 4 de l'article 2 de la Charte des Nations unies[2] représente une obligation en droit international, plusieurs commentateurs attachent une grande importance, à juste titre, au nombre de cas où il a été enfreint. Ce qu'écrit Thomas Franck est ici très éclairant :

« Traditionnellement, on considère qu'un principe normatif n'entre dans le droit coutumier qu'après avoir été confirmé par la pratique, c'est-à-dire après que les acteurs internationaux susceptibles de le violer ont prouvé par leur comportement, et dans leur grande majorité, qu'ils y adhèrent effectivement. Les normes d'usage citées par la Cour [dans l'arrêt *Nicaragua*] bénéficient tout au plus de l'adhé-

---

[*] *Cet article a été traduit par Rachel Bouyssou.*

1. Ce chapitre est adapté de mon article « How International Rules Die », Georgetown Law Journal, 2005. © 2005, traduit avec l'autorisation de la revue.

2. « Les membres de l'Organisation s'abstiennent, dans leurs relations internationales, de recourir à la menace ou à l'emploi de la force, soit contre l'intégrité territoriale ou l'indépendance politique de tout État, soit de toute autre manière incompatible avec les buts des Nations unies. »

sion de quelques États, et seulement dans certains cas ; elles ont hélas été bafouées impunément dans deux cents cas au moins de conflit militaire depuis la fin de la Seconde Guerre mondiale[3]. »

En 1970, Franck avait annoncé avec force la « mort de l'article 2(4)[4] » : « La pratique de ces États a si gravement mis à mal [la confiance mutuelle dans] les préceptes de l'article 2(4) [...] qu'il n'en reste que les mots [...]. Dans les vingt-cinq années qui se sont écoulées depuis la conférence de San Francisco, une centaine de conflits violents entre États ont éclaté[5]. » « Ce qui a tué l'article 2(4), c'est l'énorme disparité entre les normes qu'il visait à établir et les objectifs pratiques que les nations se donnent à des fins d'intérêt national[6]. » Vingt ans plus tard, l'article 2(4) était toujours mort : « L'énorme corpus de "droit" international qui prohibe l'intervention directe ou indirecte d'un État dans les affaires intérieures d'un autre et exclut l'usage agressif de la force par un État contre un autre [...] ne dit malheureusement rien de la façon dont va le monde[7]. » En 2003, après l'invasion américaine de l'Irak, Franck confirmait que l'article 2(4) était « mort une fois de plus, et cette fois peut-être pour de bon[8] ».

---

3. Thomas M. Franck, « *Some Observations on the ICJ's Procedural and Substantive Innovations* », American Journal of International Law (AJIL), *81, 1987, p. 116 et suiv. (p. 119).*

4. *Thomas M. Franck, « Who Killed Article 2(4) ? », AJIL, 64, 1970, p. 809 et suiv. (p. 809).*

5. Ibid., *p. 810-811.*

6. Ibid., *p. 837.*

7. *Thomas M. Franck,* The Power of Legitimacy among Nations, *Oxford, Oxford University Press, 1990, p. 32.*

8. *Thomas M. Franck, « Future Implications of the Iraq Conflict : What Happens now ? The United Nations after Iraq »,* AJIL, *37, juillet 2003, p. 607 et suiv. (p. 610).*

Il est loin d'être le seul auteur à voir les choses ainsi. En 1986, Jean Combacau, après avoir passé en revue la pratique des États dans les domaines concernés par la Charte, concluait que « la communauté internationale ne croit plus au système de la Charte, [elle] est revenue en réalité à sa situation de 1945, autrement dit à l'état de nature[9] ». Richard Falk pense que « la renonciation inscrite formellement [dans la Charte] à l'usage non défensif de la force [...] n'entrave guère les États. Cet affaiblissement du pouvoir restrictif de la norme se manifeste par des définitions de plus en plus larges de ce qui est défensif, ainsi que par la multiplication des cas de recours unilatéral à la force par des États souverains. L'une des conséquences en est de transformer les règles de comportement inscrites dans la Charte des Nations unies en vagues idéaux[10] ». « Par leur pratique habituelle, observe Anthony Arend, les États ont retiré leur consentement » à l'article 2(4) ; prétendre qu'il est toujours en vigueur, c'est nier « le caractère dynamique du droit international[11] ». Et Falk de conclure : « Les efforts accomplis pour encadrer l'usage de la force dans les relations entre États par le droit ont été pratiquement réduits à néant[12]. »

La prémisse sur laquelle reposent ces remarques paraît claire : c'est que, s'il est souvent difficile d'inférer l'assentiment des États de leur comportement, il y a au moins une situation où il *est*

---

9. Jean Combacau, « *The Exception of Self-Defense in United Nations Practice* », dans A. Cassese (ed.), The Current Legal Regulation of the Use of Force, *Dordrecht, Martinus Nijhoff Publishers, 1986, p. 9 et suiv. (p. 32).*

10. Richard Falk, Revitalizing International Law, *Ames (Iowa), Iowa State University Press, 1989, p. 96.*

11. *Anthony Clark Arend,* Legal Rules and International Society, *Oxford, Oxford University Press, 1999, p. 75.*

12. *Richard Falk,* Revitalizing..., op. cit., *p. 96-97.*

possible de dire dans quelle mesure une règle de droit affecte ou non les comportements effectifs : c'est lorsqu'un très grand nombre des actes des États viole la règle en question. Lorsqu'une règle de droit international a été, de manière répétée et sur une longue période, enfreinte par un nombre significatif d'États, il n'y a plus de raison de penser que les États se sentent liés par elle. Certes, comme il est difficile d'identifier le moment précis où la balance penche, il peut y avoir divergence d'opinions sur le point de savoir si telle ou telle norme peut encore être considérée comme une règle de droit. Mais il arrive un moment où les pratiques contraires à une norme en viennent à peser trop lourd pour qu'on puisse encore penser que les États acceptent vraiment cette norme comme obligatoire ; à un moment donné, « la non-observance devient de la non-loi[13] ». J'ai montré ailleurs qu'une règle dont le statut juridique est ainsi devenu branlant reçoit alors souvent le coup de grâce du « principe de liberté », car celui-ci a pour effet que l'incertitude est tranchée en faveur de l'État décidé à agir. Mais la conclusion est la même. Arrivée à ce stade, la règle est tombée en désuétude, elle n'est plus obligatoire. Elle est passée, pour reprendre les termes de Roscoe Pound, du « droit en action » au « droit dans les livres »[14]. Si une règle est enfreinte par un nombre significatif d'États pendant une période significative, elle cesse, pour moi, d'être du droit international. Elle peut encore, à l'instar d'une norme sociale, exercer une certaine pression sur les pratiques. Elle peut rester valide comme droit régional (il est tout à fait possible que des normes différentes

---

13. *Cette formule concise est du professeur Robert Beck. Remarques de Robert J. Beck, « Glennon and his Critics », discussion de panel, Montréal, International Studies Association, 19 mars 2004.*

14. *Roscoe Pound, « Law in Books and Law in Action »,* American Law Review, 44, 1910, p. 12 et suiv.

sur l'usage de la force s'imposent en Europe et, par exemple, en Afrique). Elle peut être du « droit *soft* », si cette expression a un sens. Mais ce n'est plus du droit *international*, ce n'est plus une loi à laquelle adhère la communauté internationale dans son ensemble. Si la communauté des nations se comporte comme si certaines règles n'existaient pas, elles n'existent pas, et si elles n'existent pas, elles ne lient personne. Elles deviennent une « réminiscence historique », qui s'attarde dans les traités érudits, les tracts utopiques et les documents diplomatiques, mais qui n'est plus capable de pousser les hommes à agir[15].

Maintenant que j'ai exposé ma thèse, voyons les objections qu'elle soulève. La critique la plus immédiate, émise par les profanes, les étudiants et même certains juristes, est que la loi n'est pas changée par sa violation : il se commet tous les jours des meurtres, des vols et des viols, mais personne n'irait dire que les lois qui les prohibent s'en trouvent annulées. « Dans un système juridique, qu'il soit international ou national, enfreindre la loi ne la fait pas disparaître[16]. » C'est vrai, bien sûr, en droit interne. Mais le problème évident de cette objection, c'est qu'elle suppose que l'identité des législateurs est la même en droit international et en droit interne. Il n'en est rien. Dans le second, les lois ne sont pas faites directement par les acteurs du système juridique. Elles sont faites par les législateurs, ou par les dictateurs, ou par d'autres gens encore, mais pas par les simples citoyens. Les actes d'un bandit qui attaque des banques n'affectent donc pas la validité de la loi qui

---

15. Hans Morgenthau, « *The Twilight of International Morality* », Ethics, *59, janvier 1948, p. 79 et suiv. (p. 98).*

16. Anne-Marie Slaughter, « *Response : Stayin' Alive. The Rumors of the UN's Death Have Been Exaggerated* », Foreign Affairs, *juillet-août 2003.*

interdit d'attaquer les banques. Mais, en droit international, les acteurs mêmes du système – les États – sont aussi les législateurs ; leurs actes ont des effets juridiques directs. S'ils violent une règle coutumière de manière répétée, cela a pour effet de modifier ou d'éliminer cette règle. Les internationalistes se cassent la tête depuis longtemps pour comprendre comment, dans un système juridique, l'illégalité devient à un moment donné de la légalité, ou *vice versa.* Mais il est clair qu'à un moment donné, cela se passe. Après tout, c'est ainsi que les normes coutumières changent. Si elles ne le faisaient pas, l'esclavage et les autres pratiques considérées aujourd'hui comme des atteintes aux droits de l'homme seraient encore autorisés.

Mais il existe contre ma conception de la désuétude des objections de poids. La première est évidente : c'est qu'elle ne donne aucun moyen de savoir quand et où se produit le basculement. En l'absence d'un test objectif pour déterminer quand la ligne est franchie, nous dit-on, cela ne sert pas à grand-chose de savoir qu'une règle peut cesser de s'imposer. Une théorie de la désuétude, pour être utile, doit donner une idée du moment où ce point est atteint. Deuxièmement, les infractions à la règle ne sont pas commensurables. Certaines d'entre elles – par exemple, l'usage de la force par l'OTAN contre la Yougoslavie en claire violation de l'article 2(4) – paraissent intuitivement peser moins lourd que d'autres – par exemple, l'invasion de l'Ouganda par la Tanzanie en 1979. Troisièmement, il n'est pas toujours évident de délimiter ce qui a constitué la violation. Par exemple, on ne sait pas toujours si l'on est en droit de diviser un « conflit » en plusieurs « incidents » : faut-il considérer la « Première Guerre mondiale africaine », comme l'a appelée Madeleine Albright – un grand conflit impliquant neuf États pendant quatre ans et faisant quatre millions et demi de morts –, comme une seule guerre ou comme une série d'incidents distincts ?

On ne sait pas très bien non plus dans quelle mesure l'article 2(4) s'applique à l'intervention extérieure en cas de guerre civile. Nombre d'auteurs se sont efforcés de dénombrer et de classer les différents conflits et emplois de la force qui ont eu lieu depuis 1945, mais des désaccords considérables persistent sur les résultats, ce qui n'a rien d'étonnant. Quatrièmement, on nous dit que la coutume serait incapable de supplanter une règle dépassée contenue dans un traité tant que celle-ci ne serait pas répudiée explicitement, c'est-à-dire par des mots. Enfin, le fait que la non-observance nous donne une certaine information ne signifie pas nécessairement qu'elle répond complètement à la question. Lorsqu'on cherche à savoir si les États entendent accepter une règle donnée ou la rejeter, il faut considérer tous les cas où la règle a été applicable et tous les cas où elle a été respectée pour pouvoir évaluer si le nombre de violations est ou non significatif. Autrement dit, le nombre de violations ne donnera un signal pertinent sur les intentions des États qu'à condition de le considérer relativement, par comparaison avec le nombre de fois où ceux-ci ont respecté la règle ; il peut sembler énorme dans l'absolu, mais être en réalité insignifiant si on le rapporte à la masse des conduites conformes dont la règle peut être créditée. L'article 2(4) en serait une illustration : tant qu'on ne prend pas en considération le nombre de cas où les États se sont soumis à l'interdiction de l'usage de la force, on ne peut pas savoir si le nombre de violations est significatif.

Une réponse générale à ces objections est qu'elles ne s'adressent pas en réalité au concept de désuétude, mais à toute la méthodologie de la formation du droit international par l'usage. L'idée de point de basculement, par exemple, n'est pas propre à la notion de désuétude. C'est un problème central de la problématique de la formation du droit international coutumier, qui exige le même travail d'enquête pour déterminer le moment où une norme d'usage à l'état naissant devient obligatoire. La doctrine traditionnelle **du** droit international ne nous offre guère, elle non plus, de méthode utile pour nous dire quand ce moment survient. L'instant où se produit la désuétude d'une norme entrée en agonie ne pose pas un problème différent. À un moment, la balance penche ; à un moment, la règle change ; à un moment, l'obligation n'est plus la même. Que la question soit celle de la naissance ou de la mort d'une règle, le processus est identique. La seule différence est que, dans le cas de la désuétude, la règle, au lieu d'être remplacée par des précédents accumulés qui se réifient en une règle nouvelle, est remplacée par des précédents qui fabriquent un ensemble vide.

Ce processus d'accrétion est celui-là même qui fonde la conviction, partagée par la plupart des internationalistes, que traités et règles coutumières sont susceptibles d'évolution. Certains pensent aujourd'hui, par exemple, que l'article 2(4) n'interdit plus l'usage de la force armée pour une intervention humanitaire, ou qu'il est en train de s'éroder (ou d'« évoluer ») dans cette direction. D'autres considèrent que l'article 51 de la Charte n'exige plus, comme condition nécessaire à l'usage défensif de la force, qu'une attaque armée ait réellement eu lieu ; l'orthodoxie dit aujourd'hui que cette règle a évolué, qu'elle a été érodée par la pratique des États pendant six décennies, de sorte qu'elle autoriserait désormais l'usage défensif de la force en réponse à une menace d'attaque imminente. (Cette reformulation n'a curieusement jamais été confirmée par la Cour internationale, qui a laissé passer, dans l'affaire *Plates-formes pétrolières* [*République islamique d'Iran c. États-Unis d'Amérique,* Cour internationale de justice, arrêt du 6 novembre 2003], une excellente occasion d'entériner cette conception adaptative, et dont l'arrêt laisse nettement entendre, au contraire, qu'une attaque armée réelle reste une condition nécessaire.) Mais la prémisse de l'approche adaptative n'est pas différente de celle de la désuétude :

à savoir qu'une pratique non conforme à la règle modifie la règle. Si la pratique non conforme peut changer un peu la règle, elle peut aussi la changer beaucoup, et si elle peut la changer beaucoup, elle peut aussi la vider de son contenu. On ne voit vraiment pas pourquoi une pratique non conforme à l'article 2(4) devrait avoir pour effet de changer l'article 51 mais pas de vider l'article 2(4) de son contenu, comme le prétendent certains. Dévalant de plus en plus vite, comment l'avalanche se serait-elle arrêtée, brusquement et précisément, aux trois quarts de la pente au lieu de glisser jusqu'en bas ? Il n'y a pas de différence conceptuelle entre un processus qui crée une règle nouvelle et la substitue à la règle antérieure, et un processus qui substitue à celle-ci un principe de laisser-faire. De ce point de vue, la désuétude est implicite dans l'apparition de toute nouvelle norme coutumière, puisque celle-ci en repousse nécessairement d'autres hors de l'usage.

L'objection la plus importante concerne le poids à accorder aux infractions des États ; elle est d'ailleurs directement liée à notre discussion sur l'enchaînement causal. Elle est importante parce qu'elle a de vastes ramifications dans le droit international en général et qu'elle a été assez peu étudiée. La question est de savoir si l'on est en droit de ne considérer que le nombre de violations apparentes sans le rapporter au nombre de cas de conformité apparente. L'an dernier, le Canada n'a pas attaqué la Mongolie extérieure ; le Guatemala n'a pas attaqué la Nouvelle-Zélande ; la Syrie n'a pas attaqué le Luxembourg. Les États agissent généralement en conformité avec la règle : n'est-ce pas la preuve qu'ils acceptent d'y être soumis ? Comment pouvons-nous savoir que l'article 2(4) est tombé en désuétude tant que nous ne savons pas le nombre de cas où les États se sont conformés à cette interdiction, tant que nous ne savons pas combien de guerres l'article 2(4) a empêchées ? La difficulté de la question n'est pas propre, là encore, au thème de la désuétude. Le problème se pose chaque fois qu'on se demande si une règle donnée a été modifiée par la pratique. On voudrait alors savoir dans quelle mesure l'existence de la règle a un effet sur le cours des choses.

La Cour internationale de justice a abordé de front cette question dans l'arrêt consultatif *Licéité de la menace ou de l'emploi d'armes nucléaires* du 8 juillet 1996. Il lui était demandé de se prononcer sur l'application d'une prétendue règle interdisant l'emploi ou la menace d'emploi d'armes nucléaires. Or, elle refusa d'admettre l'existence de cette norme, et à juste titre : il était impossible de savoir si le non-usage des armes nucléaires était causé par la règle supposée ou par un autre facteur (par exemple, la morale ou la dissuasion). Pour la même raison, il n'est pas possible de savoir si la décision prise par un État donné de ne pas faire usage de la force contre un autre résulte de l'article 2(4) ou d'autre chose. Qui dira que, durant la crise des missiles de Cuba, c'est le droit international – et non l'instinct de survie des États-Unis, ou la situation politique intérieure, ou la personnalité de John Kennedy, ou un millier d'autres facteurs possibles – qui a fait que les États-Unis ont instauré un blocus naval autour de Cuba plutôt que de l'envahir ou de lancer des frappes aériennes ou de ne rien faire du tout ? Plusieurs facteurs ont sûrement joué, mais il est impossible de quantifier l'influence de chacun. Ces facteurs sont tous, dans un sens non technique, des variables *dépendantes* : chacun d'eux influence et façonne chacun des autres dans le cours même du processus de prise de décision. La personnalité de Kennedy, par exemple, a indéniablement joué sur les facteurs relevant de la politique intérieure mais était aussi influencée par cette politique intérieure, qui elle-même avait des répercussions sur les préférences d'autres États, qui elles-mêmes avaient une influence sur la perception des exigences du droit international, etc. Parce que leur laboratoire est le monde réel, les internationalistes – juristes ou politistes – sont dans l'incapacité de construire une expérience où l'on modifierait une seule variable – par exemple, la personnalité du Président ou la règle de droit – et pas les autres. Ils ne peuvent pas créer un objet de laboratoire où une règle donnée n'existe pas, et faire des expériences pour voir si son absence a un effet sur les comportements. L'impossibilité de reproduire les expériences les prive de la sécurité que procure la « loi des grands nombres », avec pour résultat que l'incertitude empirique bloque l'analyse causale. C'est pourquoi affirmer qu'une règle donnée survit par son « application horizontale[17] » préjuge nécessairement de la réponse à la question même que nous nous posons : comment peut-on savoir que la conduite qui constitue cette « application » supposée est bien la conséquence de la règle ?

Confrontés que nous sommes, dans la pratique analytique, à cette barrière épistémologique que sont les causes entrecroisées et cachées, il est compréhensible que nous portions notre attention non plus sur les actes des États mais sur leurs dires pour tenter de savoir à quelles règles (s'il en est) ils veulent bien se soumettre. Hélas, vouloir retrouver les intentions des États à partir de ce qu'ils déclarent n'est pas plus productif que chercher à tirer des enseignements de ce qu'ils font ; on aura simplement échangé un paquet de difficultés empiriques contre un autre, comme nous allons le voir.

L'argument contre la désuétude repose ici sur l'idée qu'il est possible de savoir quelles règles les États acceptent en écoutant ce qu'ils en disent. Les mots les plus significatifs sont évidemment ceux de la règle elle-même lorsque celle-ci est inscrite dans un

---

17. Lori Damrosch, « Enforcing International Law Through Non-Forcible Measures », Rec. des Cours, 269, 1997, p. 19 et suiv. (p. 24).

traité, comme c'est le cas de l'article 2(4). Puis il y a la rhétorique déployée dans des enceintes comme le Conseil de sécurité des Nations unies, où l'on débat de son interprétation. Mais il n'y a pas de raison de restreindre l'enquête aux forums officiels. Les déclarations des chefs d'État, les communiqués des ministères des Affaires étrangères, les textes votés par les Parlements peuvent confirmer qu'un État considère toujours telle règle comme obligatoire. Tant qu'il ne l'a pas ouvertement répudiée, nous dit-on, le fait même de s'y référer a pour effet d'en reconnaître la validité. C'est du moins ce qu'a affirmé la Cour internationale de justice dans l'affaire *Nicaragua contre les États-Unis d'Amérique* : « Si un État agit d'une manière apparemment incompatible avec une règle reconnue, mais explique sa conduite en invoquant la règle elle-même, les exceptions ou justifications qu'elle prévoit, alors, que la conduite de cet État soit ou non justifiable sur cette base, son attitude n'affaiblit pas la règle mais la confirme[18]. »

Il ne fait aucun doute que, au moins dans certaines circonstances, les paroles des décideurs publics indiquent en effet les intentions de l'État. Mais la question est : quelle est la force probatoire de ces éléments ? Quel poids faut-il accorder à ces mots lorsqu'en face il y a des actes qui les contredisent ?

Dans la réalité, les actes remplacent parfois les mots ; que « les règles sur l'usage de la force n'aient jamais restreint efficacement le recours à la force entre les nations[19] » n'est pas indifférent pour savoir si les États se tiennent pour liés par ces règles. Dans l'affaire

---

18. « *Affaire des activités militaires et paramilitaires au Nicaragua et contre celui-ci* » *(*Nicaragua c. États-Unis d'Amérique), Arrêt de la Cour internationale de justice du 27 juin 1986, 14, § 186.*

19. John Yoo, « *Using force* », University of Chicago Law Review, 71, 2004, *p. 729 et suiv. (p. 741).*

du *Plateau continental de la mer Noire,* la Cour internationale a dit qu'une règle peut être « mise en œuvre de telle sorte » qu'elle indique si un État la considère effectivement comme obligatoire. C'est sûrement vrai ; nier l'effet des transgressions serait nier la méthodologie acceptée de l'évolution du droit. Excuser une violation en se référant à la règle violée n'implique pas nécessairement qu'on accepte cette dernière. Le discours a ceci de commun avec les actions qu'il a de nombreuses causes possibles. Il a, a-t-on remarqué[20], une fonction expressive ; lorsqu'ils choisissent leurs termes, les représentants d'un État peuvent très bien ne viser qu'à améliorer la position de celui-ci. La confirmation de la règle n'est qu'une des nombreuses motivations possibles d'un homme d'État qui en invoque les « exceptions » ou les « justifications ». Les dirigeants parlent pour promouvoir le pouvoir de leur État. Ils peuvent juger bon, à cette fin, de tranquilliser ou, au contraire, d'exciter telle fraction de sa population. Un porte-parole en total désaccord avec une règle donnée invoquera une exception prévue par cette règle à seule fin d'éviter des sanctions. Toutes ces déclarations, dont seul l'intérêt dicte la teneur, ne sauraient que rarement être prises pour argent comptant ; il est arbitraire de supposer que l'intention de l'État est nécessairement de « confirmer » la règle. Les États évitent les affrontements inutiles ; ils ont intérêt à avoir l'air de respecter la loi. Même la Cour internationale reconnaît que « le fait que des États déclarent reconnaître certaines règles ne suffit pas [...] à considérer celles-ci comme faisant partie du droit coutumier et comme telles applicables à ces États[21] ». C'est ce que le choix rationnel appelle « le discours qui ne coûte pas

---

20. *Oona A. Hathaway, « Do Human Rights Treaties Make a Difference ? »,* Yale Law Journal, *111, 2002, p. 1935 et suiv.*
21. *Arrêt* Nicaragua c. États-Unis d'Amérique, *cité, § 184.*

cher[22] ». Ce discours n'indique nullement que les États reconnaissent la règle de droit à laquelle ils se réfèrent ou l'institution devant laquelle ils plaident : Hitler a justifié l'entrée de ses troupes en Pologne en 1939 par la légitime défense ; Hirohito de même, à propos de Pearl Harbour ; les représentants de Mussolini ont soutenu pendant des semaines devant la Société des Nations que l'invasion italienne de l'Abyssinie était justifiée. Si le test de validité d'un régime juridique est d'être reconnu en paroles, alors le pacte Briand-Kellogg et la Société des Nations le passent haut la main. En réalité, il vaut beaucoup mieux se fier à la conduite d'un État pour savoir quelles règles il accepte : s'il en a bafoué une, il est plus raisonnable d'en conclure qu'il est en désaccord avec elle que de penser qu'il souhaite son renforcement.

Mais ceux qui invoquent une prétendue règle de la « répudiation explicite » doivent répondre à une question plus fondamentale : qu'est-ce qui les autorise à parler d'une règle ? Quand donc un État a-t-il jamais accepté une règle qui dit que les règles ne peuvent être changées qu'à condition de déclarer ouvertement et expressément que la vieille règle est morte ? Quelle pratique étatique vient à l'appui de cette théorie ? Les États ont-ils donc « explicitement répudié » la règle qui régissait auparavant le changement ? Quand ? En fait, les États ne se comportent tout simplement pas comme le voudrait la théorie de la répudiation explicite. Aucun État

---

22. *L'idée est que, « comme les préférences réelles d'un acteur ne sont pas observables et que parler ne coûte pas cher, un acteur ne peut signaler ses véritables préférences qu'en émettant un "signal coûteux" : c'est-à-dire un acte qui coûterait plus cher à un acteur moins résolu, et donc qui sera plus probablement le fait d'un acteur très résolu ». Stephen M. Walt, « Rigor or rigor mortis ? Rational Choice and Security Studies »*, International Security, *23, printemps 1999, p. 5 et suiv. (p. 29).*

n'a jamais « déclaré ouvertement » que le pacte de paix Briand-Kellogg de 1928 n'était plus en vigueur ; c'est pourtant difficilement contestable. Les rapporteurs de l'American Law Institute sur la reformulation du droit coutumier américain sont plus près de la vérité lorsqu'ils écrivent : « Une nouvelle règle de droit coutumier évincera les obligations non conformes à celle-ci par un accord antérieur si les parties le veulent et si l'intention en est clairement manifestée[23]. »

Il est difficile de savoir quand l'intention est « clairement manifestée » ; en revanche, il est parfaitement clair que les décideurs américains ont exprimé, dans de nombreuses déclarations, un point de vue sur les règles de l'usage de la force qui, pour reprendre les termes de Franck, « proclame hardiment une nouvelle politique rejetant ouvertement les obligations inscrites dans l'article 2(4)[24] ». Les exemples sont éclairants. La Déclaration sur la stratégie nationale de sécurité publiée par l'exécutif en septembre 2002 « vide pratiquement de leur contenu les normes internationales de l'autodéfense inscrites dans l'article 51 de la Charte des Nations unies », selon John Ikenberry[25]. Le 10 novembre 2002, le Secrétaire d'État Colin Powell déclarait que les États-Unis ne se considéreraient pas

---

23. Restatement (third) of Foreign Relation Law, *§ 102, cmt. j (1977). Plusieurs « restatements » ou reformulations de la législation sont publiés périodiquement par l'American Law Institute qui essaye de clarifier les principes de droit communément acceptés. Le volume concernant les relations extérieures, dirigé par le professeur Louis Henkin, reformule les principes de droit international qui sont considérés par les juristes américains comme indiscutables.*

24. *Thomas M. Franck, « Future Implications of the Iraq Conflict... », art. cité, p. 607.*

25. *G. John Ikenberry, « America's Imperial Ambition »,* Foreign Affairs, *44, septembre-octobre 2002, p. 44 et suiv.*

comme liés par la décision du Conseil de sécurité concernant l'Irak, mais qu'ils attendaient de l'Irak qu'il se plie à cette décision. Rien dans la Charte n'exempte les États-Unis de l'obligation d'obéir aux injonctions du Conseil tout en imposant aux autres pays de le faire. Le même Powell affirmait le 26 janvier 2003 : « Nous continuons à réserver notre droit souverain de recourir à l'action militaire contre l'Irak, seuls ou au sein d'une coalition de pays volontaires[26]. » Or le « droit souverain » des États de recourir à l'action militaire est évidemment limité par l'article 2(4) de la Charte ; si on le « réserve », on n'applique pas la Charte. Dans son message de 2003 sur l'état de l'Union, le président Bush proclamait : « La voie que choisira cette nation ne dépend pas de la décision des autres[27]. » Mais la Charte dit que le droit pour un État de faire usage de la force armée dépend, sauf s'il est lui-même militairement attaqué, de la décision du Conseil de sécurité ; la voie de la nation, en ce sens, dépend de la décision du Conseil. Dans son message de 2004, il a encore affirmé : « L'Amérique ne demandera jamais la permission de défendre la sécurité de notre pays[28]. » Mais ici aussi, c'est seule-ment en cas d'attaque armée que la Charte autorise un État à agir sans « demander la permission ». Et le même, lors d'une conférence de presse, le 6 mars 2003 : « Le peuple américain comprend que, dès lors qu'il s'agit de notre sécurité, nous agirons s'il le faut. Et nous

---

26. Michael R. Gordon, « *Threats and Responses : Strategy ; Serving Notice of a New US, Posed to hit First and Alone* », New York Times, *27 janvier 2003, p. A1.*

27. Michael R. Gordon, « *State of the Union : The Iraq Issue ; Bush Enlarges Case for War by Linking Iraq with Terrorists* », New York Times, *29 janvier 2003, p. A1.*

28. David E. Sanger, « *State of the Union : Diplomacy ; Emphasis on Iraq Remains, but from a Different Angle* », New York Times, *21 janvier 2004.*

n'avons vraiment pas besoin de l'approbation des Nations unies[29]. »
Mais, contrairement à ce que dit Franck, tout cela n'est pas
« nouveau ». Le président Kennedy, par exemple, s'adressant à la
nation durant la crise des missiles de Cuba, refusa de s'engager à
demander l'aval d'instances internationales pour toute action
qu'entreprendrait son pays : « Cette nation est prête à plaider sa
cause face à la menace soviétique contre la paix, n'importe quand
et devant n'importe quelle organisation », mais « sans que cela
limite notre liberté d'action »[30] (Franck va effectivement encore
plus loin, puisqu'il recommande que les États-Unis rejettent les
règles des Nations unies et réservent leur « liberté de protéger la
liberté » en empêchant la Cour internationale de justice de trancher
sur les cas d'usage de la force dans lesquels les États-Unis seraient
impliqués[31]).

---

29. « *Threats and Responses : Excerpts from Bush's News
Conference on Iraq and Likelihood of War,* New York Times,
7 mars 2003, p. A12.

30. Président John F. Kennedy, « *Radio and Television
Report to the American People on the Soviet Arms Buildup in
Cuba* », 22 octobre 1962, dans Public Papers of the President
of the United States, *1962, p. 806 et suiv. (p. 808)* ; Depart-
ment of State Bulletin, *47, 1962, p. 715 et suiv. (p. 718).*

31. « *Pour être sûr que les États-Unis conservent leur liberté
souveraine de se défendre et de défendre leurs alliés, nous ne
devons accepter d'élargir les compétences de la Cour qu'en imi-
tant certains pays de bon sens tels que l'Inde ou le Kenya,
c'est-à-dire en posant la condition que seront exclus les litiges
impliquant un conflit armé. L'Amérique – seule ou avec ses
alliés – aura toujours besoin de la liberté de protéger la liberté.
Le doigt sur la gâchette ne doit pas être celui d'un pouvoir
judiciaire mondial.* » Thomas M. Franck, « *A Way to Rejoin the
World Court* », New York Times, *17 juillet 1986, p. A23.*

Les déclarations indiquant que les États-Unis ne se considèrent pas comme liés par l'article 2(4) ne sont pas issues que de l'exécutif. Le Congrès a autorisé l'usage de la force contre l'Irak par le moyen d'une loi qui ne soumettait cet usage à aucune condition d'approbation préalable du Conseil de sécurité des Nations unies. Plusieurs des parlementaires qui ont voté contre cette loi y étaient hostiles précisément pour cette raison. Mais la majorité qui a voté favorablement a certainement pensé que le Président devait avoir constitutionnellement toute liberté d'user de la force contre l'Irak, fût-ce en violation de la Charte. Le débat sur la résolution 1441 et l'examen d'une deuxième résolution n'avaient pas encore commencé ; et si l'exécutif affirmait, au moment du vote de la loi, que le Conseil de sécurité avait implicitement approuvé l'attaque contre l'Irak, il était toujours possible que cette approbation implicite soit par la suite contredite par l'échec, devant le Conseil de sécurité, d'une autorisation plus claire ou plus étendue. Lorsque le Conseil de sécurité eut voté la résolution 1441, le président Bush déclara : « Les États-Unis sont prêts à discuter de toute infraction importante avec le Conseil de sécurité, mais sans que cela mette en cause notre liberté d'action dans la défense de notre pays. Si l'Irak n'obéit pas, les États-Unis et d'autres nations désarmeront Saddam Hussein[32]. » Il n'a jamais donné à penser que les États-Unis y renonceraient en l'absence d'approbation du Conseil de sécurité.

L'épisode nous rappelle donc utilement que l'examen des paroles prononcées par les représentants diplomatiques officiels d'un État dans un forum tel que le Conseil de sécurité ne peut révéler qu'une mince couche de ses intentions ; l'évaluation de l'étendue des obligations auxquelles il consent exige d'explorer bien d'autres

---

32. *Transcripts of Bush's Remarks on the Iraq Resolution* »,
New York Times, *9 novembre 2002, p. A10.*

discours de personnages publics, dans de très nombreux organes de cet État.

Lorsqu'on aura soupesé tous ces mots et tous ces actes, on arrivera à des résultats sans doute guère encourageants pour ceux qui croient à la force du droit. Mais on ne saurait se dérober à cette recherche au seul motif que les résultats d'un travail honnête risqueraient de déplaire. C'est, j'imagine, ce que Foucault avait en tête lorsqu'il disait que « le travail d'un intellectuel n'est pas de modeler la volonté politique des autres ; il est, par les analyses qu'il fait dans les domaines qui sont les siens, de réinterroger les évidences et les postulats, de secouer les habitudes, les manières de faire et de penser, de dissiper les familiarités admises, de reprendre la mesure des règles et des institutions[33]... ». Les règles et institutions internationales supposées encadrer l'usage de la force n'ont jamais été réévaluées. Il est grand temps de le faire.

---

33. *Michel Foucault, « Le souci de la vérité » (propos recueillis par François Ewald),* Le Magazine littéraire, *mai 1984, p. 22.*

Pierre BUHLER

« Illégale, mais légitime ». C'est en ces termes qu'Anne-Marie Slaughter, sommité américaine du droit international, avait en mars 2003 qualifié la voie choisie par les États-Unis pour désarmer l'Irak de Saddam Hussein[1]. La légitimité procéderait des armes de destruction massive que les soldats de la Coalition ne manqueraient pas de trouver et de l'accueil favorable que leur réserverait la population irakienne, et serait sanctionnée par l'appui *ex post* du Conseil de sécurité des Nations unies. Celui-ci a finalement choisi de prendre acte, par plusieurs résolutions[2], de la situation nouvelle créée en Irak – et de lui conférer un statut juridique – mais les deux motifs de légitimité invoqués demeurent désespérément absents. La même Anne-Marie Slaughter avait étayé son raisonnement par une référence au précédent de la guerre du Kosovo, en 1999, lorsque l'OTAN était intervenue en dehors des procédures des Nations unies, mais avait fini par acquérir, grâce au succès de l'opération, la légitimité internationale sous la forme d'une caution implicite de l'ONU. À la session suivante de l'assemblée générale de l'Organisation, toutefois, un grand nombre d'États tiers avaient condamné ce procédé.

Ce rappel illustre ce qu'a d'insaisissable et d'indéterminé cette notion de légitimité, en un contraste frappant avec la belle

---

1. *Anne-Marie Slaughter, doyenne de la Woodrow Wilson School of Public and International Affairs à l'Université de Princeton est ensuite devenue présidente de l'American Society of International Law. Tribune dans le* New York Times, *reprise dans l'*International Herald Tribune *du 19 mars 2003.*

2. *Résolutions 1483 (22 mai 2003), 1500 (14 août 2003), 1511 (16 octobre 2003) et 1546 (8 juin 2004).*

géométrie de la légalité, décrite à longueur de pages dans les ouvrages, essais et manuels de droit international public. Car, lorsqu'elles s'appliquent au recours à la force, c'est-à-dire à des questions aussi graves que la guerre et la paix, ces deux notions, légalité et légitimité, touchent aux fondements mêmes de la société politique interne, à sa sécurité, à sa cohésion, à son destin. Elles touchent aussi à l'essence de la société politique internationale, aux règles et normes qui en conditionnent l'existence et aux forces qui constamment l'agitent et la déstabilisent.

Légitimité et ordre interne

Mais alors que la réflexion sur le recours à la force est presque naturellement attirée vers sa légitimation dans la société internationale, c'est pourtant dans l'ordre interne que le processus de génération de la légitimité est d'abord enraciné. C'est là, au premier chef, et non pas dans les yeux de la « communauté internationale », que le choix de recourir à cette expression ultime de la souveraineté qu'est la guerre puise sa justification, son énergie, sa volonté. Sans doute, les chemins de ce processus sont-ils divers, tributaires du régime politique de chaque État, de la distribution du pouvoir dans chaque société. Ils sont plus exigeants, c'est l'évidence, dans un régime représentatif que dans une dictature totalitaire ou autocratique. Mais ils forment le préalable de tout geste qui, mettant en jeu la violence guerrière, doit être jaugé, soupesé, évalué à l'aune de ses conséquences. Certes, ce préalable a été, dans l'histoire, implicite plus souvent qu'explicite, dicté par la nécessité de la surprise ou par les contraintes de l'efficacité. Mais gagé sur la certitude du succès : c'est de la victoire, par la force ou par la ruse, que procède, pour Machiavel, la légitimité du Prince et de sa politique.

Pour autant, l'histoire ne manque pas de circonstances où le choix du recours à la force a été soumis au crible de la discussion publique et de la délibération démocratique. Dans la *Guerre du Péloponnèse*, Thucydide a rendu compte avec un luxe de détails des dilemmes, tant moraux que stratégiques, qui avaient dominé les débats à Athènes, en 428 avant notre ère, sur le châtiment à infliger aux habitants de Mytilène, une cité alliée d'Athènes dans la guerre contre les Perses avant de faire défection au profit de Sparte. Et c'est dans un embrasement patriotique que la Convention avait décidé en 1792-1793 de prononcer la « levée en masse » des citoyens pour défendre la République menacée par les troupes autrichiennes, prussiennes et britanniques.

Que ces débats aient pu être le théâtre d'un simulacre de consultation ou l'occasion d'une manipulation n'entache pas la fonction de légitimation qu'ils assument dans un régime représentatif. C'est dans cette phase que l'opportunité du recours à la force est soumise à l'épreuve des préférences collectives d'une société, que sont soupesées les conséquences, que sont mis en balance les sacrifices, les coûts et les risques inhérents à toute entreprise guerrière et sa nécessité. Les critères relèvent, là, aussi bien de l'intérêt national, des « intérêts vitaux », de la sécurité que de considérations morales quant à la justesse d'une cause, évaluée à l'aune des normes en vigueur à chaque époque, et dans l'ordre interne et dans l'ordre international. Les acteurs en sont le personnel politique, bien entendu, mais aussi les médias, avec leurs prismes propres, les opinions publiques, les intellectuels... Quant aux postures, elles couvrent un large registre, allant du cynisme désabusé au moralisme indigné, en passant par le patriotisme, le pacifisme, le neutralisme, sans oublier l'inclination à la « guerre fraîche et joyeuse », alimentée par les stratèges de salon et les avocats des « frappes chirurgicales ».

Quoi qu'il en soit, c'est de ce débat interne, politique, que procède d'abord la légitimité d'un choix aussi grave que celui de l'intervention militaire. Roosevelt avait rencontré les plus grandes difficultés, face à un Congrès farouchement isolationniste, pour engager les États-Unis aux côtés du Royaume-Uni en guerre, au point de devoir dissimuler sa sympathie pour la cause britannique afin de ne pas compromettre sa réélection en 1940. Il devra attendre Pearl Harbour pour trouver le consensus qui permettra d'entrer, tardivement, dans une guerre enfin perçue comme juste. Aujourd'hui, dans un tout autre contexte, la légitimité de l'action internationale des États-Unis, notamment lorsqu'elle implique le recours à la force, émane à leurs yeux de la délibération interne sur la justesse de telle ou telle cause et non de sa validation par une communauté internationale tenue en piètre estime.

Légitimité et ordre international

Et c'est du reste par le filtre de cette délibération que les arguments tenant au respect du droit international ont d'abord une chance de peser sur la décision : on se souvient des controverses qui avaient déchiré l'opinion publique et la classe politique allemandes en 1999, face au choix de la participation de l'Allemagne à l'intervention de l'OTAN au Kosovo, en l'absence d'une autorisation du Conseil de sécurité des Nations unies. Cette référence introduit l'autre dimension essentielle de la légitimité de tout acte politique, celle qui s'acquiert dans le jugement des autres membres de la société internationale et, derrière eux, de ce qu'on appelle, par convention ou par commodité, l'opinion publique mondiale. Décisive ou secondaire selon les circonstances, cette légitimité-là a sa place dans le calcul de chaque dirigeant rationnel, et même une place capitale lorsqu'est en jeu l'acte le plus grave de la vie internationale, le recours à la force.

Quels en sont les critères ? Quelles en sont les sources ? Quels en sont les mécanismes ? Qu'est-ce qui détermine l'approbation, préalable de l'appui, ou, au contraire, la réprobation, qui nourrit la résistance ou l'opposition ? Les normes qui guident le jugement relèvent de plusieurs sphères, celle de la religion, celle de la morale, celle de la politique, celle du droit. Elles ne sont pas sans lien, elles peuvent se renforcer, elles peuvent se contredire, mais l'aspect moral étant traité par ailleurs dans cet ouvrage, c'est la sphère du droit et de la politique qui retiendra l'attention. Avant d'en examiner l'articulation avec la légitimité, il y a lieu d'en analyser les fondements politiques. Loin d'être cette « loi naturelle » d'essence divine dont théologiens, juristes et philosophes ont cherché en vain à dégager les principes immuables, le droit international procède de la nécessité des États souverains d'organiser leur coexistence.

Il est aussi, en dernière analyse, pour ce qui est de la guerre et du recours à la violence, une tentative de transcrire dans l'ordre international les fondements des ordres internes des États constitués, qui avaient réussi à domestiquer la violence originelle pour asseoir la paix civile et la concorde. Il n'est pas fortuit que l'initiateur de cette tentative ait été un professeur de droit constitutionnel devenu président des États-Unis, Woodrow Wilson, qui, en 1918, a voulu régir l'ordre international par une combinaison de règles de droit et de procédures. L'histoire ne retient que l'échec du système ainsi proposé, dont les États-Unis se sont ensuite retirés, mais c'est pourtant de cette veine politique et intellectuelle que relève l'ordre conçu par Roosevelt en 1945. Toujours fondé sur un alliage de règles et de procédures, il vise de surcroît à en garantir le respect par un directoire de grandes puissances.

La Charte des Nations unies, qui transcrit ce système en langage de traité, a voulu, là, faire coïncider légitimité et légalité en définissant les conditions de licéité du recours à la force : l'exercice du « droit naturel de légitime défense, individuelle ou collective, dans le cas [...] d'une agression armée jusqu'à ce que le Conseil de sécurité ait pris les mesures nécessaires » (article 51) est l'une de ces conditions. L'autre cas de figure est défini par les actions de coercition que le Conseil juge nécessaires au « rétablissement de la paix et de la sécurité internationales », au titre du chapitre VII de la Charte. Mais ses rédacteurs ont pris soin de ne pas conférer une valeur transcendante au droit et de le subordonner à la légitimité conférée par la délibération dans l'enceinte du Conseil. Les règles de droit positif n'ont pas une valeur par elles-mêmes, mais en ce qu'elles sont au service d'une cause plus élevée, le « maintien de la paix et de la sécurité internationales », bien public suprême dans l'architecture des Nations unies. Cette hiérarchie se reflète dans les mécanismes de mise en œuvre des principes de la Charte : ils ne font pas davantage place au droit, réservant aux considérations politiques le primat, et consacrant, par le privilège du droit de veto de cinq puissances, la nature délibérément politique des résolutions du Conseil de sécurité. C'est donc en connaissance de cause que les fondateurs de l'ordre international d'après-guerre ont choisi, sagement du reste, de laisser le recours à la force dans le périmètre de la politique, la position de droit étant laissée à l'interprétation de chaque État.

Le relativisme du droit international

De fait, l'apparente simplicité des principes dissimule toute la complexité du réel. Et c'est dans la disjonction entre la théorie et la pratique que se développe le débat contemporain sur la légitimité du recours à la force. La définition très lacunaire de l'agression armée ouvre la porte à toutes les interprétations. Qu'en est-il lorsqu'elle n'est pas caractérisée ? Lorsque le recours à la force s'inscrit dans un cycle de représailles ? Faut-il attendre le premier coup de canon pour exercer la légitime défense ? Ces questions se sont posées dans le passé, avec, par exemple, l'invocation par Israël en 1967 de l'imminence d'une attaque armée. Elles le sont dans des termes nouveaux, au lendemain des attentats de septembre 2001, par la *National Security Strategy* américaine, qui ne fait ostensiblement aucune référence à la Charte des Nations unies ; et retient, pour définir l'imminence justifiant la légitime défense, une perspective temporelle très différente – plusieurs années avant que la menace puisse se réaliser. Derrière les précautions de vocabulaire, il ne s'agit là de rien d'autre que du recours à la force à titre préventif, notion traditionnellement entachée d'illégalité[3].

Paralysées par le droit de veto au Conseil de sécurité, tributaires d'un petit nombre d'États pour faire appliquer ses résolutions, les Nations unies ont, par ailleurs, souvent été incapables d'exercer leurs responsabilités en matière de sécurité collective. Et les contraintes découlant du principe de souveraineté ont fortement entravé le traitement des guerres civiles et des crises humanitaires qui ont révulsé les consciences tout au long des années 1990. Enfin, la pratique observée durant les six décennies d'existence de la

---

3. *Cette interprétation a été réaffirmée explicitement par le « panel de personnalités de haut niveau sur les menaces, les défis et le changement » dans son rapport au Secrétaire général des Nations unies (document A/59/565, décembre 2004), et endossée par celui-ci dans son propre rapport soumis aux chefs d'État et de gouvernement pour décision en septembre 2005 (« In Larger Freedom : Towards Development, Security and Human Rights for All », cf. www.un.org/largerfreedom/).*

Charte est assez éloignée des règles que celle-ci énonce quant au recours à la force. Selon que l'on retient une définition étroite ou large, le nombre d'occurrences de transgression de ces règles varie entre une vingtaine et plusieurs centaines[4].

Deux attitudes opposées se dessinent, dans la communauté des juristes, face à ce décalage durable entre le droit et le fait. Pour les uns, le propre de la règle de droit est de garder cette qualité et ce statut même lorsqu'elle est violée ou ignorée, qu'il s'agisse de droit interne ou de droit international. Pour les autres, dès lors que le droit international ne reflète plus la pratique des États, ce n'est plus du droit mais de l'incantation creuse, un « univers de papier ». Cette seconde école trouve ses porte-voix dans la communauté des juristes américains. « Dans la pratique, le cadre de la Charte des Nations unies est mort » tranchait en 2003 Anthony Clark Arend, directeur de l'Institut de droit international et de politique de l'Université de Georgetown, avant d'ajouter que, dans ce cas, « la doctrine Bush de préemption n'enfreint pas le droit international puisque le cadre fixé par la Charte ne se reflète plus dans la pratique des États[5] ». « La Charte a subi le sort du pacte Briand-Kellogg, renchérissait Michael J. Glennon, et ce n'aurait dû être une surprise pour personne qu'en septembre 2002, les États-Unis se sentent libres d'annoncer, dans le document sur la sécurité nationale, qu'ils n'étaient plus tenus par les règles de la Charte relatives à l'usage de

---

4. *Anthony Clark Arend détaille une vingtaine d'occurrences dans « International Law and the Preemptive Use of Military Force », The Washington Quarterly, printemps 2003, p. 101. Le « panel de personnalités de haut niveau sur les menaces, les défis et le changement » mentionne « plusieurs centaines » de cas. Michael J. Glennon cite le chiffre de six cents dans le présent ouvrage.*

5. *Anthony Clark Arend, art. cité.*

la force. Ces règles se sont désintégrées. "Légal" et "illégal" sont des termes vides de sens lorsqu'ils sont appliqués à l'emploi de la force[6]. »

L'argument récurrent dans ces raisonnements est que le droit international ne cesse d'évoluer sous l'effet de la pratique des États : leurs actes expriment leurs intentions mieux que leurs discours. Dès lors, en cas de contradiction entre une pratique constante des États et une règle de droit international, celle-ci tombe en désuétude et cesse de s'imposer à eux. Cette argumentation est, sur le plan juridique, spécieuse. Non seulement elle confond délibérément la pratique et la coutume, considérée comme une source de droit, et elle assimile cette pratique à l'émergence d'une nouvelle norme coutumière, ignorant les critères retenus pour la définir – « preuve d'une pratique générale, acceptée comme étant le droit[7] » – et justifiant sans autre forme de procès les tentatives de certains États de s'en affranchir. Mais elle conclut à l'invalidation des normes mêmes produites par le droit contractuel. Or la Charte des Nations unies, puisque c'est d'elle qu'il s'agit en l'occurrence, est un traité multilatéral dûment signé et ratifié par quelque cent quatre-vingt-dix États, dont les prescriptions s'imposent, en vertu du principe *pacta servanda sunt*, à tous les signataires. Aucune invocation d'une inobservation persistante de telle ou telle de ses dispositions ne saurait rendre caduc ce traité. Sauf à s'en retirer, chaque partie est réputée tenue par les obligations contractées envers les autres parties lors du dépôt des instruments de ratification auprès de l'État dépositaire, qui n'est autre que... les États-Unis.

---

6. Michael J. Glennon, « Why the Security Council Failed », Foreign Affairs, *mai-juin 2003.*

7. *C'est là la définition retenue dans le Statut de la Cour internationale de justice (art. 38, § 1.b).*

Que les avocats de cette thèse de la « désuétude », pour reprendre l'expression de Michael J. Glennon, soient tous américains n'est sans doute pas fortuit. Susan Strange, chef de file de l'école britannique d'économie politique internationale, avait, au début des années 1980, fait une observation analogue à propos des fondateurs de la théorie des « régimes », qui aboutissait à banaliser l'hégémonie des États-Unis dans la définition des règles de l'économie mondiale et à exonérer ceux-ci de la responsabilité de ses dysfonctionnements[8]. Sans doute les mobiles ne sont-ils pas les mêmes chez les uns et les autres, et l'on trouve aussi bien des juristes qui, comme Thomas M. Franck, déplorent que leur pays viole la Charte des Nations unies[9], que ceux qui voient émerger un nouveau paradigme du droit de l'emploi de la force, un paradigme qui, précisément, laisse les mains libres à la puissance américaine. En adoptant cette dernière approche, on quitte le champ du droit pour aborder, même si la rhétorique et les raisonnements demeurent juridiques, celui du politique.

Droit international et politique

Le procédé n'a rien de critiquable, pour autant qu'il emprunte sans détours ni fausses pudeurs la grammaire et le langage du politique. Car, de celui-ci, le droit international est à la fois terrain de manœuvre et instrument, depuis sa création jusqu'à son application, en passant par son interprétation, sa transformation et sa

---

8. *Susan Strange, « Cave Hic Dragones ! A Critique of Regime Analysis »,* International Organisation, *36 (2), printemps 1982, p. 479-497 ; « The Persistent Myth of Lost Hegemony »,* International Organization, *41 (4), automne 1987, p. 551-574.*

9. *Thomas M. Franck, « La Charte des Nations unies est-elle devenue un chiffon de papier ? »,* Le Monde, *2 avril 2003.*

fonction de légitimation – ou de délégitimation. Il est une construction politique qui ne peut remplir son office qu'à condition de refléter les intérêts des parties prenantes. La Charte a ainsi été conçue par Roosevelt pour cogérer l'ordre mondial avec les puissances victorieuses de la guerre. Mais les règles de droit qu'elle énonçait n'ont nullement empêché les deux superpuissances d'agir à leur guise à chaque fois que l'enjeu justifiait le risque, et de se borner à produire un habillage juridique vaguement acceptable. En revanche, pendant la crise des missiles de Cuba, l'administration Kennedy avait scrupuleusement veillé à ne pas se placer hors du droit, non pas par légalisme, mais par souci de n'offrir aucun prétexte à l'URSS pour prendre des mesures de rétorsion de même nature.

Les mécomptes du principe du non-recours à la force en dehors des cas prévus par la Charte ne relèvent donc pas d'une prétendue obsolescence de celle-ci, mais de la tension structurelle entre la puissance et le droit international. La distribution de la puissance est, dans le monde réel, fondamentalement inégalitaire, tandis que le droit a par essence une vocation universaliste, s'appliquant de façon identique à tous ceux qui, par leur consentement, en relèvent.

Cette tension est résolue par l'ambivalence de ce droit qui régit une société internationale dépourvue d'autorité de dernier ressort. Cadre de base des relations interétatiques, il constitue un bien public suffisamment précieux pour recueillir un ample consensus et commander un large respect, entaché de quelques infractions – ces exceptions qui confirment la règle. Au point que tous les États qui enfreignent l'interdiction du recours à la force continuent de proclamer leur attachement à un principe dont la normativité est renforcée par cet « hommage du vice à la vertu ». À ce titre, il fait partie intégrante des normes, des contraintes, des paramètres qui façonnent la décision politique. Non pas comme un corps de règles commandant la vénération au nom de la sacralité du droit, mais sur le mode d'un calcul d'opportunité intégrant les avantages et le coût associés à ce qui peut être perçu comme une transgression du droit[10].

C'est là un calcul qui incorpore une grande variété de critères et de considérations : les conséquences en termes d'image et de réputation, mais aussi de représailles et de réciprocité, le risque d'affaiblir un bien public dispensateur de stabilité, de prévisibilité et de protection – qui peuvent se révéler utiles dans des circonstances ultérieures... Il fait place aussi au niveau de culture juridique et d'attachement à la règle de droit dans chaque société politique, en particulier dans le cercle de ses élites, ainsi qu'aux fluctuations de la conjoncture politique : l'État n'est pas, on le sait, une entité unitaire, et le processus de décision interne doit souvent intégrer des vues très divergentes sur le poids à réserver aux considérations de droit dans la définition de l'action étatique. C'est ainsi que le Sénat américain s'est avéré être, pendant des décennies, le rempart du respect des traités face aux velléités des administrations républicaines – Nixon et Reagan notamment – de s'en affranchir. Jusqu'à ce que le réveil de la veine souverainiste inverse les rôles en 1994-1995, plaçant l'administration Clinton dans cette même position de défenseur du droit devant les tentatives du Congrès de s'en affranchir.

Moins indéterminé que d'autres sources de normes, morales ou sociales par exemple, le droit international l'est assez, cependant, pour offrir une liberté significative d'interprétation – qu'autorisent

---

10. *Voir notamment, à ce propos, Jack Goldsmith et Éric Posner,* The Limits of International Law, *Oxford, Oxford University Press, 2005. Les auteurs proposent une analyse du droit international inspirée par les théories du « réalisme » et du « choix rationnel ».*

la concurrence de règles contradictoires, les ambiguïtés délibérées des textes... Mais à la différence des ordres internes où l'indétermination, également inévitable, est en permanence levée par les juridictions, par le législateur ou par l'exécutif, aucune autorité supérieure ne peut la réduire dans l'ordre interétatique, ni en « disant le droit » ni, *a fortiori*, en le faisant appliquer[11]. Aussi chaque État s'estime-t-il fondé, quelquefois avec la plus parfaite mauvaise foi, à invoquer son bon droit pour justifier son action.

Droit et légitimité

Dans sa création, dans son invocation, dans sa mise en œuvre, le droit international est donc une fonction de la politique. Il n'est pas un moyen fiable de prévoir et d'encadrer le comportement des États ; ni un garde-fou suffisant pour les détourner des conduites « proscrites » lorsqu'ils les estiment permises par la puissance, conformes à leurs intérêts ou dictées par l'exigence de la sécurité. Mais, bien public largement reconnu, il est aussi la première ligne de défense du faible face au puissant, non pas tant par sa valeur intrinsèque que par sa valeur de légitimation – ou de délégitimation –, instrument dans les mains des États pour soit alléguer la licéité de leur conduites ou de celles de leurs alliés, soit discréditer, au nom du droit, les conduites des autres, lorsqu'il s'agit de rivaux ou d'opposants.

---

11. *Sans doute la Cour internationale de justice a-t-elle vocation à remplir cette fonction, mais tant les conditions restrictives de sa saisine que l'absence de caractère exécutoire de ses arrêts en limitent la portée.*

Cet instrument n'est cependant pas le seul : les normes de l'éthique, de la justice, de l'équité ne sont pas moins souvent invoquées pour qualifier ou disqualifier telle ou telle action, plaider une cause ou instruire à charge. Le prétoire n'est pas, alors, celui d'un tribunal international, mais celui de l'opinion mondiale – et aussi interne. Cette *agora* de la société internationale est formée des tribunes des Nations unies et organisations internationales, des conférences de presse, des plateaux de télévision, des *briefings* de porte-parole, des fuites soigneusement distillées, formant une scène en ébullition permanente où se rencontrent et s'affrontent diplomaties publiques, magistères moraux, avis d'experts et activisme de la société civile internationale.

On ne peut manquer d'être frappé par la priorité accordée, dans le monde de l'après-guerre froide, moins bridé quant à l'usage de la force, à cette fonction de légitimation par les rares États en mesure, précisément, d'y recourir. Les États-Unis ont ainsi mobilisé tout leur appareil diplomatique et leurs ressources de communication politique pour réunir, à défaut d'un acquiescement du Conseil de sécurité, une coalition d'une cinquantaine d'États – dont quelques micro-États du Pacifique – derrière le projet de déposer *manu militari* Saddam Hussein. Non pas tant par nécessité d'un appoint militaire que par besoin de légitimité politique et de validation morale d'une intervention militaire – et aussi, sans doute, d'une police d'assurance contre l'échec ou l'enlisement, que l'aléa de la guerre ne permet jamais d'exclure. Il est piquant de constater que le même Robert Kagan qui avait, dans son article fameux, opposé avec une condescendance apitoyée l'inclination des États-Unis à user de la force militaire et la préférence des Européens pour « un monde où prédominent le droit international et les institutions internationales, où l'action unilatérale des nations puissantes est prohibée, où tous les États jouissent, indépendamment de leur force, de droits égaux et sont également protégés par des règles internationales agréées de comportement[12] », trouve moins de deux ans plus tard des vertus cardinales à la légitimité. L'Amérique a besoin de l'Europe, écrit-il, avec laquelle elle forme le « cœur du monde démocratique libéral » pour conférer à la politique américaine son indispensable légitimité : et Kagan d'appeler à la conclusion d'un nouveau « contrat transatlantique » où l'influence des Européens sur la définition de cette politique serait la contrepartie de la légitimité accordée[13].

De là à redécouvrir les vertus de la légalité, il n'y a pas très loin, et ce sont des pas que, à mesure que s'éloigne le traumatisme du 11 septembre 2001, les États-Unis eux-mêmes franchissent peu à peu. Sur le front interne, avec l'arrêt du 28 juin 2004, par lequel la Cour suprême a jugé les tribunaux fédéraux américains compétents pour statuer sur les faits reprochés aux détenus de Guantanamo. Il en va de même pour ce qui concerne l'arène internationale, si tant est que, au-delà de la rhétorique et aux plus hauts niveaux de responsabilité politique, l'on ait jamais sérieusement songé, à Washington, à passer par pertes et profits un ordre juridique inventé par les États-Unis.

Car ce n'est pas le moindre paradoxe d'observer que c'est précisément à l'existence d'un socle d'ordre minimal, légitimé, intériorisé par les États, que l'Amérique, même si elle s'en affranchit quelquefois, doit de pouvoir assumer sa fonction de garant ultime de la sécurité mondiale sans devoir s'épuiser à l'assurer par la force ou la menace. Cette valeur de bien public est perçue

---

12. *Robert Kagan, « Power and Weakness »*, Policy Review, *juin-juillet 2002.*

13. *Robert Kagan,* Le Revers de la puissance. Les États-Unis en quête de légitimité, *Paris, Plon, 2004.*

comme indispensable à cette fonction, y compris dans l'aile la plus conservatrice du camp républicain. Et elle n'a d'ailleurs pas échappé aux rédacteurs de la *National Security Strategy*, qui, après avoir proclamé le droit des États-Unis d'exercer la légitime défense à titre « préemptif », se sont, comme effrayés par leur audace, empressés d'ajouter que l'action préemptive ne serait pas employée systématiquement et que les autres États ne devaient pas « se servir de la préemption comme prétexte à l'agression[14] ».

La tension entre la liberté de la puissance « qui ne se laisse pas contraindre », selon l'expression d'Aron, et le respect des formes de la légalité internationale, ce bien public à préserver, ne date ni de la guerre du Kosovo ni de celle d'Irak et pourrait être amplement documentée par l'histoire des six dernières décennies. Mais rien ne permet de conclure à la caducité des règles formellement acceptées par la quasi-totalité des États de la planète. Et tout conduit à penser, plutôt, qu'une fois dissipé, à l'épreuve de la réalité, l'hubris néo-conservateur, l'Amérique renouera, en recherchant la légitimité à ses propres yeux et aux yeux des autres, avec sa tradition de retenue.

---

14. *www.whitehouse.gov/news/releases/2003/02/20030226-11.html*

Chapitre 12 / LES NATIONS UNIES, LE MULTILATÉRALISME ET L'ORDRE INTERNATIONAL[*]

Mats BERDAL

Les commentaires sur les affaires internationales procèdent très souvent par l'affirmation de principe qu'il existe des oppositions binaires radicales, apparemment irréconciliables, entre des notions, par exemple multilatéralisme *versus* unilatéralisme, sécurité collective *versus* politique de puissance, respect des principes *versus* pragmatisme, dans le domaine de la politique étrangère[1]. Dans le discours public, la première catégorie de notions dans chacune de ces dualités – le multilatéralisme, la sécurité collective et l'engagement de respecter les principes – est en général considérée comme un objectif ou une référence moralement supérieure à laquelle devraient aspirer tous les hommes d'État dans leurs relations entre eux. Ainsi, lorsque les dirigeants du Mouvement des non-alignés, réunis à Kuala Lumpur quelques semaines avant l'attaque américaine unilatérale contre l'Irak, au début de 2003, ont réaffirmé à la fois leur « engagement inébranlable en faveur du multilatéralisme » et leur « rejet inconditionnel de l'unilatéralisme », ils se trouvaient en terrain sûr[2]. En s'exprimant en ces termes, ils invoquaient mais aussi cherchaient à renforcer l'association communément établie

---

[*]   *Cet article a été traduit par Hélène Arnaud.*

1.   *Pour une remarquable analyse de cette tension entre respect des principes et comportement pragmatique dans les relations internationales, voir Inis L. Claude Jr., « The Tension between Principle and Pragmatism in International Relations »,* Review of International Studies, *19(3), juillet 1993.*

2.   *Cf.* Final Document of the XIII Conference of Heads of State or Government of The Non-Aligned Movement, *Kuala Lumpur, 24-25 février 2003, § 4 (disponible sur http://www.bernama.com/events/nam2004).*

entre multilatéralisme et « comportement désintéressé et salutaire, libéré des ambitions et préjugés nationaux », tandis qu'en même temps, l'unilatéralisme était assimilé à un « comportement arbitraire, irresponsable et abusif »[3].

Les distinctions établies entre ces couples de notions et le contenu moral attribué à chacune de ces catégories opposées ne manquent certes pas de fondements solides. Dans un monde d'États souverains qui n'est pas chapeauté par une autorité supérieure mais se trouve confronté à des défis et à des menaces qui ignorent les frontières nationales, l'engagement de se conformer aux principes et la préférence donnée aux solutions collectives peuvent être à juste titre recommandés et loués pour leur caractère vertueux. Et pourtant, ces distinctions peuvent aussi être établies de manière trop tranchée, notamment lorsqu'elles sont examinées en vis-à-vis comme si elles représentaient des alternatives totalement opposées, sans ambiguïté sur le plan moral ; comme si, dans le domaine politique, à un moment donné, *un* choix devrait s'imposer comme évidemment préférable à un autre. Lorsqu'il en est ainsi, ces catégories n'offrent plus un cadre permettant une réflexion intelligente et un guide pour l'action, mais relèvent plutôt de la simple caricature et du slogan politique commode.

À la lumière de ces premières observations, ce chapitre abordera plus en détail la relation qui existe entre multilatéralisme et unilatéralisme, et ce, dans le contexte du débat en cours sur le rôle spécifique des Nations unies – l'organisation multilatérale par excellence – dans le domaine de la paix et de la sécurité internationale. Ce débat est devenu de plus en plus vif depuis le milieu de l'année 2003, lorsqu'au lendemain de l'invasion de l'Irak, le Secrétaire général, Kofi Annan, informa les États membres que l'organisation vivait peut-être « un

---

3. Ibid., *p. 225.*

tournant de son histoire, [un moment] aussi décisif que 1945[4] ». Pour établir si effectivement on en était arrivé là, il créa un Groupe de personnalités de haut niveau, avec pour mission de dresser un bilan approfondi du rôle de l'ONU dans le domaine de la paix et de la sécurité. Le rapport final du Groupe fut publié en décembre 2004 et en appela à une « nouvelle vision de la sécurité collective[5] ». Fin mars 2005, répondant à ce rapport en en reprenant certaines recommandations, le Secrétaire général émit de son côté une série de propositions visant à redonner de la vitalité à l'Organisation[6]. Intitulé « Dans une liberté plus grande » – une phrase judicieusement tirée du Préambule de la Charte des Nations unies –, le document a été préparé pour être soumis aux États membres avant leur réunion au sommet prévue pour septembre 2005 à New York. Officiellement, cette réunion avait pour but de dresser le bilan de l'application de la Déclaration dite du Millénaire. Pour la plupart des observateurs, y compris le Secrétaire général lui-même, la guerre en Irak, l'échec du programme « Pétrole contre nourriture » et la publication des rapports mentionnés plus haut insistant sur l'urgence d'une « réforme fondamentale » de l'Organisation devaient conférer à cette réunion au sommet une importance supplémentaire particulière[7].

---

4. *Kofi Annan, discours à l'assemblée générale de l'ONU, 23 septembre 2003.*

5. A More Secure World : Our Shared Responsibility. The Report of the UN Secretary-General's High Level Panel on Threats, Challenges and Change. *Version française :* Un monde plus sûr : notre affaire à tous. Rapport du Groupe de personnalités de haut niveau sur les menaces, les défis et le changement, *décembre 2003 (cf. http://www.un.org.secureworld).*

6. *L'intégralité du rapport est disponible sur http://www.un.org.largerfreedom*

7. *Pour le détail de la Déclaration du Millénaire, cf. http://www.un.org.millenium*

On ne s'étonnera pas qu'à la fois les rapports présentés au sommet de septembre 2005 et les commentaires auxquels ils ont donné lieu aient à nouveau fortement mis l'accent sur la valeur du multilatéralisme. Dans un monde confronté à d'« extraordinaires défis » et une « extraordinaire interdépendance », selon les termes employés par Kofi Annan lorsqu'on lui soumit le rapport du Groupe de personnalités de haut niveau, les solutions multilatérales ont forcément un rôle vital à jouer[8]. Nous ne discuterons pas ici la force des arguments sur lesquels peut s'appuyer une telle constatation, notamment lorsqu'elle est exprimée dans des termes aussi généraux et imprécis. Nous mettrons plutôt l'accent, d'une part, sur la relation précise entre action multilatérale et action unilatérale, et, d'autre part, sur les effets qu'une appréhension plus nuancée de cette relation pourrait avoir sur le rôle des Nations unies dans le domaine de la paix et de la sécurité.

Bref, nous souhaitons montrer qu'il n'y a pas toujours une alternative tranchée entre action multilatérale et action unilatérale, pas plus qu'entre multilatéralisme et politique de puissance, et que, de même, le multilatéralisme n'est pas une simple alternative dans un monde livré à la puissance. Soulignons que l'ONU a été délibérément conçue, à travers les dispositions de sa Charte, pour prendre en compte la réalité de la puissance et de la hiérarchie dans les relations internationales, et non pour supplanter le système des États. Mais la même Charte charge les États membres de la défense des droits de l'homme, du « respect du principe de l'égalité des droits et du droit des peuples à l'autodétermination[9] ». En résumé, cette tension entre puissance et principes était présente dès l'origine et il peut arriver

---

8. *Kofi Annan, « Courage to Fulfil our Responsibilities »,* The Economist, *2 décembre 2004.*

9. *Article 1 de la Charte des Nations unies.*

que les valeurs que reflètent les principes clés de la Charte entrent en conflit avec les règles qui en découlent et que l'on n'arrive pas totalement à les concilier. C'est à l'aune de ces réalités qu'il faut examiner la relation entre ces dualités opposées que nous avons mentionnées plus haut, notamment multilatéralisme et unilatéralisme. Comme nous le verrons en conclusion de manière plus détaillée, ces considérations renvoient aussi directement à toutes les discussions que l'on peut avoir sur le problème très largement débattu de la « sélectivité » et du manque de cohérence concernant la pratique de l'intervention humanitaire dans le système international contemporain.

Multilatéralisme *versus* unilatéralisme

Les États-Unis ont donné à l'unilatéralisme une mauvaise réputation. Cela ne veut pas dire que l'action multilatérale – que ce soit à travers une organisation internationale ou à travers une coalition plus limitée d'États volontaires – n'est pas, dans la plupart des cas, le mode d'action à retenir. Mais la manière dont les vertus du multilatéralisme ont été exaltées dans les débats sur l'ordre international – en général, dans le contexte d'une critique globale de l'unilatéralisme des États-Unis et de leur politique après les attaques terroristes contre New York et Washington, le 11 septembre 2001 – a souvent été brutale et simpliste. La rupture du consensus au sein du Conseil de sécurité à propos de l'Irak, au début de l'année 2003, a renforcé la tendance, dans certains secteurs de l'opinion, à présenter le multilatéralisme et l'unilatéralisme comme deux options totalement distinctes et inconciliables, conférant ainsi un caractère totalement positif à la première, la seconde étant en revanche considérée comme irrémédiablement incompatible avec les exigences de l'ordre et de la justice. En contradiction avec ce point de vue, trois remarques méritent d'être formulées.

Tout d'abord, il n'est pas inutile de rappeler à quel point la réaction brouillonne et peu enthousiaste de la « communauté internationale » devant l'horreur des conflits en Yougoslavie et au Rwanda, au début des années 1990, a suscité des critiques envers les effets paralysants d'un multilatéralisme excessif. Ces critiques faisaient valoir de façon tout à fait justifiée que le fait d'insister sur la nécessité d'une approche multilatérale pouvait très facilement conduire à éviter de prendre des décisions difficiles et, pis encore, fournir un prétexte commode pour ne rien faire du tout[10]. En Bosnie-Herzégovine, entre le début de l'année 1992 et l'été 1995, les principales puissances et les autres États qui participaient à la Coalition en lui fournissant des troupes étaient tous aussi fermement décidés à maintenir leur consensus sur une série limitée d'objectifs sur lesquels ils s'étaient accordés dès l'engagement du conflit. Il s'agissait notamment de réduire le plus possible les conséquences humanitaires de la guerre, d'empêcher le conflit de s'étendre et d'encourager les efforts diplomatiques pour parvenir à une solution négociée. Au cours des années 1994 et 1995, ce souci de maintenir un accord « multilatéral » sur ces objectifs a effectivement réduit l'éventail des options disponibles pour faire face à la détérioration de la situation en Bosnie. Ceci, alors que le temps n'était tout simplement plus aux atermoiements, compte tenu de la situation sur le terrain[11].

Le génocide au Rwanda fournit un exemple encore plus net des effets paralysants que peut avoir le fait de s'en tenir à une approche et à des solutions multilatérales pour faire face, en l'occurrence, à

---

10. *Cf. Inis L. Claude Jr., « The Tension between Principle and Pragmatism in International Relations », art. cité, p. 225.*

11. *Pour un débat plus complet sur les conséquences, voir Mats Berdal, « The Security Council and the War in Bosnia », dans David Malone (ed.),* The UN Security Council : From the Cold War to the 21st Century, *Boulder (Colo.), Lynne Rienner Publishers, 2004.*

des violations massives et indiscutables des droits de l'homme. En avril 1994, lorsque le rythme des massacres s'est accéléré au Rwanda, la seule option sur laquelle les membres du Conseil de sécurité aient réussi à se mettre d'accord a été la réduction rapide de la force de maintien de la paix que les Nations unies avaient mise en place dans le pays, jusqu'à en faire une « force squelettique[12] ». Beaucoup plus récemment, des critiques de même nature sur le danger d'inaction résultant de la recherche d'un « consensus » ont été formulées à propos de la violence qui sévit au Soudan, dans la région du Darfour. Selon un rapport présenté en mars 2005 par la Commission spéciale des affaires étrangères du Parlement britannique, « la réponse de la communauté internationale aux événements du Darfour a été tardive et inadaptée [...] avec pour résultat des pertes en vies humaines qui auraient pu être évitées[13] ». Certains observateurs ont estimé que le désir de faire respecter un accord difficilement obtenu entre les parties dans les négociations pour mettre fin à la guerre civile dans le Sud du pays et assurer le plus rapidement possible le déploiement d'une force multinationale de maintien de la paix selon les termes de l'accord, a été l'une des causes de cette incapacité à répondre rapidement à la violence et à l'urgence humanitaire au Darfour, en 1994 et 1995[14].

---

12. UNSC Resolution 912, *21 avril 1994. Sur les conséquences, voir le compte rendu poignant et totalement déprimant qu'en donne Roméo Dallaire,* J'ai serré la main du diable : la faillite de l'humain au Rwanda, *Québec, Éditions Libre Expression, 2003.*

13. *Select Committee on Foreign Affairs,* Fourth Report, Human Rights, *26 mars 2005, § 159 (http://www.parliament.the-stationery-office.co.uk/pa/cm/cmfaff.htm).*

14. *Un « accord général de paix » a été signé entre le gouvernement du Soudan et le SPLM (Mouvement de libération du peuple soudanais), le 9 janvier 2005.*

Deux raisons supplémentaires expliquent pourquoi l'assertion banale selon laquelle le « multilatéralisme » est toujours et de loin préférable à l'« unilatéralisme » n'est pas toujours très éclairante[15]. Tout d'abord, si l'on se place dans une perspective historique, on constate que la relation précise qui existe entre action multilatérale et action unilatérale est moins souvent du type « soit l'une, soit l'autre » que les débats actuels ne semblent le laisser entendre. En Bosnie, en 1995, et au Kosovo, en 1999, l'intervention décisive a finalement été entreprise sur une base collective, mais seulement après que les grandes puissances eurent convaincu, par la douceur et la persuasion, les autres États de la nécessité d'agir et qu'ils eurent eux-mêmes assumé la responsabilité principale de l'action menée jusqu'à son terme. L'après-guerre froide fournit à cet égard d'autres exemples, moins souvent cités. En avril 1997, onze pays européens ont contribué à une mission militaire et humanitaire en Albanie en envoyant des troupes et du personnel civil, pour répondre à une détérioration rapide de la situation économique et sociale du pays qui se trouvait au bord de la guerre civile (du moins, c'est ce que l'on pouvait craindre à l'époque). Cette opération, baptisée *Opération Alba*, est à présent très généralement considérée comme un exemple réussi de déploiement militaire préventif. Bien qu'elle ait été autorisée par le Conseil de sécurité au titre d'une action multilatérale, elle n'aurait certainement pas pu démarrer si l'Italie ne s'y était pas intéressée et n'en avait pas pris la direction[16].

15. *On trouvera un bon exemple, d'ailleurs non surprenant, de cette hypothèse dans Kofi Annan, « America, the United Nations and the World : A Triple Challenge », extrait de* Commencement Address, Harvard University, *10 juin 2002, disponible sur http://www.opendemocracy.net/articles*

16. *Résolution 1101 du Conseil de sécurité des Nations unies, 28 mars 1997.*

De même, les efforts déployés par les Nations unies pour aider le Timor Oriental dans sa transition du statut de colonie indonésienne à celui d'État indépendant – efforts qui ont notamment conduit au déploiement sur place d'une importante mission multinationale – n'ont pu être couronnés de succès que parce que l'Australie en a pris la direction. Dans chaque cas, l'opposition communément admise entre multilatéralisme et unilatéralisme n'a guère de sens. En réalité, comme le fait observer Inis L. Claude avec perspicacité, « les organismes multilatéraux ne se lancent dans des entreprises diffi-ciles et risquées que lorsqu'un État puissant décide d'en prendre la direction – direction qui consiste non pas à s'en rapporter à la majorité et à la suivre, mais à avancer en entraînant la majorité[17] ».

En second lieu, insister de manière partiale et sans distance critique sur les vertus du multilatéralisme peut donner l'impression que les organisations internationales comme l'ONU sont des acteurs totalement désintéressés, uniquement préoccupés d'un « bien commun » défini en termes abstraits, et non pas des ensembles complexes d'États membres qui ont chacun des intérêts différents, des traditions historiques particulières et des conceptions rivales de leur rôle dans le système international. Il est certain que la diplo-matie internationale, dans la période qui a précédé la guerre en Irak en 2003, a montré qu'il faut encore tenir compte de considérations de politique-puissance pour comprendre non seulement le système international, mais aussi le fonctionnement d'une organisation comme l'ONU. Une foi inconditionnelle dans les institutions multi-latérales peut aussi conduire à surestimer leurs capacités – en termes de ressources matérielles, de structures décisionnelles, de solidité financière et de chartes et documents constitutifs –

---

17. Inis L. Claude Jr., « *The Tension between Principle and Pragmatism in International Relations* », art. cité, p. 225.

lorsqu'elles doivent faire face aux défis actuels dans le domaine de la sécurité. Tout cela aboutit souvent à méconnaître les données de base du fonctionnement des organisations multilatérales, comme en témoignent bien des débats en cours sur le rôle des Nations unies dans le maintien de la paix et de la sécurité internationale.

Le rôle des Nations unies dans le maintien de la paix et de la sécurité internationale

Un des traits frappants de l'histoire des Nations unies dans les années qui ont suivi la guerre froide est la fréquence avec laquelle l'Organisation a été vilipendée, rejetée et jugée moribonde, pour être ensuite à nouveau sollicitée et utilisée, que ce soit pour mener d'importantes opérations sur le terrain ou, à travers le Conseil de sécurité, pour légitimer les actions entreprises par des États membres[18]. La reprise de la guerre civile en Angola (1992), la débâcle en Somalie (1993), le génocide au Rwanda (1994), la guerre en Bosnie (entre 1992 et 1995), l'opération de l'OTAN au Kosovo (1999), à l'époque, tous ces événements ont été décrits comme des crises mettant en cause, selon les cas, la « définition » ou la « survie » de l'Organisation, ou comme des crises « existentielles ». De même, en février 2003, le Secrétaire d'État américain de l'époque, Colin Powell, déclara au Conseil de sécurité (dans un discours qu'il eut plus tard de bonnes raisons de regretter) qu'il risquait de se mettre lui-même hors jeu s'il permettait à l'Irak de

---

18. *Les pages qui suivent s'appuient sur mon article « The UN Security Council : Ineffective but Indispensable », Survival, 45 (2), été 2003.*

« continuer à braver sa volonté sans riposter avec rapidité et efficacité[19] ».

Bien que l'ONU soit toujours entourée d'une certaine atmosphère de crise, on ne peut pas dire que les âpres discussions auxquelles a donné lieu la guerre en Irak aient entraîné une marginalisation permanente de l'Organisation dans les affaires internationales, comme beaucoup l'avaient prédit au moment où on allait vers la guerre. En fait, depuis les derniers mois de 2003, les États-Unis ont plutôt cherché à réassocier l'ONU aux opérations en Irak plutôt qu'à l'en exclure, mais, il faut le reconnaître, dans des limites qu'ils ont eux-mêmes strictement définies. L'intensité des débats qui ont accompagné, en 2004 et 2005, la publication de diverses proposi-tions de réforme des organes des Nations unies peut finalement attester d'un intérêt largement répandu pour le destin de l'Organisa-tion et la direction qu'elle pourrait prendre. Et de fait, même l'actuelle administration américaine que beaucoup jugent, avec raison, dure et critique quant à l'avenir des Nations unies, a répondu au rapport du Groupe de personnalités de haut niveau en déclarant que l'ONU était encore une organisation d'une importance « vitale[20] ».

Mais l'indice le plus significatif de la vitalité que conserve l'ONU est sans doute la recrudescence de ses interventions sur le terrain au cours de ces deux dernières années. Depuis mai 2003, pas moins de cinq opérations de maintien de la paix ont été autorisées par le

---

19. *Discours du secrétaire d'État américain Colin Powell au Conseil de sécurité des Nations unies, 5 février 2003 (http:// www.whitehouse.gov/news/releases/2003/02/20030205-1.html).*

20. *Kim R. Holmes, Assistant Secretary for International Organization Affairs, « Why the United Nations Matters to US Foreign Policy », Remarks before the Baltimore Council on Foreign Affairs, 6 décembre 2004 (http://www.state.gov/p/io/ ris/c10997.htm).*

Conseil de sécurité. À l'exception de la nouvelle Mission de stabilisation des Nations unies à Haïti (MINUSTAH) autorisée par le
Conseil en 2004 et comportant le déploiement d'environ sept mille
soldats et mille cinq cents policiers civils, ces nouvelles opérations
ont toutes concerné l'Afrique[21]. Le nombre total des militaires et
policiers civils déployés dans les missions de l'ONU, au début de
l'année 2005, avoisinait les sept mille ; ces personnels provenaient de
plus d'une centaine de pays et participaient à plus de seize missions.
Lorsque, plus tard en 2005, la nouvelle mission de maintien de la paix,
mission de grande ampleur qui a été mise sur pied pour contrôler
l'application de l'accord passé entre le gouvernement du Soudan et le
Mouvement de libération du peuple soudanais, aura déployé tous ses
effectifs, le chiffre global approchera le chiffre record de fin 1993,
lorsque quelque quatre-vingt mille personnes étaient engagées sous
le drapeau de l'ONU, à travers également seize missions. Il est important de noter que cet afflux de nouvelles missions ne signifie pas le
retour à des opérations de maintien de la paix plus modestes et
« traditionnelles ». En fait, toutes les missions engagées ont été chargées de tâches extrêmement ambitieuses – certains diront beaucoup
trop ambitieuses – qui vont de la surveillance du respect des droits de
l'homme à l'organisation d'élections nationales ou au contrôle de
vastes programmes de démobilisation et de réinsertion.

---

21. *L'une d'elles, la Mission des Nations unies dans la République démocratique du Congo (MONUC) a consisté à renforcer de
manière importante une mission existante ; les autres opérations
sont : la Mission de l'ONU au Libéria (MINUL), l'Opération des
Nations unies en Côte d'Ivoire (ONUCI) et l'Opération des
Nations unies au Burundi (ONUB). Par ailleurs, le Conseil de
sécurité a également autorisé, en mai 2003, le déploiement à
Bunia, dans l'Est du Congo, d'une force multilatérale intérimaire
d'urgence dirigée par la France.*

Comment peut-on alors expliquer ces manifestations de vitalité de l'ONU, lorsqu'on parle à son propos de crise et d'inadaptation croissante à la réalité ? Bien qu'en tant qu'organisation elle soit manifestement confrontée à de vrais défis – certains qu'elle s'est elle-même créés, d'autres qui résultent de changements structurels à long terme de l'environnement international –, il y a des raisons de douter de l'imminence de sa disparition. Quatre éléments peuvent être retenus, qui laissent à penser que l'Organisation continuera à jouer un rôle dans le domaine de la paix et de la sécurité.

Le premier, c'est le rôle de l'ONU en tant que gardien protecteur des principes clés et des normes, toujours considérés comme éléments fondateurs de l'ordre international – les principes, liés entre eux, de souveraineté égale, de non-agression et de non-ingérence. Le rôle des Nations unies à cet égard a toujours été particulièrement apprécié du monde en voie de développement, dont on sait qu'il rassemble un grand nombre de pays de plus en plus divers, représentant la majorité des États membres. Dans leur réponse au rapport présenté par le Groupe de personnalités de haut niveau, ces pays ont à nouveau clairement affiché leur souci d'éviter tout affaiblissement de ce qu'ils considèrent comme les règles fondamentales constituant l'armature du système international actuel[22]. Pour le Tiers Monde, la doctrine de guerre préventive proclamée par le gouvernement américain après le 11 septembre, tout comme le développement, bien antérieur au 11 septembre, de ce que l'on a

---

22. *Pour la réponse officielle du Groupe des 77, voir* Statement by Ambassador Stafford Neil, Permanent Representative of Jamaica to the UN and Chairman of the Group of 77, Inlormal Meeting of the General Assembly on the Recommendations Contained in the Report of the High-Level Panel on Threats, Challenges and Change, *New York, 27 janvier 2005.*

appelé le « nouvel interventionnisme » et qui a été prôné en
général par l'Occident libéral, sont désormais considérés comme
des défis directement lancés à ces normes. Les arguments avancés
par les pays développés devraient toujours être minutieusement
examinés pour le mélange d'intentions sous-jacentes dont ils sont
inévitablement le reflet. Certains de ces arguments sont tout sauf
convaincants, en particulier lorsqu'ils sont invoqués par des
régimes qui laissent beaucoup à désirer quant au respect des droits
de l'homme. D'autres arguments, plus subtils, doivent être rejetés
à d'autres titres. Par exemple, un universitaire distingué, cherchant à expliquer l'attitude des pays du Tiers Monde vis-à-vis de
l'« intervention humanitaire », a déclaré qu'ils « risquaient fort de
faire une [...] différence entre deux types de violation des droits de
l'homme pouvant entraîner une intervention : des violations
visant à renforcer la puissance d'un État ou des violations destinées à permettre à des régimes disposant d'une base territoriale
limitée de l'agrandir par la conquête[23] ». Qu'il arrive ou non que
de telles différences soient établies, peut-être à un niveau
subconscient, on doit les rejeter pour les dangers qu'elles présentent, car elles ouvriraient la voie à des distinctions aussi falla-
cieuses qu'indéfendables entre violations des droits de l'homme
« acceptables » ou « inacceptables ». En même temps, même si
l'attachement obstiné de certains pays développés à la norme de la
non-intervention peut traduire des motivations aussi égoïstes
que dépourvues de noblesse, toutes les raisons invoquées pour
continuer à respecter cette norme ne doivent pas pour autant être

---

23. *Mohammed Ayoob, « Third World Perspectives on
Humanitarian Intervention and International Administration »,*
Global Governance, *10 (1), 2004, p. 106.*

écartées[24]. En particulier, la norme de la non-intervention – bien qu'elle ne soit évidemment pas sacro-sainte – contribue non seulement à la protection des États faibles mais, ce qui est encore plus important, comme l'a rappelé à juste titre le Groupe de personnalités de haut niveau, au maintien de l'« ordre global[25] ».

En second lieu, et en relation directe avec ce rôle de gardien des normes, le caractère quasi universel de l'Organisation lui a donné une capacité unique à conférer une légitimité aux actions et aux revendications des États. Dans la période qui a conduit à la guerre en Irak, Richard Perle, parmi d'autres, a soutenu qu'un « rassemblement démocratique » ou une « coalition volontaire de démocraties libérales » pouvait constituer une source de légitimité alternative à celle des Nations unies[26]. Quoi qu'il en soit, on voit en tout cas que l'occupation de l'Irak par les troupes américaines et britanniques a fait prendre conscience du prix à payer lorsqu'on s'affranchit de la légitimité que l'ONU est seule capable d'accorder. Larry Diamond, un universitaire réputé qui s'intéresse particulièrement aux problèmes de démocratisation et qui a observé l'évolution

---

24. *Pour une discussion élaborée sur ce thème, voir Jennifer Welsh, « Taking Consequences Seriously : Objections to Humanitarian Intervention », dans Jennifer Welsh,* Humanitarian Intervention and International Relations, *Oxford, Oxford University Press, 2004, p. 52-71.*

25. A More Secure World..., op. cit., *A/59/565, § 191, p. 51.*

26. *Richard Perle, « United they Fall »,* The Spectator, *22 mars 2003. En réponse à cela, la remarque qui s'impose est que les démocraties libérales, précisément parce que ce sont des démocraties libérales, n'ont pas toujours exactement le même point de vue sur les problèmes de sécurité internationale ; la crise des inspections de l'ONU en Irak, qui a vu l'Allemagne et la France s'opposer aux États-Unis et à la Grande-Bretagne, en offre une claire illustration.*

de la situation sur le terrain dans l'Irak occupé, a montré de manière convaincante que « le manque de légitimité de Washington était si considérable qu'il aurait dû, dès le remplacement de [Jay] Garner en mai 2003, donner à l'ONU une coresponsabilité globale avec l'Autorité provisoire de la Coalition, dans l'administration de l'Irak après la guerre et dans la gestion de la transition politique[27] ».

On dit parfois que les organisations régionales peuvent fournir une source alternative de légitimité pour des interventions extérieures, qu'on les considère ou non comme des « rassemblements démocratiques ». Certes, la Charte des Nations unies permet d'utiliser les « agences et les accords régionaux » – plusieurs Secrétaires généraux dans un passé récent ont encouragé cette pratique –, mais il est clair que les résultats inégaux obtenus par les organisations régionales dans le domaine de la sécurité s'expliquent en partie par la difficulté qu'elles ont rencontrée à acquérir la légitimité nécessaire pour soutenir leurs opérations et leurs activités. Ainsi, l'efficacité de l'engagement de l'Union européenne dans le conflit yougoslave, au début des années 1990, a été en partie entamée par le fait que certains acteurs locaux estimaient que, pour des raisons historiques ou politiques, les États membres de l'Union européenne prenaient chacun parti dans le conflit. Dans d'autres cas, la partialité est plus évidente, comme dans les soi-disant activités de « maintien de la paix » menées par les forces de la CEI conduites par la Russie dans des territoires comme l'Ossétie du Sud, la Moldavie orientale et le Tadjikistan, au cours des années 1990. De même, dès son arrivée au Liberia, la Force de paix ouest-africaine (ECOMOG) mise en place par la Communauté économique des États de l'Afrique de l'Ouest (CEDEAO) a dû se battre pour surmonter la perception qu'en avaient

---

27. *Larry Diamond, « What Went Wrong in Iraq »,* Foreign Affairs, *septembre-octobre 2004.*

les États voisins, qui voyaient en elle non pas un troisième acteur impartial mais plutôt un instrument de promotion des intérêts régionaux du Nigeria. Comme Richard Perle, on peut ne pas apprécier cela et préférer voir l'ONU comme un « moulin à paroles se dressant sur les bords de l'Hudson[28] ». Il n'en reste pas moins que la capacité à conférer une légitimité aux actions des États demeure une de ses fonctions essentielles.

En troisième lieu, on sous-estime souvent la véritable utilité que présente l'ONU pour ses membres, et en particulier pour ses membres permanents, qui constitue pour eux une motivation puissante pour s'abstenir d'affaiblir ou de saper inutilement son autorité[29]. Cela vaut pour les États-Unis comme pour les autres membres permanents, la Chine, le Royaume-Uni, la France et la Russie, bien qu'à un degré différent. Pour chacun des trois derniers pays cités, siéger au Conseil de sécurité induit un statut, un prestige et une influence diplomatique hors de proportion avec leur puissance respective, qu'elle soit mesurée en termes de force militaire ou de puissance économique, ou en combinant les deux. Pour les cinq membres permanents dans leur ensemble, comme le faisait observer avec une ironie désabusée Conor Cruise O'Brien dans les derniers jours d'optimisme de l'après-guerre froide, on peut toujours faire confiance aux Nations unies pour servir de « bouc émissaire aux vanités et aux folies des hommes d'État » ; en fait, poursuivait-il, « l'ONU est aussi faite pour ça, et c'est en bonne partie en ça qu'elle peut être utile aux dirigeants nationaux »[30].

---

28. Richard Perle, « *United they Fall* », art. cité.

29. Pour une discussion plus approfondie, voir Mats Berdal, « *The UN Security Council : Ineffective but Indispensable* », art. cité.

30. Conor Cruise O'Brien, « *Faithful Scapegoat to the World* », The Independent, *1er octobre 1993.*

Enfin, et de manière plus positive, observons que dans la période qui a suivi la guerre froide, l'ONU, en tant qu'organisation, a aussi prouvé, malgré un parcours hésitant, qu'elle était capable d'adapter son mode de fonctionnement aux nouveaux défis d'un monde en changement. Le bilan de son action au cours des quinze dernières années est sans aucun doute inégal, mais il est loin d'être mauvais et on peut observer un « processus d'apprentissage » (même si ce n'est pas au sens institutionnel du terme). La principale leçon que l'on en tire est que l'ONU en elle-même n'est ni faite ni structurellement équipée pour agir comme un organe de coercition, c'est-à-dire pour imposer sa volonté par la contrainte ou la force armée à des belligérants ou des parties dans un conflit. Elle ne dispose ni des capacités ni surtout de l'engagement politique de ses États membres pour que la contrainte devienne une option possible. On pourrait dire qu'on enfonce là une porte ouverte. Et pourtant, à la fin des années 1980 et au début des années 1990, on a longuement débattu sur des appels à créer une « armée de l'ONU » et à renforcer le Comité d'état-major, ainsi que sur d'autres mesures destinées à donner aux Nations unies une capacité semi-autonome d'agir par la force[31]. À l'heure actuelle, ces sujets n'intéressent plus vraiment les milieux politiques ni même le monde des chercheurs.

Cela ne veut pas dire que l'ONU en est simplement revenue aux pratiques testées et éprouvées du maintien de la paix classique à l'époque de la guerre froide. Alors que ces pratiques sont encore

---

31. *Le rapport du Groupe de personnalités de haut niveau appelle à supprimer le Comité d'état-major (article 47 de la Charte des Nations unies),* A More Secure World, *op. cit.,* § *300, p. 73. Sur ces débats plus anciens, voir Brian Urqhart,* « For a UN Volunteer Army », The New York Review of Books, *40 (11), juin 1993.*

requises pour faire face à certaines situations – en témoigne l'opération pour stabiliser la ligne de front après la guerre entre l'Éthiopie et l'Érythrée en 2000 –, l'ONU a de plus en plus souvent été sollicitée pour des tâches plus complexes, bien que fondamentalement basées sur le consensus. Dans bien des cas, l'ONU a été amenée à entreprendre des actions débordant largement son rôle traditionnel de maintien de la paix, et, bien plus souvent que par le passé, à intervenir avec d'autres organisations, notamment des organisations régionales, des institutions financières internationales et des ONG. Quatre domaines d'action qui se recoupent partiellement sont particulièrement concernés et continueront sans doute à faire l'objet d'une attention particulière :

– l'organisation de – ou l'aide à – la démobilisation, le désarmement et la réinsertion (DDR) de tous les combattants – réguliers ou irréguliers – à l'issue d'un conflit armé, notamment en s'efforçant de réorganiser et de reconstruire des zones de sécurité dans des pays dévastés par la guerre[32] ;

– la prise en charge de tâches complexes de surveillance, y compris dans le domaine des droits de l'homme et des armes de destruction massive, avec à l'appui une grande extension des opérations de police civile ;

– un rôle central, bien que variable, dans l'administration de pays détruits par la guerre, depuis le Cambodge (en 1993) avec un contrôle limité de l'ONU sur quelques ministères clés pendant une période de transition, jusqu'au Timor Oriental (en 2000) et au

---

32. *Le programme DDR est au cœur de plusieurs opérations nouvelles de grande ampleur lancées par le Conseil de sécurité depuis mai 2003, y compris l'opération au Liberia. Cf. la résolution 1509 du Conseil de sécurité des Nations unies du 19 septembre 2003.*

Kosovo (depuis 1999) où l'Organisation assume la responsabilité de l'ensemble des fonctions gouvernementales ;

– l'intervention effective dans l'organisation, le contrôle ou l'assistance à la tenue d'élections, comme tout récemment en Irak, en janvier 2005.

Ce type d'actions ne constitue pas une solution de rechange au recours ou à la menace de recours à la force pour répondre à des menaces spécifiques ou à des cas particulièrement « choquants moralement » de violations des droits de l'homme[33]. Mais ce sont manifestement des tâches essentielles à remplir, surtout dans des pays ou des régions qui se retrouvent dans une situation d'épuisement et d'instabilité au sortir d'une longue période de conflit violent. Elles témoignent également d'une certaine capacité d'adaptation institutionnelle de l'Organisation depuis le début des années 1990. Les efforts significatifs déployés par certains États membres pour renforcer cette capacité des Nations unies à entreprendre ce type d'activités – peut-être dans le contexte de la mise en œuvre du rapport du Groupe de personnalités de haut niveau – ont une meilleure chance d'aider à dépasser les « sérieuses divergences de vues touchant la nature des menaces[34] » auxquelles est confrontée l'Organisation, que n'en aurait un nouveau débat prolongé sur la réforme de ses principaux organes.

---

33. *Un terme évocateur mais nécessairement vague employé par la Commission internationale de l'intervention et de la souveraineté des États (CIISE) dans son rapport final,* La Responsabilité de protéger, *décembre 2001.*

34. *Termes de référence, voir* A More Secure World, op. cit., *p. 90.*

Conclusion : « Éloge de l'inconséquence »

L'éminent philosophe polonais Leszek Kolakowski a déclaré que l'inconséquence, lorsqu'on la définit comme « le refus de choisir une fois pour toutes entre des valeurs contradictoires », peut être considérée tout simplement comme « la conscience secrète des contradictions de ce monde[35] ». Et ce, parce qu'il existe « des valeurs qui s'excluent les unes les autres sans cesser d'être des valeurs » et que, « si des certitudes sur la supériorité absolue et exclusive d'une valeur donnée à laquelle tout devrait être subordonné étaient amenées à se répandre et à être largement mises en pratique, elles transformeraient inévitablement le monde en un champ de bataille toujours plus étendu[36] ».

La Charte des Nations unies renferme les principes de base et les règles qui en découlent, sur lesquels repose le système international contemporain : l'égalité souveraine des États, le principe de non-ingérence et l'interdiction générale du recours à la force. La même Charte parle également de « promouvoir et encourager le respect des droits de l'homme » ainsi que le « principe de l'égalité des droits et de l'autodétermination des peuples ». Tous ces principes et ces règles affirment la croyance en certaines valeurs, une croyance dont témoigne également l'engagement largement répandu en faveur du multilatéralisme dans les affaires internationales. Cela dit, comme le souligne clairement Kolakowski, la parfaite harmonie ou la réconciliation de ces valeurs entre elles est impossible, et l'inconséquence peut donc être considérée comme le « refus de

---

35. Leszek Kolakowski, « *In Praise of Inconsistency* », *dans* Leszek Kolakowski, Marxism and Beyond : On Historical Understanding and Responsibility, *Londres, Paladin, 1969, p. 231.*

36. Ibid.

choisir une fois pour toutes » entre elles. L'histoire de l'intervention humanitaire et de l'autodétermination dans la période qui a suivi la guerre froide, ainsi que les débats qui l'ont accompagnée, montrent bien les tensions qui existent entre des valeurs partiellement concurrentes, à aucune desquelles, et à juste titre, nous ne souhaiterions totalement renoncer.

Ainsi, nous croyons que les États ne devraient pas avoir à subir d'ingérence extérieure dans leurs affaires internes, mais, en même temps, que, dans certaines circonstances, la protection des droits humains fondamentaux peut s'imposer au détriment de ce principe. De même, en reprenant les mots d'Inis L. Claude, « on peut difficilement lutter contre un idéal, mais le vrai problème est de savoir si le monde pourrait vivre heureux avec les conséquences d'une adhésion inconditionnelle au principe de non-ingérence[37] ». Cette tension apparaît clairement dans la distinction que l'on fait souvent actuellement entre la légalité et la légitimité de certaines interventions – l'opération militaire menée par l'OTAN au Kosovo en 1999, par exemple, est fréquemment considérée comme largement légitime bien que techniquement illégale. De même, nous reconnaissons que les institutions multilatérales jouent un rôle essentiel dans la recherche d'un bien commun à l'échelle globale, mais, en même temps, que l'action unilatérale peut être nécessaire pour répondre à certaines menaces visant l'ordre international. Nous admettons que le recours à la force militaire pour résoudre des conflits devrait, en règle générale, être interdit, mais aussi qu'on ne peut pas l'écarter partout et en toutes circonstances. Vouloir nier totalement ce type de tensions exige soit un certain degré de malhonnêteté intellectuelle, soit une capacité particulière d'éviter les questions difficiles

---

37. *Inis L. Claude Jr., « The Tension between Principle and Pragmatism in International Relations », art. cité, p. 223.*

et embarrassantes. Cela n'empêche pas, bien entendu, certains gouvernements de faire des déclarations qui refusent de reconnaître ces tensions. Un parfait exemple en est donné dans le communiqué final publié par le Mouvement des non-alignés à l'issue de sa réunion au sommet en 2003, dont nous avons parlé au début de ce chapitre. Dans ce document, les chefs d'État ont observé que leur réunion avait été convoquée dans le but de « convenir d'une série de mesures visant à promouvoir la paix, la sécurité, la justice, la démocratie et le développement, induisant un système de relations multilatéral, fondé sur les principes de souveraineté, d'intégrité territoriale et d'indépendance des États, le droit des peuples à l'autodétermination et à la non-intervention dans les domaines relevant de la juridiction des États, en accord avec les dispositions de la Charte des Nations unies et du droit international ». Faire preuve d'une parfaite cohérence dans la réalisation de tous ces objectifs risque d'être difficile.

Et pourtant, comme le fait encore remarquer Kolakowski, il y a un certain type de situations qui, lui, exige une réponse totalement cohérente. C'est ce qu'il appelle les « situations élémentaires », c'est-à-dire « ces situations humaines où notre attitude morale ne varie pas en fonction des circonstances dans lesquelles elles se produisent[38] ». Elles comprennent, selon lui, l'agression ouverte et le génocide. Comme l'ont montré les débats et les atermoiements à propos de la situation au Darfour en 2004, l'application de ces termes à des cas précis sera toujours contestée. Mais la notion de « situation élémentaire » n'en reste pas moins capitale. Si l'on se reporte aux années 1990, il est difficile de ne pas reconnaître que les États membres de l'ONU ont, de fait, été confrontés à des

---

38. *Leszek Kolakowski, « In Praise of Inconsistency », dans Leszek Kolakowski,* Marxism and Beyond..., op. cit., *p. 236.*

situations de ce genre et que leur incapacité à y répondre a bien constitué, comme l'a affirmé avec force Roméo Dallaire dans le contexte du Rwanda, une « faillite de l'humanité[39] ».

---

39. *Roméo Dallaire,* op. cit.

Chapitre 13 / LA JUSTICE PÉNALE INTERNATIONALE : HUMILIATION OU DYNAMISATION DE LA SOUVERAINETÉ DES ÉTATS ?

Antoine GARAPON

La justice pénale internationale fait débat depuis sa création. Ce débat, qui pourrait bénéficier des cinquante ans d'expérience de cette justice, reste cantonné entre deux positions également réductrices : Schmittiens contre Kantiens, conception radicale de la souveraineté contre vision naïve de l'humanité, souverainistes contre universalistes. Un tel débat, dans le fond essentiellement idéologique, n'est pas très intéressant : il est, en tout cas, répétitif et assez abstrait. Chacune de ces positions nous frustre toujours d'une partie de son raisonnement : les partisans d'une justice internationale restent muets sur la question de la contrainte (qui est pourtant jusqu'ici considérée comme le critère du droit) et les autres passent par pertes et profits les victimes des conflits contemporains. Les premiers veulent croire que l'histoire peut être suspendue par la justice, les seconds restent aveugles à l'évolution profonde de la sensibilité des opinions démocratiques. Plus royalistes que le roi, ces derniers se montrent beaucoup plus radicaux que les titulaires du pouvoir politique qui, eux, ont compris depuis longtemps qu'ils n'avaient plus le choix et qu'il leur fallait désormais composer avec cette nouvelle donnée. Toutes les juridictions pénales internationales (du tribunal militaire international de Nuremberg à la Cour pénale internationale) ont, en effet, été créées à l'initiative de gouvernements et non par des juristes (cela serait leur faire un grand honneur que de penser qu'ils en ont le pouvoir). Elles l'ont été par des pouvoirs politiques et pour des raisons politiques[1], pas seulement par humanitarisme.

---

1. *Il existait, certes, depuis le début du* XXᵉ *siècle, un mouvement de juristes en faveur d'une cour pénale internationale*

Plutôt que de se perdre dans des oppositions radicales et stériles, il est plus stimulant de partir d'une contradiction fondamentale propre à la justice pénale internationale : celle-ci est bien une institution politique, conçue par les États, mais qui peut s'avérer antipolitique, en ce qu'elle délie ce qui fait le cœur de la politique, à savoir l'union du droit et de la force. La justice pénale internationale pose la reconnaissance de droits fondamentaux comme nouvelle finalité de la politique, mais en ignorant la condition politique de l'homme. Ces droits ne peuvent en effet être garantis hors d'une entité étatique, nécessairement circonscrite et singulière par rapport à la sphère internationale.

Comment dénouer ce paradoxe constitutif de la justice pénale internationale en évitant la régression, d'un côté, et la fuite en avant, de l'autre ? La régression serait de prôner le retour à un impossible modèle westphalien, et la fuite en avant de rêver à un illusoire « gouvernement mondial[2] ». L'entreprise est d'autant plus délicate que ces deux modèles ne sont pas congédiables. Mieux, ils doivent coexister. Le modèle westphalien a vécu sans qu'il soit possible de dire pour autant qu'il a été remplacé par un autre modèle post-national dont la justice pénale internationale serait la principale institution. Nous assistons plutôt à la cohabitation difficile

---

mais, dans le projet de Nuremberg, il servira plus de vivier pour choisir certains des juges que d'inspirateur. Le rôle des ONG sera plus déterminant pour le traité de Rome mais elles étaient largement soutenues par certains gouvernements (comme celui de la Grande-Bretagne ou du Canada).

2. C'est le postulat de Chantal Delsol (La Grande Méprise. Justice internationale, gouvernement mondial, guerre juste..., Paris, La Table ronde, 2004) : à aucun moment, elle ne semble envisager qu'on puisse concevoir la justice pénale internationale en dehors d'un gouvernement mondial.

d'un jeu interétatique classique, fait de rapports de force et de compromis, avec des institutions pénales qui prétendent appliquer le droit à des États. C'est cette coexistence entre deux modèles hétérogènes, voire incompatibles, qui doit être conceptualisée.

Nous proposons de réduire ce paradoxe par deux constats pragmatiques : on voit se préciser tout d'abord une forme de contrainte sur les États qui n'est pas assimilable à la force publique interne mais qui tient plutôt à un embryon d'espace public international. On découvre ensuite que les expériences les plus heureuses de cette justice (l'affaire Pinochet, les commissions sud-africaine ou marocaine) ont eu pour effet de relancer les rapports politiques internes.

Un nouvel espace public international

International et interne : la grande méprise

La difficulté de la justice pénale internationale vient de la projection implicite des rapports privés dans la sphère des rapports internationaux qui restent très marqués par l'état de nature. Est-il pertinent d'assimiler, de façon plus ou moins fantasmatique, le droit international et le droit interne ? C'est-à-dire un droit qui a vocation à s'appliquer automatiquement en toute indépendance de la politique, avec un autre « qui ne comporte ni interprétation indiscutable ni sanction efficace, qui s'applique à des sujets dont il se borne à constater la naissance et la mort, qui ne peut durer indéfiniment mais qu'on ne sait comment réviser[3] » ? Ce semi-état de

---

3. *Raymond Aron,* Paix et guerre entre les nations, *Paris, Calmann-Lévy, 1984, p. 119.*

nature ne doit pas être considéré comme une imperfection mais comme la condition même du droit international et, au-delà, du droit mondialisé aujourd'hui. Dans le cadre interne, le droit s'oppose à la politique, comme une règle indiscutable par opposition à ce qui peut être discuté. Projeter de manière intuitive cette vision très « interniste » sur la justice pénale internationale risque de rendre la politique sans objet en fournissant un critère infaillible de la bonne ou de la mauvaise action. Les rapports de puissance sont censés être anesthésiés par cette référence à un critère moral et juridique supérieur : les crimes contre l'humanité.

Les premiers pas de la justice pénale internationale ne permettent pas, en tout cas, de vérifier cet espoir et de voir les prémisses d'un nouvel ordre mondial qui viendrait en surplomb des États. Et ce, au moins pour deux raisons : tout d'abord, le droit et la justice ne disposent pas d'une communauté politique – c'est-à-dire d'une histoire partagée et d'une communauté de destin – à laquelle s'adosser ; ensuite, parce que la violence n'a peut-être pas la même signification. Dans un cas, cette violence est privée, c'est-à-dire référée à des intérêts égoïstes, dans l'autre, elle est consubstantielle au politique. S'il n'est pas difficile de s'accorder sur le scandale de la violence du crime de droit commun (même si l'on peut diverger sur les mesures les plus appropriées pour y répondre), la violence politique est plus ambiguë. Elle donne nécessairement lieu à des interprétations divergentes et la justice est prise dans le paradoxe suivant qu'a bien perçu Mark Osiel : plus l'État est démocratique, plus il doit admettre des divergences profondes entre les citoyens, à commencer par le jugement porté sur l'histoire. L'effet de réunion autour de la réprobation du crime conceptualisé par Durkheim ne peut fonctionner, parce qu'il subsistera toujours une partie de l'opinion pour penser que cette violence était justifiée.

L'incomplétude constitutive de la « communauté internationale », d'une part, et le lien profond de la politique et de la violence, d'autre part, introduisent un élément de discontinuité qui rend intransposable le modèle de droit interne. Il n'y aura jamais – et il ne peut y avoir – de système juridique pénal international similaire au système pénal interne.

Un paysage composite

Il est tout aussi prématuré de parler de système juridique en construction que de monde commun[4], voire de sentiment cosmopolitique[5], comme on le retrouve sous la plume de bons auteurs, tentés de surinterpréter quelques réalisations de la justice pénale internationale. Plus que l'ébauche d'un ordre juridique mondial, ce que l'on constate c'est un immense bricolage. Ce n'est pas un système que l'on voit se dessiner, ni même un réseau, mais la multiplication d'institutions très hétérogènes certes orientées vers un objectif commun mais qui reste bien difficile à formuler. Ce paysage très composite est formé d'institutions étatiques ou non, judiciaires ou parajudiciaires, onusiennes ou multilatérales, voire purement privées, habilitées à agir à des titres très divers pour mettre en œuvre la justice pénale internationale au sens large. On assiste à l'éclosion de juridictions *sui generis* (Sierra Leone), de tribunaux *ad hoc* (TPIY, TPIR) ou de juridictions mixtes (Kosovo, Timor Oriental), qui mettent en déroute les modèles traditionnels de la justice. La CPI, qui a pourtant marqué un saut qualitatif, n'a pas unifié le système. À cela, il

---

4. *Étienne Tassin,* Un Monde commun. Pour une cosmopolitique des conflits, *Paris, Le Seuil, 2003.*

5. *Ulrich Beck,* Pouvoir et contre-pouvoir à l'ère de la mondialisation, *traduit de l'allemand par Aurélie Duthoo, Paris, Aubier, 2003.*

faut ajouter toutes les juridictions internes qui peuvent, à un titre ou à un autre mettre en œuvre la compétence universelle. Ce paysage n'est pas limité à des juridictions au sens classique du terme, tant le recours à des formes non juridictionnelles est ouvert par les textes eux-mêmes.

Une telle hétérogénéité interdit de parler d'un système unifié à la Kelsen, dont la Cour pénale internationale serait le faîte. On est plutôt en présence d'un ensemble d'échanges d'informations, d'idées, de personnel et d'interprétations. Cet ensemble de décisions non hiérarchisées entre elles est polycentrique et décentralisé : il inaugure un rapport nouveau qui n'est ni de subordination ni de simple recommandation, mais bien d'influence réciproque en dehors de toute contrainte formalisée – voire de dialogue comme dans le cas cambodgien où l'ONU et le gouvernement de Phnom Penh sont entrés dans une véritable négociation en vue de mettre sur pied un tribunal, dont la concrétisation se précise[6], pour juger les Khmers rouges coupables du génocide. Cet espace public international se distingue de l'idée classique de « scène internationale » en ce qu'il n'est plus seulement constitué d'États mais d'un grand nombre d'acteurs témoignant du pluralisme interne propre aux sociétés post-westphaliennes (il est de plus en plus difficile de parler en général des États-Unis tant la position de l'administration Bush diffère de celle, par exemple, d'Human Rights Watch qui est essentiellement américaine).

Recensons rapidement les différentes formes que peut prendre cette influence entre des juridictions pourtant absolument indépendantes les unes des autres :

---

6. Voir *Le Monde*, « *Le génocide khmer rouge continue de hanter le Cambodge* », *16 avril 2005.*

- une fonction de *médiation,* tout d'abord, comme dans le cas de l'indemnisation des Juifs spoliés : l'action devant un tribunal de New York débloque la situation en France et l'administration américaine se propose comme médiatrice dans cette histoire franco-française ;

- une fonction d'*admonestation,* ensuite, comme le montre la décision de la Cour internationale de justice[7] qui ordonna aux juridictions américaines, le 31 mars 2004, de réexaminer les cinquante et une peines de mort infligées à des ressortissants mexicains en estimant que celles-ci avaient été prononcées en violation du droit international (décision qui resta sans effet) ;

- une fonction de *stimulation,* également, comme en témoigne l'affaire Pinochet[8] ;

- une fonction d'*évaluation* peut aussi être induite par le principe de complémentarité ou de continuité : le TPIY, par exemple, doit évaluer si les juridictions locales sont en mesure de juger des crimes de guerre avant de leur transférer certains de ses dossiers. On retrouve également cette fonction dans la mise en œuvre du mandat européen ;

- une fonction d'*enrichissement mutuel* (*cross fertilization*) caractérise ces échanges entre juges, puisque les juridictions s'enrichissent en permanence du travail des autres. Il implique aussi une *collaboration* directe, dans le cadre de l'interprétation par les différents tribunaux alliés de l'Allemagne occupée : chaque juridiction complète et précise un même texte et voit ses décisions respectées par les autres juridictions ;

---

7. *Affaire* Avena et autres ressortissants mexicains (Mexique *v.* États-Unis d'Amérique*), Cour internationale de justice, arrêt du 31 mars 2004.

8. *Voir* infra.

- une fonction de *neutralisation*, quand, par exemple, le Congo-Brazzaville ouvre une instruction contre des militaires soupçonnés d'être impliqués dans le massacre du Beach pour échapper à la procédure instruite en France sur la base de la compétence universelle[9] ;

- une fonction d'*émulation*, comme en matière d'interprétation de la Convention européenne des droits de l'homme par les différentes juridictions nationales.

Un espace d'action

Ce qui définit un espace juridique, c'est une règle commune pour agir dedans. En deux décennies, les États ont créé une palette de mécanismes permettant à un grand nombre de personnes et d'organismes, comme les ONG, de lutter contre l'impunité, c'est-à-dire, d'empêcher que la souveraineté ne se referme sur elle-même. Ainsi, en mettant en place des institutions, en créant des précédents, cette justice pénale internationale ne fait que la moitié du chemin : le reste doit être réalisé par l'action de nouveaux acteurs qui se saisissent ou non des voies qui leur sont offertes. Contrairement à ce qui se passe dans l'espace interne où la justice pénale est mise en action à la requête d'officiers publics, la justice pénale internationale se présente comme un champ d'action disponible à ceux qui veulent l'investir, plutôt que comme des juridictions mettant spontanément en œuvre des normes.

Cet espace ne prend vie que grâce à une « constellation stratégique d'acteurs plus ou moins collectifs, qui interagissent, appliquent ou modifient la règle, et dont les positions, les ressources et

---

9. *Voir le rapport du Groupe d'action judiciaire de la FIDH du 15 juillet 2004*, République du Congo. Affaire « des disparus du Beach » de Brazzaville, *rapport n° 400, juillet 2004*.

les parts de pouvoir sont déterminées et modifiées les unes en fonction des autres[10] ». Dans ce sens-là, l'état actuel de la justice pénale internationale serait un bon exemple de la seconde modernité qui, pour Ulrich Beck, doit s'analyser comme un « méta-jeu ». C'est la règle commune qui confère à un espace son homogénéité. La différence entre un système qui met en place une hiérarchie des normes dont on exige l'application (attitude que l'on retrouve chez beaucoup de militants des droits de l'homme) et un espace politique, c'est que, dans un cas, la justice est déjà là, dans l'autre, elle reste à construire. Considérée ainsi, la justice pénale internationale ne dépolitise pas mais repolitise un espace plus grand que la nation en offrant à tous – ONG internationales ou nationaux alliés avec des étrangers – la possibilité de créer des droits, de les faire respecter, de les réaliser. Bref, un espace pour un nouveau type d'action politique.

La contrainte de la publicité

À l'idée du système, il faut substituer celle d'un espace public embryonnaire dans lequel la publicité, la visibilité de ce que fait un État, recèle une force en soi. C'est sous la pression des opinions publiques que les TPI ont été créés. C'est pour garder leur confiance que les États s'engagent dans des réformes qui sont, bien souvent, des gesticulations mais qui ouvrent en tant que telles des opportunités dont peuvent s'emparer des forces aussi bien nationales qu'internationales (on pense bien sûr aux ONG). Il s'agit donc d'un espace qui n'est pas le chaos ni l'état de nature, parce que la force a certes une grande importance, mais n'y règne pas seule.

---

10. *Ulrich Beck,* op. cit., *p. 56.*

Moins qu'un monde commun mais plus qu'une simple juxta-position d'États et d'univers moraux, voilà comment on pourrait sommairement définir ce nouvel espace judiciaire mondial. Il n'est pas généralisé : des pays comme la Chine, la Russie, d'autres pays autoritaires ou dictatoriaux, mais aussi des démocraties comme l'Inde, s'en extraient délibérément. À la différence de l'état de nature, les pays qui acceptent d'entrer dans cet embryon d'espace public assument certaines contraintes, à commencer par celle de montrer un minimum de cohérence dans leur conduite. On peut parler d'espace public en effet à partir du moment où ses participants se sentent un tant soit peu engagés par une position générale de principe à l'égard de l'opinion des autres États. Cette mise en regard, cette visibilité, produit des effets spécifiques qui s'appellent « confiance », « reconnaissance mutuelle », « réputation », « crédit », etc. L'influence qu'un pays pourra exercer sera directement proportionnelle à la confiance qu'inspirera sa justice.

Un bon exemple de cet espace public décentralisé, qui oblige les États à choisir entre le statut de partenaire ou de paria, nous est donné aujourd'hui par la Serbie-Monténégro. Elle a été le dernier pays de la région à signer, le 12 avril 2005, un accord de stabilisation et d'association avec l'Union européenne. L'étude de faisabilité a donné un avis positif essentiellement du fait du changement d'attitude sensible des autorités serbes vis-à-vis du TPIY. Dans le premier semestre de l'année, onze inculpés serbes ont été transférés vers le TPIY. La collaboration avec la justice internationale est encore loin d'être parfaite mais elle s'améliore et, avec elle, le pays, encore fragile, sort peu à peu du statut de paria dans lequel les aventures militaires du régime Milosevic l'avait fait basculer. Comme l'écrit le Slovène Borut Grgic (la Slovénie a été le premier des pays de l'ex-Yougoslavie à pouvoir intégrer l'Union euro-péenne), « le TPIY n'a pas été créé pour punir les nations balkaniques, ou pour rendre le chemin vers l'Union européenne plus difficile, mais pour les aider à dégager la responsabilité de ceux qui ont considéré que le génocide, les crimes et le viol étaient des méthodes acceptables dans l'Europe de l'après-guerre mondiale[11] ».

On aurait tort de penser que la pression née de cet espace public ne s'exerce que sur des petits pays comme ceux dont on vient de parler. Les puissants, à commencer par le premier d'entre eux, peuvent également la subir : pour preuve, l'opposition des États-Unis à la Cour pénale internationale. Si, d'un côté, les États-Unis ont apporté le soutien le plus décisif aux tribunaux *ad hoc*, de l'autre, ils sont devenus les opposants les plus féroces à la CPI en engageant notamment une campagne d'accords bilatéraux avec les États parties pour que leurs ressortissants ne puissent être extradés vers cette Cour. Le 8 décembre 2004, fort de la nouvelle victoire électorale de George W. Bush, le Congrès américain a adopté l'amendement anti-CPI joint à la *Foreign Operations Appropriations Bill* qui retire le bénéfice du Fonds de soutien économique aux États parties à la CPI qui n'ont pas signé d'accords bilatéraux d'immunité avec les États-Unis.

La situation au Darfour les a amenés cependant à devoir accepter la saisie de la CPI. Dans le courant de l'été 2004, l'administration américaine s'était en effet lancée, quasiment seule au départ, dans une surenchère verbale qualifiant la situation de « génocide ». L'objectif était plutôt rhétorique afin de détourner l'attention de la situation irakienne et de s'arroger un rôle pionnier dans la lutte pour la liberté et contre les violations de masse (ce qui était censé justifier indirectement l'engagement irakien). On sait ce qu'il en advint : quelques mois après, au Conseil de sécurité, la même administra-

---

11. Borut Grgic, « *Let the War Crimes Tribunal Do its Work* »,
International Herald Tribune, *9 mars 2005*.

tion, pourtant confortablement réélue, n'a pu opposer son veto à la saisine de la Cour pénale internationale sous peine de se déjuger. Cette contrainte non juridique est la contrepartie indispensable pour prétendre peser sur cet espace public international.

Une relance des rapports politiques internes

Cet espace public qui est, comme on vient de le voir, moins en surplomb qu'en tension avec les États, ne cesse d'interférer avec la politique interne. S'il prive assurément la souveraineté d'une maîtrise totale des événements, il peut aussi avoir pour effet de stimuler les rapports politiques internes, et cela au moins de deux manières : en responsabilisant la justice nationale et en relançant le pacte politique.

Une responsabilisation de la justice interne

Le premier exemple est fourni par l'affaire Pinochet. Le dictateur organise son impunité avant de rendre le pouvoir, mais il est rattrapé par une plainte déposée par des proches de victimes, résidant en Angleterre, au titre de la compétence universelle, et arrêté à Londres, lors de son passage dans le pays. La Chambre des lords se saisit de cette affaire et décide finalement de remettre Pinochet en liberté pour des raisons médicales. Mais sa décision a permis de relancer l'action des juridictions chiliennes : cinq ans après son retour au Chili, Pinochet est officiellement inculpé de crimes contre l'humanité et sort disqualifié d'une affaire de malversation de fonds qui finit de l'isoler, y compris de ses plus proches partisans.

Ce que nous montre cet exemple au milieu de tant d'autres, c'est l'interaction permanente entre les niveaux interne et international : sans l'intervention de la justice britannique, l'affaire n'aurait pas pu être relancée au Chili. Il n'est plus possible à l'État de maintenir une cloison étanche entre ses affaires intérieures et le reste du monde. S'il n'arrive pas à maintenir l'étanchéité de son espace, il ne parvient pas plus à maîtriser le temps : une amnistie peut être remise en cause à tout moment par une action en justice à l'étranger qui la déclarera inopposable en raison de la supériorité des textes internationaux sur les lois internes. L'agrandissement de l'espace a pour effet de rendre impossible la forclusion du temps par l'amnistie.

La justice pénale internationale n'est pas en position de surplomb mais de référence, de tiers de justice et non de *justicier* de la souveraineté. Elle ne cherche pas à dessaisir le politique mais à le mettre en demeure de faire justice pour lui-même. Elle incite les États à juger eux-mêmes leurs criminels pour éviter l'affront de les voir jugés par un autre. L'affaire Pinochet montre que l'intervention d'une juridiction étrangère ou internationale peut avoir pour conséquence inattendue de renationaliser la justice. Renationalisation mais aussi recapitalisation de la justice interne, qui voit son indépendance renforcée par le mandat reçu de la justice pénale internationale, d'autant qu'elle travaillera sous le regard d'observateurs étrangers. Le TPIY, conçu pour juger les principaux responsables des crimes commis au cours des guerres d'ex-Yougoslavie, renvoie certaines affaires vers la justice des pays où se sont déroulés les crimes, « en s'assurant qu'une bonne justice sera rendue ». Le tribunal de La Haye, par soucis d'impartialité, ne comptait aucun magistrat bosniaque dans ses rangs. Mais le tribunal n'aura atteint ses objectifs, soulignait son ancien président, Claude Jorda, qu'avec l'organisation du retour du processus judiciaire vers les institutions internes. En présence du président du TPIY, Theodor Meron, et du procureur, Carla del Ponte, une chambre spéciale pour crimes de guerre a été inaugurée à Sarajevo le 9 mars 2005. Elle fonctionnera dans les premières années avec des juges bosniaques, formés aux standards du droit international sur les crimes contre l'humanité, et des juges internationaux. Les premiers procès pourraient s'ouvrir au cours de l'année 2005. Douze inculpés du TPIY devraient voir leur dossier transféré devant cette chambre, malgré l'opposition de certaines associations de victimes qui préféreraient qu'ils soient jugés à La Haye. On estime qu'il y aurait plus de sept mille personnes susceptibles d'être inculpées pour des crimes de guerre en Bosnie. Le gouvernement de la Republika Srpska (entité serbe de la Bosnie), qui a récemment reconnu la réalité du massacre de Srebrenica, a transmis aux procureurs de Bosnie une liste de huit cent quatre-vingt-douze suspects (certains estiment à près de vingt-huit mille le nombre de personnes impliquées à un titre ou un autre dans les massacres). La chambre spéciale n'en traitera qu'une partie. Elle est une étape intermédiaire avant un hypothétique traitement par des juridictions locales entièrement internes. Une telle décentralisation est un pari audacieux qui exige d'abord que les pays concernés remplissent certains canons judiciaires relatifs au procès équitable. D'où un effet de stimulation pour se mettre aux normes internationales et satisfaire, par exemple, aux exigences de l'article 6 de la Convention européenne des droits de l'homme et des libertés fondamentales.

On pourrait ajouter l'expérience des tribunaux mixtes au Kosovo[12], en Sierra Leone[13] et au Cambodge[14] qui connaissent des

---

12. *Il y a à la fois des juges internationaux intégrés dans des juridictions internes et des juges qui contrôlent les décisions a posteriori.*

13. *La juridiction pénale comporte d'emblée des juges d'autres nationalités que sierra-léonaise.*

14. *Le projet de juridictions mixtes, longtemps refusé par le régime de Phnom Penh, est en bonne voie depuis qu'il a réuni les fonds nécessaires.*

fortunes diverses. À la différence des tribunaux *ad hoc*, un système de complémentarité entre les juridictions nationales et la justice internationale a été prévu dans les statuts de la CPI. Trois modalités de saisines sont ainsi offertes : par un État partie au traité, par le procureur lui-même sur la base d'informations recueillies de sources diverses et à condition d'avoir obtenu l'autorisation de la Chambre préliminaire, ou par le Conseil de sécurité. Mais la Cour n'interviendra que lorsque les tribunaux nationaux auront montré la capacité et la volonté d'exercer leur compétence. Ce qui signifie concrètement qu'elle ne devrait se mettre en branle que dans les cas où il n'est pas possible de faire autrement et qu'elle devrait favoriser, autant que faire se peut, le jugement par les autorités judiciaires internes. Tous ces exemples confirment l'idée d'une justice pénale internationale qui se conçoit désormais en complémentarité et non en substitution de la justice étatique.

Le fait qu'elle bénéficie d'une compétence conjointe entre les États et le niveau international introduit un type de rapport spécifique. La justice, entendue comme un patrimoine de décisions en dialogue qui assurent l'interface entre le droit interne et le niveau supranational, prend véritablement valeur de *bien commun*. Elle n'appartient à personne, pas plus aux juristes qu'aux politiques, pas plus aux diplomates qu'à la société civile. Elle n'est ni à Kigali, ni à Arusha, ni entre les mains des ONG, ni chez les bureaucrates de la Maison de verre de New York. Tous peuvent s'en prévaloir mais personne n'en détient le dernier mot.

Certes, cette justice pénale internationale ne dispose pas de force de contrainte propre mais elle bénéficie d'une *mutualisation* des souverainetés de certains pays démocratiques. La puissance d'État attachée à la justice interne est prêtée en quelque sorte à cette justice pour qu'elle accomplisse une œuvre commune.

Une réactivation du pacte politique

Jusqu'à présent, il a été question essentiellement des procès en bonne et due forme. Ne négligeons pourtant pas les formes originales de justice comme les commissions Vérité et Réconciliation. Point n'est besoin de revenir sur l'esprit qui les anime qui consiste à faire prévaloir la réconciliation nationale sur la justice formelle. Avec la commission Vérité et Réconciliation d'Afrique du Sud ou l'Instance Équité et Réconciliation du Maroc (IER), l'idée de justice s'éloigne de ses institutions traditionnelles (procès, peine) pour devenir un moment particulier de l'histoire politique d'un pays, celui où le pacte politique fondateur est rejoué, remis sur scène et reformulé.

Faut-il en déduire que les dimensions pénales et même internationales s'évanouissent dans de telles instances ? Non, parce que même si elles ne sont pas mises en œuvre, elles n'en demeurent pas moins présentes à l'état virtuel. Souvent, le travail de ces commissions semble motivé par le désir d'éviter des poursuites humiliantes et déstabilisatrices. C'est précisément parce que de telles poursuites restent théoriquement possibles que ce travail de justice doit réunir le plus grand consensus. Les travaux doivent être suffisamment loyaux pour désamorcer un retour à la plainte pénale ou une intrusion internationale. Dans le cas marocain, à tout moment, des dignitaires du régime d'Hassan II peuvent être inquiétés à l'étranger sur la base de la compétence universelle.

Ce qu'apporte la justice à la politique, c'est donc la remise en scène d'un pacte politique renouvelé. L'enjeu devant les commissions Vérité et Réconciliation n'était pas seulement, en effet, d'identifier les bourreaux, ni même de reconnaître la souffrance des victimes : il s'agissait de mettre en scène une reconnaissance de la *place* de chacun dans une cité commune. Cette reconnaissance mutuelle renvoie à l'*archè* non pas de l'humanité mais d'une cité politique bien déterminée (dont on tirera l'adjectif « civique », c'est-à-dire qui relève de la cité envisagée comme vie ensemble). Cette relation ne se confond pas complètement avec la relation politique : c'est la désignation d'une communauté juridique au-delà de la communauté politique. L'enjeu symbolique des commissions Vérité et Réconciliation était d'autant plus important que la logique de l'apartheid distinguait ceux qui avaient la pleine citoyenneté des autres. À travers les commissions, tous les militants politiques ont été reconnus, quels que fussent leurs crimes ou leur souffrance, comme des partenaires politiques. Ils cessaient d'être considérés comme des ennemis ou des traîtres. C'est, semble-t-il, exactement la même revendication qui transparaît dans les auditions de l'IER. Les participants assument leur activité politique, y compris lorsqu'ils ont eu recours à la violence. Ce qui est attendu, c'est une reconnaissance publique de leur participation à une histoire commune, en l'occurrence celle du Maroc.

Le moment de justice devient moins un lieu de punition qu'une cérémonie de la parole publique où tous les discours ont leur place. Les auditions publiques au Maroc permettent d'inscrire des récits personnels, des histoires dissidentes dans le grand récit national. C'est là que commence la réconciliation. Les citoyens rappellent qu'ils ont un « contrat avec le roi » (sic), l'IER leur donne l'occasion de dire publiquement leur déception d'une indépendance qui n'a fait, pour eux, que prolonger la domination coloniale par une répression policière. Nombre de personnes auditionnées ne contestent pas avoir pris les armes contre le régime : ils ne cherchent pas à fuir leurs responsabilités, pas plus qu'ils ne se complaisent dans une condition de victime. Ces propos ne sont plus sécessionnistes : au contraire, ils frappent à la porte du grand récit national. On ne sera pas surpris, dans les deux cas sud-africain et marocain, de voir s'établir un lien entre ce moment de justice et une réforme constitutionnelle.

*

L'espace public dont il a été question jusqu'ici est tellement polymorphe que l'on a du mal à saisir exactement ce qui le fédère : qu'est-ce que la justice pénale internationale ? On est bien en peine de répondre : si l'on s'en tient à une définition stricte, on se voit obligé d'exclure certaines de ses réalisations, qui sont d'ailleurs parmi ses meilleurs succès, comme la commission Vérité et Réconciliation d'Afrique du Sud, qui ne furent ni pénales ni internationales. Faut-il également exclure les *gaçaça* rwandaises, c'est-à-dire ces tribunaux coutumiers réorganisés pour juger des crimes génocidaires ?

La justice pénale internationale se confond avec un espace institué de discussion, qui réunit dans un même lieu victimes et bourreaux et permet de verbaliser la violence, pour favoriser la reconnaissance de chacun par chacun. L'idée de justice commune transcende les différentes institutions qui peuvent la rendre, aussi bien au travers des procès pénaux, qu'ils soient nationaux ou internationaux, que dans les commissions Vérité et Réconciliation. Tout se passe comme si la justice pénale internationale n'avait pas de contenu assignable permanent et qu'elle devait à chaque fois s'adapter à un contexte géopolitique inédit. D'ailleurs, les statuts de la CPI, qui est sa forme la plus achevée, laisse la place à des formes alternatives[15].

---

15. Notamment *l'article 53 qui permet au procureur de renoncer à enquêter au vu de l'« intérêt de la justice ».*

L'opposition entre justice et politique – adossée à une tension entre la force, dont le pouvoir exécutif aurait le monopole, et le droit que seraient chargées de dire des juridictions – s'évanouit au bénéfice d'une reformulation de la politique par et à travers un moment de justice. Voici, peut-être, le dénouement du paradoxe constitutif de la justice pénale internationale d'où est partie cette réflexion. La justice pénale internationale désigne ce point indisponible – appelons-le « mise en scène de la reconnaissance mutuelle », « fin de l'impunité » ou « signification de la finitude du pouvoir », peu importe – sur lequel se refonde le pacte originaire entre gouvernants et gouvernés. Et tout cela, sous le regard du monde.

Ward THOMAS

La précaution s'impose lorsqu'on aborde un concept aussi insaisissable que celui de légitimité. Il est pratiquement impossible de parvenir à un accord universel sur ce qui est légitime ou non, et moins encore sur le caractère légitime ou non de la politique extérieure d'un pays ou sur la légitimité comme objet d'analyse en général. Néanmoins, étant donné la fréquence d'apparition de ce terme dans le débat public contemporain, on voit mal comment on pourrait n'y prêter aucune attention. Les États-Unis se sont trouvés en butte à des critiques de plus en plus nombreuses pour avoir apparemment ignoré les règles de la légitimité, en particulier lorsqu'ils ont attaqué l'Irak en 2003, sans l'aval du Conseil de sécurité et avec un soutien international limité, et, plus généralement, pour l'unilatéralisme dont ils font volontiers preuve en matière de politique extérieure. Pourtant, les États-Unis ont non seulement toujours défendu le caractère légitime de leurs actions mais ont brandi l'arme de la légitimité contre certains de leurs adversaires, les terroristes mais aussi les « États voyous » qu'ils accusent d'agir hors de la légalité internationale. Quel que soit le manque de clarté du concept, le sens qu'on lui donne habituellement ne fait guère de doute. Je voudrais faire ici dix remarques qui peuvent peut-être apporter une contribution à l'élaboration d'un cadre utile de réflexion sur les sources et les effets de la légitimité dans le domaine de la politique internationale.

1) La légitimité en politique internationale est fonction du respect des normes internationales.

---

* *Cet article a été traduit par Hélène Arnaud.*

Le concept de légitimité se situe au croisement du droit, de la politique et de l'éthique, sans relever exclusivement d'aucun de ces domaines. Ce qui, à l'évidence, pose des problèmes de définition. La légitimité est rarement explicitée : la plupart du temps, on l'évoque comme si on en avait intuitivement la même perception. On se souviendra de la réponse de Poller Stewart, juge à la Cour suprême, lorsqu'on lui demanda de définir le terme d'« obscénité » : « Je ne suis pas sûr de pouvoir clairement définir l'obscénité ; par contre, je sais quand je la vois. » Les sociologues sont cependant souvent confrontés à la tâche redoutable de clarifier certains concepts dont l'interprétation relève, dans une certaine mesure, de l'intuition. L'un d'eux, Morris Zelditch, Jr., a proposé la définition suivante : « Est légitime ce qui est en accord avec les normes, les valeurs, les croyances, les pratiques et les procédures d'un groupe donné[1]. » Plusieurs corollaires découlent de cette formulation. La légitimité ne relève pas uniquement de la perception de celui qui l'invoque. Un acteur peut croire au caractère légitime de ses actions, au sens où elles peuvent être justes, nécessaires et moralement défendables, mais, si on se place du point de vue de leur signification sociale ou politique, leur légitimité ne peut dépendre ni d'un acteur ni d'un seul parti, mais d'un groupe plus large dont les normes s'imposent. Il est certain qu'il n'y a presque jamais d'objectivité totale en la matière. Quelle que soit la clarté avec laquelle une règle est formulée – et certaines formulations ne sont pas très claires –, il peut toujours y avoir des différences d'interprétation. Néanmoins,

---

1. *Morris Zelditch, Jr., « Theories of Legitimacy », dans John T. Jost et Brenda Major (eds),* The Psychology of Legitimacy : Emerging Perspectives on Ideology, Justice and Intergroup Relations, *Cambridge (Mass.), Cambridge University Press, 2001.*

les groupes sociaux ne sont pas de simples agrégats d'individus se référant à des constructions normatives arbitraires, mais des communautés partageant les mêmes conceptions sur la manière dont leurs membres devraient, dans la plupart des cas, se comporter, et, en conséquence, adhérant aux mêmes critères de jugement. La légitimité est donc une notion moins subjective ou objective qu'intersubjective.

En ce qui concerne la légitimité internationale, une telle discussion implique de considérer les acteurs du système international (surtout mais pas uniquement les États souverains) comme constituant un « système social » au sens où un certain nombre de normes sont assez largement reconnues pour qu'on puisse dire qu'elles façonnent les attentes des acteurs du système et, jusqu'à un certain point, déterminent leur comportement. Malgré les objections permanentes des partisans de la théorie dite « réaliste » des relations internationales, la plupart des observateurs s'accordent sur ce point ; sinon leurs analyses du comportement des États et des relations qu'ils entretiennent n'auraient plus guère de sens. Cette hypothèse est d'ailleurs implicite lorsqu'on évoque la « communauté internationale » ; elle est également au cœur de la construction du droit international[2].

Certaines mises en garde s'imposent. Tout d'abord, la notion de légitimité n'est ni transcendante ni immuable : juger de la légitimité d'une action renvoie toujours, de manière au moins implicite, à des normes reconnues par un groupe ou un public particulier. Et,

---

2. *Sur le plan théorique, cette idée a été très efficacement mise en avant par les théoriciens des relations internationales qui faisaient partie de l'« école anglaise », notamment Hedley Bull, Martin Wight et Charles Manning, et elle est au cœur des ouvrages les plus récents de la tendance constructiviste.*

de fait, à l'intérieur comme à l'extérieur des États, les actions peuvent être et sont souvent jugées par des publics très divers, qui se réclament de valeurs éventuellement très différentes. Un gouvernement, par exemple, peut avoir à faire face aux revendications de groupes d'électeurs qui ont, sur la légitimité d'une action donnée, une opinion radicalement opposée à celle de gouvernements étrangers. La décision de l'administration Bush de déclarer la guerre à l'Irak en 2003 en est bien sûr un exemple frappant. Cela veut dire également que, dans un cas donné, il peut y avoir, au sens propre, de multiples conceptions « internationales » de la légitimité ; il existe à travers le monde un nombre impressionnant de groupes transnationaux, intergouvernementaux ou non gouvernementaux, qui peuvent avoir et ont souvent des positions contradictoires. N'oublions pas non plus qu'y compris au sein d'une même communauté, certaines normes peuvent entrer en conflit les unes avec les autres et qu'un acteur peut être amené à en violer certaines pour en respecter d'autres. Par exemple, la question qui était au cœur du débat très vif sur les sanctions économiques infligées à l'Irak avant 2003 était celle de savoir si les normes humanitaires prévalaient sur celles du multilatéralisme – en l'occurrence, le respect des résolutions du Conseil de sécurité des Nations unies[3].

On peut néanmoins tenir un discours clair, sinon toujours précis, sur les normes de la communauté internationale et, par conséquent, sur la légitimité internationale. Cela concerne non seulement les questions qui semblent plus ou moins faire l'objet d'un

---

3. *En 1998, lors de la crise ouverte par l'expulsion par le gouvernement irakien des inspecteurs de l'UNSCOM, les États-Unis se sont trouvés dans la position paradoxale d'être accusés d'unilatéralisme alors qu'ils défendaient les résolutions du Conseil de sécurité.*

consensus général vague – qu'il ne faut pas d'ailleurs négliger – mais également l'ensemble du système institutionnel – incluant le droit international et les grandes organisations internationales – qui s'est développé depuis des siècles et à travers lequel des normes ont été progressivement adoptées et s'imposent à une grande majorité des États[4]. Alors que l'anarchie et la discorde continuent à caractériser la vie politique internationale, il existe de nombreux points d'accord sur lesquels on peut s'appuyer pour juger qu'une action est légitime ou non. Il n'est que de considérer l'éventail des pratiques condamnées par l'ensemble de la communauté internationale : l'annexion d'un territoire par la force, l'absence de discrimination entre des cibles civiles et militaires dans la conduite de la guerre, le recours à certaines armes prohibées, l'usage de la torture, etc.

2) Les critères de la légitimité ne sont pas le simple reflet de la puissance mais ils sont rarement neutres.

Les normes qui définissent la légitimité d'un comportement, dans la communauté internationale comme au sein de groupes sociaux plus restreints, renvoient au moins indirectement à des principes de justice, d'équité, de magnanimité, d'humanisme et autres valeurs éthiques. *A priori*, elles se développent à travers des processus complexes liés à l'histoire, à la coutume et aux intérêts

---

4. *Dans ce chapitre, je traiterai essentiellement de la signification de la légitimité internationale pour les États souverains. D'autres entités, dont l'action peut avoir des conséquences importantes sur la scène internationale, peuvent bien entendu faire l'objet de jugements critiques au plan de la légitimité, mais, comme on le verra plus loin, les effets de ces jugements peuvent être très différents de ceux des jugements qui s'adressent aux États.*

des différents acteurs dans chaque société. Au plan international, cela veut dire que les normes n'obéissent pas seulement à des principes, mais également à des considérations politiques, et que la notion de légitimité tend à refléter l'ensemble des intérêts institutionnels des forces les plus puissantes du système. Il ne s'agit pas de dire que la légitimité est un pur produit de l'hégémonie, qu'elle peut dépendre de la volonté exclusive d'un acteur dominant ; les États-Unis ne peuvent pas plus imposer par décret des règles de comportement à la communauté internationale que ne pourrait le faire George W. Bush – ou Bill Gates – à la société civile américaine. Néanmoins, les règles édictées visent à faciliter, ou tout au moins à ne pas perturber, la recherche de compromis institutionnels permettant aux puissances de défendre leurs intérêts en se préservant le plus possible des mauvaises surprises. Par exemple, dans l'ordre juridique international mis en place après la Seconde Guerre mondiale, les dispositions interdisant l'agression territoriale visaient non seulement à protéger les États les plus faibles mais aussi à préserver la stabilité des relations entre les grandes puissances qui trouvaient préférable de s'enrichir par les échanges commerciaux plutôt que par la conquête militaire. Dans cette même période de l'après-guerre, l'établissement et la défense des droits de l'homme exprimaient non seulement un sentiment de révolte devant les horreurs de l'Holocauste mais également l'ascendant des démocraties libérales[5].

---

5. *Pour les débats sur le rôle des facteurs politiques dans l'établissement de normes internationales dans le domaine de l'assassinat politique et du bombardement aérien, voir Ward Thomas,* The Ethics of Destruction : Norms and Force in International Relations, *Ithaca (N. Y.), Cornell University Press, 2001, notamment les chapitres 3-5.*

Pourtant, la puissance et l'intérêt ne peuvent à eux seuls définir ce qui est légitime et ce qui ne l'est pas ; pour être valable, une revendication de légitimité doit au bout du compte faire appel à des sensibilités éthiques partagées, qui peuvent résister obstinément aux réalités du pouvoir. Comme l'écrit Michael Walzer, « [...] aucune limitation n'est acceptée au seul motif qu'elle pourrait être utile [...]. Elle doit être considérée comme moralement convaincante par un grand nombre d'hommes et de femmes ; elle doit correspondre à ce que nous pensons être juste[6] ». Les normes de la légitimité internationale sont donc le produit hybride de l'interaction complexe entre principes et pouvoir, et l'on doit en tenir compte lorsqu'on critique le comportement des États.

3) Aucun État, quelle que soit sa puissance, ne peut se permettre d'être indifférent aux exigences de la légitimité internationale.

Les normes de la légitimité internationale sont porteuses de croyances et de valeurs, mais elles remplissent également une importante fonction de régulation. Lorsque les membres d'un groupe sont en contact permanent – y compris dans le système international –, ils attendent les uns des autres qu'ils respectent certaines normes de comportement ; si l'un d'eux les enfreint, il perturbe les relations au sein du groupe et pourra de ce fait s'attirer la réprobation de ses membres, réprobation dont il devra subir les conséquences. Celles-ci seront plus ou moins lourdes selon l'importance de la norme qui a été transgressée, selon les relations que l'État perturbateur entretient avec les autres, et selon le rôle qu'il joue dans l'organisation de ces relations. On pourrait peut-être en

---

6. *Michael Walzer,* Just and Unjust Wars, *New York (N.Y.), Basic Books, 1992, p. 133 (trad. fr.,* Guerres justes et injustes, *Paris, Belin, 1999).*

déduire que les États disposant d'une puissance exceptionnelle au sein d'un groupe sont d'autant plus libres d'en enfreindre les normes ; mais cela n'implique pas qu'ils n'en subiraient aucune conséquence, dans la mesure où l'illégitimité de leur comportement les disqualifierait en tant que garants de l'ordre collectif. Dans des cas extrêmes, certains États pourraient s'unir pour faire pièce à l'émergence d'une nouvelle hégémonie – un scénario classique de l'équilibre des puissances que l'on a vu à l'œuvre à l'époque napoléonienne et, dans une certaine mesure, au cours de la Seconde Guerre mondiale. Plus généralement, le recours à une action immodérée peut empêcher une grande puissance de promouvoir ses intérêts par des moyens plus limités mais néanmoins efficaces. Il faut comprendre à quel point les grandes puissances profitent en permanence, plus encore que les autres, des interactions à l'intérieur du système international, et ceci se vérifie tout particulièrement à l'ère de la globalisation où les réseaux internationaux sont aussi étroitement imbriqués. Ce phénomène a une dimension économique, bien entendu, mais il se manifeste également dans l'expression de ce que Joseph Nye a appelé le *soft power* et qui consiste à persuader les autres de vouloir ce que nous voulons[7]. Derrière cette notion de *soft power*, il y a le fait essentiel que puissance et légitimité ne relèvent pas de deux sphères distinctes et que la légitimité peut représenter un élément constitutif essentiel de la puissance telle qu'elle s'exerce dans le système international contemporain. Le pouvoir d'un État ne dépend pas plus de sa puissance matérielle que le pouvoir de certaines institutions importantes de la société civile ne dépend de leur capacité à contraindre physiquement les citoyens. Lorsque son *soft power* se réduit, un État doit consacrer des ressources supplé-

---

7. *Joseph S. Nye, « Soft Power Will Catch More Flies »,* Los Angeles Times, *17 février 2003.*

mentaires à la poursuite de ses objectifs, avec le risque d'avoir à faire face à une résistance inattendue. Robert Pape explique, par exemple, que la propension croissante des États-Unis à intervenir sur la scène internationale sans s'être assurés un soutien extérieur assez large, comme on l'a vu en particulier en 2003 à l'occasion de la guerre en Irak, risque fort de conduire d'autres États à mener une politique d'équilibre *soft* en recourant à l'utilisation des institutions internationales, aux leviers économiques et aux manœuvres diplomatiques pour faire obstacle aux projets américains[8]. Pour nous résumer, disons que l'importance de la légitimité aux yeux des États tient au fait que non seulement elle renvoie à un ensemble de jugements normatifs, mais ces jugements peuvent créer des incitations et entraîner des coûts que les États devront subir.

4) Les États considèrent la légitimité non comme une fin mais comme un moyen.

Il serait faux de dire que les États se comportent toujours de manière égoïste, mais, pour paraphraser Damon Runyan, c'est sur leur égoïsme que l'on doit parier. Même si des États peuvent parfois faire preuve d'humanisme et de sens du sacrifice, ce comportement n'est pas fréquent, et n'est d'ailleurs pas requis par les règles de la légitimité internationale. Étant donné que ces règles ont une influence sur le calcul par les États des coûts et bénéfices de leurs actions, des considérations relevant de la légitimité peuvent entrer en jeu dans l'élaboration et la mise en œuvre de politiques, pour des raisons qui n'ont pas grand-chose à voir avec l'honneur ou l'altruisme. Bien que l'on puisse en conclure que les États font souvent le bien pour de mauvaises raisons, il n'y a pas forcément de

---

8. *Robert A. Pape, « The World Pushes Back »*, Boston Globe, *23 mars 2003.*

quoi s'en plaindre. On peut soutenir que ce qui importe, c'est plus l'application des normes que le fait qu'elles obéissent à un respect authentique pour les principes ou à d'autres motivations quelles qu'elles soient. En outre, l'analyse en termes de coût-bénéfice peut influencer l'attitude d'États qui n'auraient de toute façon pas été disposés à se soumettre à une quelconque norme de comportement. Si l'Irak n'a pas utilisé d'armes chimiques pendant la guerre du Golfe, ce n'est pas pour des considérations morales mais par crainte d'une escalade dans la guerre engagée par la Coalition. Si la Chine a signé des traités visant à protéger la propriété intellectuelle, c'est essentiellement pour être admise à l'OMC, avec tous les avantages que cela comporte. Les États-Unis ont renoncé à imposer des droits de douane sur les importations d'acier, fin 2003, parce qu'ils étaient en voie d'être pénalisés et d'avoir à subir des représailles dans le domaine tarifaire. Dans chacun de ces cas, le souci manifesté par un État de respecter les normes de la légitimité internationale répondait au désir d'échapper aux conséquences négatives d'un comportement illégitime, mais, dans chaque cas, l'État en question a été amené effectivement à prendre en compte l'existence de ces normes. Bien qu'il puisse sembler paradoxal de parler de membres d'un groupe contraints à se conduire de manière légitime par la force ou l'avidité, force est de constater que c'est bien une voie par laquelle toute norme parvient à s'imposer, dans le système international comme à l'intérieur des sociétés nationales.

5) La légitimité n'est donc pas et ne sera jamais l'élément déterminant du comportement des États.

Si, comme on l'a souligné, la légitimité joue un rôle dans l'élaboration de la politique étrangère des États, elle n'en est qu'une variable parmi d'autres. Les gouvernements nationaux sont confrontés à des intérêts multiples et contradictoires – en matière de sécurité, de prospérité, d'équilibre politique interne – dont l'un ou l'autre peut s'imposer au détriment du respect des normes internationales. Il n'est que de constater la fréquence avec laquelle certains États font preuve d'un comportement jugé illégitime par l'ensemble des autres États. Par ailleurs, la légitimité n'est pas moins importante que d'autres facteurs ; chaque décision politique dépend en fait des circonstances particulières dans lesquelles elle a été prise. On soutient parfois que l'argument de la sécurité s'imposera toujours par rapport aux autres considérations, mais cela ne se vérifie que lorsque les enjeux sont très importants et la menace précise. Lorsque le danger est hypothétique, lointain ou limité, d'autres préoccupations peuvent venir en contradiction avec l'impératif de la sécurité, y compris le souci de ne pas s'aliéner l'opinion publique internationale.

En outre, le fait que des pays violent parfois les normes de la légitimité ne prouve pas leur manque de pertinence. Le refus de se conformer à ces normes peut avoir un prix, mais l'option n'en reste pas moins ouverte. Certains acteurs peuvent être prêts à payer ce prix, d'autres peuvent le sous-estimer ou ne pas comprendre qu'une action va être jugée illégitime. Dans certains cas, un acteur peut être amené à mettre en balance, d'une part, son désir de respecter la légitimité internationale et, d'autre part, le profit qu'il peut tirer du soutien d'un public particulier. Aux États-Unis, par exemple, après les attentats du 11 septembre, l'opinion publique et les médias se sont montrés sensibles aux arguments de type sécuritaire, en particulier lorsqu'ils étaient invoqués pour justifier la « guerre contre le terrorisme ». L'administration Bush y a certainement vu un encouragement à ne pas modifier sa politique étrangère et elle a pu considérer que le prix à payer pour éviter l'option multilatérale n'était pas trop élevé, notamment dans sa politique vis-à-vis de l'Irak. Cela ne signifie en rien que le non-respect des

règles de la légitimité internationale n'entraîne aucune conséquence, pour les États-Unis comme pour n'importe quel autre pays.
Mais cela doit conduire à ne pas surestimer les résultats que l'on
peut attendre de l'instauration de normes juridiques et à abandonner l'espoir qu'il suffirait d'élaborer un ensemble de normes
plus global et plus cohérent pour éliminer la violence de la scène
internationale.

6) Pourtant, la légitimité importe parfois plus qu'on ne le croit.
Certes, la légitimité n'est pas l'élément déterminant des politiques extérieures, mais, dans bien des cas, son importance s'exerce
par des voies qui peuvent nous échapper. Partout et en toutes
circonstances, la vie des groupes s'ordonne autour de normes que
les acteurs finissent par considérer comme allant de soi et, en
réalité, il serait étonnant qu'il en soit autrement. De même que les
économistes, lorsqu'ils mettent au point leurs projections, ne se
préoccupent pas à chaque fois de « repartir à zéro » en remettant en
question toutes les hypothèses implicites sur lesquelles reposent
leurs modèles, ou que les aviateurs ne passent pas leur temps à
réviser leurs connaissances sur les lois de la gravité et leurs effets
sur les objets volants, de même quelqu'un qui agit dans un
contexte social donné – qu'il s'agisse d'une personne privée ou
d'un dirigeant politique – ressent rarement le besoin de resituer
son action dans un cadre normatif, avec les implications pratiques
qui en découlent. Mais les acteurs auront tendance à intégrer ces
implications dans l'élaboration de leurs décisions, non seulement
pour des raisons *ad hoc*, mais parce qu'ils auront effectivement
intégré les normes en question. Par conséquent, dans l'élaboration
des politiques étrangères, des considérations touchant à la légitimité peuvent guider les décideurs dans leurs analyses en termes
de coûts et bénéfices, pour prendre discrètement certaines

mesures et pour exposer publiquement les fondements de leurs décisions.

Bien entendu, des normes peuvent être moins claires ou plus susceptibles de changer que les lois de la gravité universelle, et leur non-respect a des conséquences moins catastrophiques – c'est pourquoi elles ne sont pas fixées de la même manière. Certaines néanmoins peuvent être considérées comme assez fondamentales pour que la grande majorité des États n'admettent en aucun cas leur transgression. Citons à titre d'exemple extrême de ces actions illégitimes en droit international : le trafic des êtres humains, l'exécution massive de prisonniers de guerre, l'annexion de territoires par la force. Mais, paradoxalement, l'intériorisation de ces normes rend plus difficile l'évaluation de leurs effets pratiques : lorsqu'une norme est intériorisée, les principes qui la sous-tendent peuvent remonter si loin à l'arrière-plan qu'on n'en voit plus l'effet réel. Ce que les observateurs comme les décideurs eux-mêmes n'arrivent pas toujours à percevoir, c'est qu'il y a toujours un certain seuil à partir duquel une préoccupation de légitimité existe, même dans les cas où elle pourrait sembler marginale.

7) Les organisations internationales jouent un rôle exceptionnellement important dans la construction de la légitimité internationale.

Il existe un nombre impressionnant et une variété considérable d'organisations internationales, à la fois globales et régionales. Bien que la plupart aient une vocation précise et limitée, on peut considérer que leur rôle principal est de promouvoir et de défendre les normes internationales. C'est vrai non seulement des normes précises régissant le comportement des États, mais aussi de cette « méta-norme » qui fait que la légitimité constitue un critère en soi de la conduite d'un État – une conviction qui, à la fois, a permis la création de ces organisations et leur confère leur pouvoir. C'est tout particulièrement le cas des organisations à vocation mondiale, au premier plan desquelles l'ONU qui est censée, du moins en théorie, permettre l'expression de la « volonté de la communauté internationale », un terme dont la signification avant 1945 – et plus encore avant 1919 – n'aurait guère dépassé la métaphore. Le fait que le développement des organisations internationales coïncide avec l'affaiblissement progressif de l'*ethos* de la raison d'État, qui fait des États les seuls juges de la légitimité de leurs propres actions, n'est certainement pas le fruit du hasard. La fonction de légitimation que remplit l'ONU, soulignée en 1966 par Inis Claude et, plus récemment, parmi d'autres, par Michael Barnett et Ian Hurd, est à bien des égards inséparable des mandats qui sont les siens dans des domaines particuliers[9]. On le voit très nettement dans le rôle que joue l'ONU dans l'application de sanctions contre les États qui violent la Charte, que ce soit par des mesures de coercition prises par le Conseil de sécurité dans le cadre du chapitre VII de la Charte ou par des pressions plus subtiles à travers l'influence morale qu'exercent ses déclarations ou ses résolutions.

Le rôle central que jouent les organisations internationales dans l'élaboration d'un cadre conceptuel de la légitimité tient largement au rapport qui existe entre le concept de légitimité et celui de multi-latéralisme en général. Par définition, les normes et la notion de légitimité renvoient à un consensus général que les organisations

---

9. *Inis L. Claude, Jr., « Collective Legitimization as a Political Function of the United Nations »,* International Organization, *20 (3), été 1966, p. 367-379 ; Michael N. Barnett, « The United Nations and Global Security : The Norm is Mighter than the Sword »,* Ethics and International Affairs, *9, 1995, p. 37-50, et Ian Hurd, « Legitimacy, Power and the Symbolic Life of the UN Security Council »,* Global Governance, *8 (1), hiver 2002, p. 35-51.*

internationales sont censées incarner – tout au moins lorsqu'elles ne sont pas en proie aux divisions. L'action de ces organisations bénéficie donc d'une présomption de légitimité qui n'est pas reconnue aux États pris individuellement[10].

8) Cependant, aucune institution internationale n'a le monopole de la légitimité.

Aucune organisation internationale ne peut prétendre incarner de manière définitive la légitimité internationale, ni espérer avoir le dernier mot lorsque cette légitimité est contestée. Même si l'on considère souvent que l'ONU est la plus à même de le revendiquer, elle reste par essence un ensemble d'États souverains plus qu'un acteur autonome. Elle agit à travers des organismes qui sont de nature profondément politique, selon des règles de procédure qui n'expriment pas toujours un large consensus (le droit de veto des cinq membres permanents du Conseil de sécurité, le vote à la majorité simple sur la plupart des questions débattues à l'Assemblée générale). En ce qui concerne le Conseil de sécurité, cela veut dire que l'inaction de l'ONU ne peut pas en soi conférer ou dénier à une action un caractère légitime. L'intervention de l'OTAN au Kosovo en 1999, entreprise sans l'approbation du Conseil de sécurité, a néanmoins été très largement – sinon universellement – considérée comme une réponse légitime à une crise humanitaire et a même reçu l'aval informel du secrétaire général Kofi Annan. De même, certains aspects de l'occupation israélienne à Gaza et en Cisjordanie

---

10. *Cela ne veut pas dire que toute action unilatérale soit par définition illégitime aux yeux du droit international. Le droit à l'autodéfense est ainsi reconnu à l'article 51 de la Charte des Nations unies. Sur les rapports entre droit interna-tional et normes internationales, voir Ward Thomas,* The Ethics of Destruction, op. cit., *p. 41-43.*

trouvent peu d'appuis dans la communauté internationale, bien que les États-Unis aient opposé leur veto à certaines résolutions les condamnant. Même le droit international dans son architecture générale n'offre pas à la légitimité un cadre parfait d'application, car, d'une part, des divergences peuvent exister entre le contenu de certaines normes importantes et les exigences du droit et, d'autre part, la loi est parfois muette ou ambiguë. Cela devrait nous rappeler que le pouvoir de la légitimité est un phénomène de nature essentiellement sociopolitique et non pas formelle ou légale, et donc inévitablement « flou ». Malgré l'importance des organisations internationales, la définition de la légitimité dépend peut-être moins de leurs actions elles-mêmes que des valeurs qui les sous-tendent et des processus politiques qui les accompagnent.

9) Il est difficile pour des États d'invoquer la légitimité à la demande.

Dans ce chapitre, j'ai essentiellement évoqué le caractère légitime ou non d'actions particulières, mais il y a un important effet cumulatif dans la construction de la légitimité internationale. Les États tirent sur des réserves de légitimité qu'il est plus facile d'épuiser que d'alimenter. C'est important, car il arrive souvent que les revendications d'un État par rapport à d'autres membres de la communauté internationale prennent la forme d'un appel à la légitimité et que leur succès dépende largement de la capacité de cet État à s'appuyer sur des normes internationales pour faire valoir ses exigences. Parmi les exemples récents, un des plus frappants (en tout cas pour de nombreux Américains) a été la tiédeur avec laquelle, en mai 2003, la communauté internationale a condamné l'Irak pour avoir maltraité et exécuté des prisonniers de guerre américains, une réaction qui découlait, d'une part, du rejet de la guerre en Irak et, d'autre part, de l'inquiétude que l'on pouvait avoir concernant les conditions de détention à Guantanamo[11]. Ceci souligne, entre autres, l'importance du principe de réciprocité dans la structuration du réseau des normes internationales en matière de légitimité. Ce principe reflète à la fois la dure nécessité politique de l'échange de faveurs et du « renvoi d'ascenseur » et le principe fondamental d'équité qui veut que l'on agisse envers les autres comme ils ont agi envers vous. Ce principe de réciprocité est formellement inscrit dans de nombreux traités internationaux, notamment dans le domaine commercial, mais on peut le percevoir, très généralement, de manière plus intuitive. Par exemple, lorsqu'en décembre 2003, James Baker a fait une tournée en Europe pour convaincre plusieurs gouvernements européens d'effacer la dette irakienne, sa mission aurait certainement connu un échec retentissant si, au même moment, Washington n'avait pas fait discrètement savoir qu'il était prêt à revenir sur l'intention affichée quelques jours plus tôt d'exclure les entreprises de ces pays de la liste des entreprises candidates aux projets de reconstruction en Irak[12]. Plus généralement, cependant, compte tenu de l'ambivalence de leur attitude vis-à-vis des institutions internatio-

---

11. *Voir, par exemple, George Monbiot, « One Rule for Them »,* The Guardian, *25 mars 2003, p. 21 ; Michelle Shephard, « US Indignation overs POWs Called Hypocritical »,* Toronto Star, *25 mars 2003, p. A19 ; « In Guantanamo and Iraq »,* Sydney Morning Herald, *31 mars 2003, p. 12 ; Bernard Wysocki, Jr., « Issue of Guantanamo Captives' Treatment Resurfaces »,* Wall Street Journal, *1ᵉʳ avril 2003, p. A4 ; Arundhati Roy, « Bush, obscène mécanicien de l'Empire »,* Le Monde, *9 avril 2003, p. 1.*

12. *« Washington temporise sur le dossier sensible des contrats en Irak »,* Agence France Presse, *17 décembre 2003 ; « Négociations autour de la reconstruction irakienne »,* La Tribune, *18 décembre 2003, p. 10 ; David Olive, « We'll Get Our Share on Iraq Contracts »,* Toronto Star, *19 décembre 2003, p. E1.*

nales et du multilatéralisme, on peut prévoir que les États-Unis auront à l'avenir quelques difficultés à invoquer les règles de la coopération internationale. Ce qui pourrait leur créer des problèmes dans bien des domaines, qu'il s'agisse de l'application du Traité de non-prolifération nucléaire (on est peut-être même au bord de la crise) ou de l'aide internationale, avec les difficultés économiques, militaires et surtout politiques liées à la reconstruction de l'Irak. Bien que l'administration Bush ait manifestement conclu qu'elle pouvait se permettre de recourir à des actions illégitimes lorsque la sécurité des États-Unis était en cause, son attitude comporte un risque sérieux précisément parce que les États-Unis vont être confrontés, dans un avenir prévisible, à de graves problèmes de sécurité soulevant des questions de légitimité : celle du recours à la violence armée, celle du choix des méthodes et des moyens employés, voire celle de certains acteurs eux-mêmes.

10) Le recours à la violence par des acteurs non étatiques constitue un défi redoutable porté aux règles de la légitimité internationale.

On a souvent souligné l'importance croissante des acteurs transnationaux non étatiques, qui représentent une grande variété d'organisations allant des ONG spécialisées aux organisations terroristes régionales et mondiales. Alors que certains acteurs sont très soucieux de la légitimité internationale, jusqu'à en faire un moyen de pression sur les États[13], d'autres se situent pratiquement en dehors du cadre légal de la pratique internationale, lui posant de

---

13. *Voir, par exemple, Richard Price, « Reversing the Gun Sights : Transnational Civil Society Targets Land Mines »,* International Organization, *50 (3), été 1998, p. 613-644 ; Margaret E. Keck et Kathryn Sikkink,* Activists Beyond Borders : Advocacy Networks in International Politics, *Ithaca (N. Y.), Cornell University Press, 1998.*

ce fait des problèmes redoutables. Depuis la révolution westpha-
lienne du milieu du xviiᵉ siècle, le réseau d'institutions et de relations à travers lesquelles les règles du droit international ont été
élaborées et appliquées a essentiellement concerné les États souverains. Les acteurs non étatiques sont confrontés à des contraintes
structurelles très différentes, qui les placent effectivement hors
d'atteinte des pressions diplomatiques et économiques auxquelles
les États peuvent être soumis. C'est tout particulièrement le cas des
organisations terroristes. Dans la mesure où elles se préoccupent de
légitimité, c'est pour s'adresser à des publics particuliers, qui rejettent explicitement une bonne partie des normes de la communauté
internationale[14].

Les conséquences en sont plus sérieuses qu'il n'y paraît au
premier abord. Les États qui luttent contre le terrorisme sont dans
une situation de double contrainte (*double bind*). Tout d'abord, ils
ne peuvent pas recourir à l'arme importante dans l'arsenal diplomatique que constitue la pression normative, avec les coûts qu'elle
entraîne. En second lieu, le recours à certains moyens dont ils
peuvent effectivement disposer pourrait en retour les exposer eux-
mêmes à des pressions normatives et conduire à l'affaiblissement
des normes qui donnent une place éminente à la légitimité internationale. Prenons l'exemple du choix de dirigeants terroristes
comme cibles d'une attaque militaire : bien que l'assassinat comme

---

14. *Cela ne veut pas dire que ces normes représentent la seule
signification que l'on puisse donner à la notion de légitimité ; il
n'est nul besoin de faire preuve de relativisme moral pour douter
du caractère transcendant de cette notion. Néanmoins, puisque
ces normes incarnent un ensemble de convictions largement partagées et reflètent un équilibre normatif qui, pour la plupart des
acteurs, devrait être préservé, on peut soutenir qu'elles méritent
le statut privilégié dont elles bénéficient.*

moyen d'action politique soit fortement réprouvé par l'ensemble de la communauté internationale, il y aurait une certaine logique à considérer les terroristes comme une catégorie différente, par exemple, de celle des chefs d'État ; si l'on admettait l'assassinat de responsables politiques (aussi odieux soient-ils), tout un tissu de normes internationales commencerait à s'effilocher, alors que l'on peut estimer que les terroristes représentant une menace contre l'ordre international, ils ne devraient pas bénéficier de cette protection normative[15]. Mais il y a une tension apparente entre le fait de prendre pour cibles d'attentat certaines personnes et celui de juger totalement illégitime que d'autres soient visées. Une telle attitude pourrait être jugée hypocrite et susceptible éventuellement d'affaiblir la légitimité de l'État lui-même[16]. De plus, elle pourrait à terme remettre en question la norme générale selon laquelle on ne doit pas attenter à la vie de responsables politiques et, de ce fait, elle porterait gravement atteinte à l'ordre international. Les États doivent donc maintenir l'équilibre entre leur désir d'éliminer le plus rapidement et le plus définitivement possible la menace à laquelle

---

15. *Grotius lui-même, dont les écrits ont beaucoup contribué au développement de la réflexion sur l'interdiction de l'assassinat politique, faisait une exception pour certains acteurs non étatiques (les « pirates » et les « brigands ») à partir de considérations du même ordre.*

16. *C'est ce dont semblent témoigner les réactions internationales aux « attaques ciblées » de l'armée israélienne contre des militants palestiniens ou à l'assassinat par les Américains d'un responsable d'Al-Qaida au Yémen, en novembre 2002 ; voir, par exemple, « Deadly Slide to Assassination »,* Sydney Morning Herald, *11 novembre 2002, p. 14 ; Caroline Daniel, « Murky Tactics Surface in War on Terror »,* Financial Times, *22 novembre 2002, p. 9.*

ils sont confrontés et la prise en compte des effets à long terme de mesures décidées pour répondre sans attendre à une menace.

Mais s'il y a là une leçon en forme d'avertissement à méditer pour une superpuissance comme les États-Unis, lorsqu'ils doivent affronter ce type de menace, il y en a une aussi pour les États qui sont moins directement touchés. Ces États doivent reconnaître qu'ils sont eux aussi menacés, ne serait-ce que parce que l'enjeu ultime de la lutte contre le terrorisme est le maintien de l'appareil normatif qui seul introduit quelque modération dans un domaine trop souvent défini par la puissance. Tout comme les États-Unis feraient preuve d'une politique à courte vue s'ils contribuaient à affaiblir des normes qui servent finalement leurs propres intérêts, les autres pays feraient preuve d'un même manque de lucidité s'ils ne comprenaient pas que leurs intérêts sont impliqués dans cette lutte. Les dirigeants américains pourraient difficilement refuser des propositions claires de travailler de manière multilatérale pour atteindre certains objectifs : isoler les États qui soutiennent activement ou passivement le terrorisme, prendre des mesures pour prévenir ou décourager certaines attaques (par exemple, en admettant des gardes armés dans les avions), ou encore encourager et aider les pays qui s'opposent à la prolifération nucléaire. Un autre pas significatif pourrait être franchi si l'on s'engageait dans une révision multilatérale de certaines règles du droit international qui paraissent de moins en moins adaptées aux réalités contemporaines. L'actuel gouvernement américain a jusqu'ici préféré se charger seul de cette tâche, notamment lorsqu'il établit un lien entre le principe de « préemption » et le statut qu'il accorde à certains individus considérés comme des « combattants illégaux ». C'est profondément regrettable. Un droit élaboré par décret ou dans les affres de la guerre n'a guère de valeur. Mais les Américains auront finalement plus de mal à maintenir cet unilatéralisme s'ils savent qu'ils ont des partenaires prêts à s'engager dans un réexamen sérieux et approfondi d'un ensemble de dispositions dépassées qui, actuellement, ne font qu'encourager le cynisme.

Le lien entre puissance et principes, quelles qu'en soient les imperfections, représente une des réussites les plus remarquables de la diplomatie internationale au cours des dernières décennies. Il n'est nullement exclu que la crise actuelle n'en renverse le cours. Personne ne devrait le souhaiter.

Conclusion

Pierre HASSNER

Toute action humaine fait face à des dilemmes qu'elle doit tran-cher dans l'incertitude et le risque. Mais aucune ne les tranche dans un vide absolu, sans repères traditionnels ou rationnels, culturels ou juridiques, inhérents à la conscience de l'acteur ou incarnés dans des institutions religieuses ou politiques. Ces repères sont à la fois plus indispensables et moins évidents lorsqu'il s'agit d'actions publiques ou collectives ; à plus forte raison, lorsqu'il s'agit d'actions envers d'autres États plutôt qu'à l'intérieur d'une même communauté ; enfin et surtout, lorsqu'il s'agit d'emploi de la force. La question morale classique des moyens et des fins se complique du fait de deux questions propres, l'une à la sphère collective ou publique en général – à savoir l'identité des acteurs – et l'autre à la sphère internationale en particulier – la structure du milieu.

Notre époque se caractérise par l'émergence de l'individu, à la fois comme victime et comme responsable, et par celle de la planète, à la fois comme cadre global et comme objet de préoccu-pations. Cette émergence a pour contrepartie la crise des identités collectives et celle des institutions. Or, c'est là que se situe la politique : les individus et la planète en subissent les conséquences, certains individus l'orientent ou la dirigent, mais elle consiste essentiellement dans la compétition, la collaboration ou le conflit des acteurs collectifs.

Mais qui sont ces acteurs ? À qui se posent les dilemmes éthiques de l'action internationale ? Les États, les classes, les réseaux, les groupes organisés, les organisations internationales, gouvernementales et non-gouvernementales ? La communauté internationale ? Et dans quel cadre agissent-ils ? Hegel l'a fortement souligné et les conceptions actuelles d'une éthique « situationnelle » le rappellent, l'action éthique et ses dilemmes se situent toujours dans le cadre d'un univers moral et juridique de valeurs, de normes et d'institutions par rapport auxquelles elle réagit librement, mais qui ne sont pas de son fait. Plus particulièrement, la violence est contenue, canalisée ou sublimée, traditionnellement par la religion ou par l'État. Or l'une et l'autre sont, de toute façon, en pleine crise ou, du moins, en pleine évolution et, en tout cas, ne font pas l'objet d'un consensus et font encore moins autorité sur le plan mondial. Cette lacune est particulièrement grave pour le sujet qui nous occupe, celui de l'intervention militaire.

En effet, qui dit intervention plutôt que guerre ou invasion, implique un caractère juridique ou une analogie médicale : on intervient en violant ou en abrogeant l'ordre normal, celui de la non-ingérence dans les affaires intérieures, et on le fait, en principe du moins, non pour des buts de conquête égoïste, mais pour sauver ou réparer, pour prévenir, contenir ou éliminer un désordre ou une injustice que la communauté visée est incapable de traiter par elle-même. La double question « Qui peut intervenir ? Au nom de qui ou de quoi ? » se pose alors avec une acuité toute particulière. Si la première partie de cet ouvrage s'est efforcée de répondre aux questions « qui, pourquoi et comment ? », la seconde s'attache à l'autre face du problème : celle de la légitimité, de l'autorité ou encore de la compétence – question d'autant plus délicate à une époque et dans un domaine où abondent, comme on l'a souvent remarqué, les pouvoirs sans autorité et les autorités sans pouvoir. La thèse de ce chapitre est que ce dernier paradoxe, sans être éliminé, peut être atténué. Il tient à l'essence de la politique, à l'essence de la politique internationale, à l'essence de notre époque.

La politique comme telle, surtout dans la mesure où elle n'est pas théocratique, militariste ou totalitaire, implique que « les armes le cèdent à la toge », que le plus faible (le gouvernement, fût-ce celui d'un monarque absolu) commande au plus fort (l'armée ou le peuple), que le pouvoir exécutif reconnaisse le primat du droit et de la représentation populaire, que le pouvoir temporel respecte l'autonomie du pouvoir spirituel, sinon s'incline devant lui. Si la force, positive ou négative, potentielle ou en acte, n'est absente d'aucune organisation politique, elle n'est jamais seule maîtresse à bord.

Mais si toute politique repose sur une combinaison, un équilibre ou une tension entre la force et le droit, entre l'autorité et la liberté, entre le pluralisme des individus, des groupes et des intérêts, et la solidarité de tous, entre la compétition et la coopération ou la coordination, entre l'égalité de droit et l'inégalité de fait, il est certain que, dans la politique internationale, les pôles « séparatistes » et « compétitifs » priment par définition sur les pôles « unificateurs » et « coopératifs ». Un univers international fondé sur le règne du droit et sur l'unité ne serait plus un univers international, ce serait un empire ou une fédération mondiale.

Précisément, notre époque est celle de la fluidité et de l'ambiguïté qui défient ou démentent à la fois les solutions unilatérales et les divisions tranchées. Les séparations entre intérieur et extérieur, entre États et sociétés, entre national et international, sont brouillées ou relativisées par toutes sortes de facteurs bien connus : de la révolution des communications à la démocratisation de la violence, de l'ethnicité au terrorisme globalisé, des guerres civiles à l'interdépendance économique, des débuts de la justice pénale internationale à la multiplication des zones de non-droit et des États en décomposition. La distinction classique entre état civil et état de nature n'est plus opératoire, en particulier, du moins, si on tente de la faire coïncider avec l'opposition entre ordre intérieur et international. Conflit et coopération, ordre et désordre, s'enchevê-trent pour former des clivages et des alignements multiples qui, parfois, coïncident avec ceux des unités politiques, parfois s'en distinguent.

Dans un monde où les aspirations à la souveraineté et les contraintes de la globalisation coexistent et s'affrontent, c'est dans des espaces multiples qui ne se réduisent ni à la souveraineté des souverainistes ni à la mondialisation des mondialistes, ou à celle des « alter-mondialistes », que l'on pourra chercher des éléments de légitimité et de régulation. La politique et le droit eux-mêmes sont éclatés en dimensions et en incarnations à la fois convergentes et contradictoires, justifiant pleinement les indications d'Antoine Garapon[1] (et de Mireille Delmas-Marty[2] et Alain Supiot[3]) sur le droit mondial et la justice internationale, et la formule de Kolakowski, l'« éloge de l'incohérence », que Mats Berdal[4] applique aux rapports de l'unilatéralisme et du multilatéralisme dans le monde des organisations internationales.

Tous les contributeurs de ce volume sont d'accord sur le constat. Qu'il s'agisse de doctrine ou de pratique, personne ne défend un

---

1. Antoine Garapon, « *La justice internationale : humilia-tion ou dynamisation de la souveraineté des États ?* », dans ce volume, chap. 13.

2. Mireille Delmas-Marty, Le Relatif et l'Universel, *Paris, Le Seuil*, 2004.

3. Alain Supiot, Homo juridicus, *Paris, Le Seuil*, 2005.

4. Mats Berdal, « *Les Nations unies, le multilatéralisme et l'ordre international* », dans ce volume, chap. 12.

système complet et définitif, traditionnel ou révolutionnaire, ni ne se résigne à l'arbitraire pur. Tous reconnaissent que les deux phénomènes qui sont au centre de ce livre – l'intervention militaire et le couple terrorisme-antiterrorisme – se rattachent à des problématiques classiques tout en posant de nouveaux problèmes. Pour la majorité d'entre eux, la tradition de la guerre juste, d'origine religieuse, connaît simultanément une renaissance et une transformation. Par ailleurs, l'ONU et le corpus du droit international humanitaire ou du droit de la guerre, ébranlés par les nouveaux défis, continuent à remplir une fonction essentielle d'encadrement, de légitimation et de limitation de l'emploi de la force, et ne se prêtent guère à une révolution radicale. La tension entre les deux pôles, celui de la politique de puissance et celui des normes, institutions et constructions juridiques ne peut être supprimée, mais doit être gérée.

Michael J. Glennon[5] et Ariel Colonomos[6] ont une position plus critique et plus radicale. Colonomos, à partir d'un point de vue pragmatiste et constructiviste, pose un « relativisme de la justification » (et rejoint Adam Roberts pour qui il faudrait parler de la « justification de l'emploi de la force » plutôt que de guerre juste[7]). Il recense, dans la tradition de la guerre juste, ce qui relève d'une approche théologique ou manichéenne, de la morale individuelle plutôt que de celle des États, et inversement, ce qui, dans le calcul utilitariste dominant, met au centre les individus – la logique propre des rapports inter-étatiques dégagés par le droit international classique et la politique internationale west-

5. *Michael J. Glennon, « Droit, légitimité et intervention militaire », dans ce volume, chap. 10.*

6. *Ariel Colonomos, « Les contradictions du modèle de la guerre juste au miroir de l'après-guerre froide », dans ce volume, chap. 4.*

7. *Adam Roberts, « La "guerre contre le terrorisme" dans une perspective historique », dans ce volume, chap. 6.*

phalienne étant, dans les deux cas, ignorée ou dépassée. Glennon fait référence lui aussi au pragmatisme, mais celui de la tradition américaine, appuyée, sur le plan théorique, par un réalisme politique et un positivisme juridique intransigeants. Il récuse les stipulations de la Charte des Nations unies, tombées selon lui en désuétude, et la notion même de « cause juste » et de normes universelles s'imposant aux États. Tout est, selon lui, affaire de conventions et de contrats émergeant des tâtonnements de l'expérience. Mais pour ces deux auteurs, le problème de la légitimité continue à se poser et doit être repensé.

On peut être d'accord avec Colonomos pour considérer que certains critères de la doctrine de la guerre juste, comme l'« intention droite », perdent leur signification pour des entités collectives dans un monde sécularisé, et avec Glennon, pour accorder plus d'importance à ce que les acteurs font réellement qu'à ce qu'ils disent. Encore faut-il se demander qui sont ses acteurs et quel est ce monde.

Individu et collectivité – États et institutions

Comme le remarque Hedley Bull, selon les théories du droit naturel ou de la loi naturelle d'inspiration catholique, « ce sont les êtres humains individuels, et non des arrangements particuliers entre eux, qui sont considérés comme les sujets primordiaux du droit naturel[8] ». Inversement, le « droit public européen » des xviie et xviiie siècles, ne connaît, selon Carl Schmitt, que les États, et ignore les guerres civiles et les combattants irréguliers[9]. Le droit

---

8. *Hedley Bull, « Natural Law and International Relations »,* British Journal of international Studies, *5, 1979, p. 171-175.*

9. *Carl Schmitt,* Théorie du Partisan, *Paris, Calmann-Lévy, 1992 (trad. française).*

international public actuel et l'ONU, eux aussi fondés essentiellement sur la prééminence des États, s'efforcent cependant de faire
place aux droits de l'homme, dont trois secrétaires généraux de
l'ONU ont affirmé le primat sur la souveraineté, et aux droits des
minorités. De même, la théorie réaliste des relations internationales
ne connaît pas d'autres acteurs que les États mais le rôle des acteurs
non-étatiques (individus, forces politiques sociales et économiques,
nationales et transnationales) est souligné, dès ses débuts, par ses
critiques comme Arnold Wolfers[10].

Sur le plan politique, des débats opposent, en France, les tenants
de l'« intelligence de l'État personnifié », c'est-à-dire des autorités
élues comme seuls acteurs internationaux, et les organisations non
gouvernementales qui se présentent comme l'expression de la
société civile ou les témoins d'une solidarité et d'une morale
universelles. Aux États-Unis, le débat oppose ceux pour qui les
gouvernants américains n'ont de comptes à rendre qu'à leur pays,
qui est bon par définition, à ceux qui considèrent l'ONU ou le droit
international comme arbitres légitimes. Les autres États ont peine à
admettre une morale impériale pour laquelle un seul État serait juge
du bien et du mal. Partout, y compris aux États-Unis, des individus
ou des groupes récusent l'autorité de l'État, impérial ou national, et
lui opposent leur conscience individuelle, leurs impératifs religieux,
voire leur révolte indiscriminée.

S'il est certain, sauf pour une conception totalitaire, théologique
ou « holiste », que le sujet de l'éthique est nécessairement l'individu,
il est non moins certain, lorsqu'il s'agit de l'emploi de la force, que
l'individu agissant au nom d'une collectivité se heurte inévitablement

---

10. *Arnold Wolfers, « The Actors in International Relations »,
dans* Discord and Collaboration, *Baltimore (Md.), The Johns
Hopkins University Press, 1962 (1ʳᵉ éd. 1959), p. 3-24.*

au problème de la raison d'État ou à son équivalent idéologique. Le problème central de la fin et des moyens s'aggrave si l'on considère celui du sacrifice qui se pose différemment pour l'individu lui-même, pour la collectivité à laquelle il s'identifie ou qu'il représente, ou encore pour les tiers qui, sans être visés par son action, bénéficient ou souffrent de ses conséquences. Peut-on sacrifier certains hommes ou groupes pour le bien d'autres hommes ou d'autres groupes ? Un homme peut se suicider, mais peut-il entraîner un peuple avec lui ? Il peut tendre la joue gauche si on le frappe, mais un État le peut-il ? Inversement, un homme peut-il, ou doit-il, commettre au service de son État, de sa classe ou de sa religion des actes – tels mentir, tuer, piller – qui seraient répréhensibles sur le plan privé ? Un État peut-il renier ses engagements s'ils ne correspondent plus à ses intérêts ? S'agit-il moins de morale que d'état de nature ou d'état civil pourvu de lois communes et décidant, par l'arbitrage de l'autorité, du permis et de l'illicite ? Mais il faudrait pour cela un *ethos* commun qui résulte d'une convention ou d'un contrat et soit vécu comme ayant une force normative autonome s'imposant à ceux-là même qui en sont l'origine. La symbolique du conflit d'Antigone et de Créon tient non seulement à la pluralité des fins et des moyens de toute action humaine, en particulier collective, mais à la pluralité des mondes spatiaux et temporels dans lesquels cette action s'inscrit.

L'ambiguïté des objectifs

Les buts ou les objectifs de l'intervention humanitaire se composent de buts ultimes et généraux, et d'objectifs intermédiaires et spécifiques. Le mot « humanitaire » prête évidemment à confusion. Il s'agit, bien sûr, de combattre les maux physiques et moraux qui affectent des êtres humains. Mais le soldat, contrairement au médecin, a pour vocation d'infliger (ou de menacer d'infliger) la souffrance ou la mort, plutôt que d'apporter la guérison et la vie. Ce mal doit servir à un plus grand bien mais ce bien n'est pas forcément celui des individus que l'on veut sauver ou aider et qui peuvent être victimes de la guerre humanitaire elle-même. L'intervention devrait-elle se limiter au but négatif et immédiat de combattre la famine ou le génocide, et de mettre fin à des catastrophes humanitaires, qu'elles soient d'origine naturelle ou humaine, ou du moins, de les atténuer, ou devrait-elle se donner le but positif mais potentiellement indéfini d'aider le développement et la démocratie ? Dans bien des cas, il vaudrait mieux, souvent, parler d'intervention contre l'inhumanité.

Les objectifs de l'intervention varient selon sa nature – fournir assistance ou protection – et selon son échelle, locale, régionale ou globale. Devraient-ils se limiter aux situations d'extrême urgence et laisser la suite aux populations concernées, une fois un minimum de sécurité et de stabilité rétablis ? Ils consisteraient alors à donner à ces populations une chance de prendre leur sort en mains plutôt que de rester dans une situation d'assistés ou de contrôlés. Ou au contraire l'intervention, surtout militaire, deviendrait-elle un élément dans un continuum qui irait des secours d'urgence à la reconstruction, de l'arrêt de la guerre à l'établissement d'une paix durable ?

Il va de soi que la réponse dépend des circonstances. Mais deux questions générales demeurent. La première est celle de l'augmentation de l'engagement et donc des moyens mis en œuvre et des risques encourus, ou de la réduction des objectifs qui, si le risque en était prévisible, rend contestable l'engagement initial. On peut intervenir pour une mission limitée dans ses objectifs et sa durée prévue et se trouver entraîné, par ce que les militaires américains appellent le « *mission creep* », à assumer des responsabilités de plus en plus étendues et indéfinies, ou au contraire, s'engager dans une tâche à long terme et l'abandonner devant les obstacles, les coûts ou le désaveu de sa propre opinion intérieure.

La deuxième question est celle de la clarté ou de l'ambiguïté des objectifs, notamment pour les interventions multilatérales. S'il est vrai, selon la belle formule de Christoph Bertram, que « la communauté internationale ne naît que quand quelques États sont prêts à agir ensemble[11] », ces États doivent la fonder à partir d'un certain consensus, qui, s'il n'est pas réduit au plus petit (et moins efficace) commun dénominateur, doit reposer sur un compromis, implicite ou explicite, entre des motifs, des programmes et, au moins, des priorités différentes. Avec le risque que les intérêts, les traditions et les solidarités diverses prennent souvent le pas sur une évaluation impartiale de la gravité et de l'urgence de la situation qui provoque l'intervention.

C'est l'une des tâches principales des organisations internationales, gouvernementales et non-gouvernementales, et d'autres autorités morales que d'essayer de rétablir l'équilibre et de plaider pour la priorité d'une justice et d'une solidarité universelles par rapport aux intérêts et aux liens particuliers. Mais si le point de vue universaliste doit être considéré comme seul légitime, si toute intervention dont les motifs sont partiellement égoïstes ou intéressés est disqualifiée, les Pol Pot et les Amin Dada resteront au pouvoir aussi longtemps que la « communauté humanitaire mondiale » n'est pas prête à agir à la place des Vietnamiens et des Tanzaniens dont les motifs n'avaient que peu de rapports avec la défense des droits de

---

11. *Christoph Bertram,* « *Die Völkergemeinschaft als Konfliktverhütter* » *dans D. Senghaas (ed.),* Frieden machen, *Francfort-sur-le-Main, Suhrkamp, 1997, p. 133.*

l'homme mais qui n'en ont pas moins débarrassé les Cambodgiens et Ougandais de leurs tyrans respectifs.

Les interventions au Zaïre, en Yougoslavie en 1995 et 1999, en Irak en 2001, et les non-interventions au Rwanda, au Darfour, en Yougoslavie en 1991, en Irak quand Saddam Hussein était soutenu par l'Occident contre l'Iran, témoignent des imperfections de l'ajustement entre l'urgence des tragédies et les priorités des États.

Les dilemmes des moyens

On retrouve les mêmes contradictions et les mêmes compromis sur le plan des moyens. Certes, la persuasion est préférable à la coercition, les sanctions positives aux sanctions économiques, les coups de semonce, voire l'attaque ciblée contre des dirigeants criminels, au bombardement indiscriminé de leurs populations. Mais, dans certains cas, la négociation ou la persuasion ne peut réussir sans la menace de la coercition ; le refus ou le retrait de stimulants positifs peut être considéré comme une sanction négative ; les sanctions économiques peuvent n'être efficaces qu'à long terme et non dans l'urgence, elles peuvent faire plus de mal plus longtemps à plus de victimes innocentes qu'une action militaire rapide et limitée, elle-même incertaine de ne pas conduire à l'escalade et d'épargner les populations civiles.

Il est des cas où la nécessité d'agir devrait s'imposer (c'est le cas du génocide), la réponse à la question de l'intervention ne concernant alors que les moyens. Certains moyens (par exemple, la guerre atomique ou toute autre action de violence extrême contre des non-combattants) devraient être prohibés. Même si, normalement, la diversité des moyens est à la fois désirable et inévitable, pour autant, ils ne peuvent être employés en même temps, au même endroit, et par les mêmes acteurs. Ainsi, aide et sanctions économiques ne vont pas très bien ensemble, pas plus que maintien et imposition de la paix. La conception de Bernard Kouchner, pour qui l'« humanitaire d'État » est, avec le droit d'ingérence, une étape vers un ordre international qui porterait secours aux victimes des tyrannies comme à celles des fléaux naturels, est combattue par une majorité des « humanitaires » ou « ex-humanitaires » français qui voudraient que les médecins et les organisations humanitaires portent secours aux victimes sans compromettre leur neutralité en prenant parti politiquement, que les gouvernements obéissent à leurs intérêts nationaux sans les parer d'habits humanitaires, que les soldats restent les soldats plutôt que de se transformer en infirmiers.

Dans ce débat, les positions extrêmes se sont révélées intenables. L'humanitaire, le politique et le militaire doivent rester conceptuellement distincts et leurs missions, même complémentaires, devraient se dérouler séparément ; et pourtant, l'action humanitaire peut avoir besoin de la protection militaire, et il n'est pas souhaitable d'enfermer les États dans une conception étroitement égoïste ou matérielle de leurs intérêts. Ils peuvent et se doivent d'inclure la recherche d'un ordre international moins inhumain. Inversement, l'humanitaire, le politique et le militaire qui parfois se gênent ou entrent en conflit, se recoupent ou se recouvrent, quand il s'agit par exemple d'arrêter un massacre plutôt que d'en adoucir les conséquences.

Arrêter Hitler et le génocide constitue-t-il une action humanitaire, politique ou militaire ? La réponse est moins importante que le fait d'avoir arrêté des crimes, sauvé des vies, jugé des criminels, au prix de compromissions avec un autre régime totalitaire et d'un bouleversement total, pour le meilleur et pour le pire, de l'ordre européen[12].

Le bilan des interventions militaires de l'après-guerre froide nous invite à la même réflexion. Avec le recul, nous sommes de plus en plus conscients de la complexité des rapports entre l'urgence et le long terme, et, plus précisément, entre le devoir d'ingérence (terme nettement préférable à celui de « droit d'ingérence ») et les conditions et les conséquences géopolitiques de l'intervention. Prévenir ou arrêter un massacre est impératif, mais c'est inévitablement changer la société, le statut juridique, l'environnement du pays en question : on est amené à modifier la carte d'une région et son orientation politique, à provoquer la libération des uns et le ressentiment des autres, à résoudre certains conflits et à en provoquer d'autres, à faire, volontairement ou involontairement, acte de néo-impérialisme ou de néo-colonialisme. Pour éviter à la fois les pièges opposés de l'abandon et de la mise sous tutelle permanente, il ne faut certainement pas sacrifier l'urgence mais la replacer dans un cadre plus large, à la fois dans l'espace et dans le temps.

À cet égard, la comparaison entre le Kosovo et l'Irak esquissée dans ce volume par Stanley Hoffmann et, plus généralement, entre les Balkans et le Moyen-Orient, et les perspectives qu'a jusqu'ici

---

12. *Les pages qui précèdent, sur les objectifs et les moyens, s'inspirent de nos analyses présentées dans « From War and Peace to Violence and Intervention : Permanent Moral Dilemmas under Changing Political and Technological Conditions »,* dans Jonathan Moore (ed.), Hard Choices. Moral Dilemmas in Humanitarian Intervention, *Lanham (Md.), Rowman and Littlefield, 1998, p. 21-25 (trad. fr., Des choix difficiles, Paris, Gallimard, 1980, p. 17-48).*

offert l'intégration européenne aux premiers[13] par rapport au poids que pèsent le conflit israélo-palestinien, la lutte pour le pétrole et le danger nucléaire dans le second cas, fournit des enseignements précieux, à la fois rétrospectifs et prospectifs.

Le principal déplacement de la problématique provient du fait que, dans la période précédente, il s'agissait essentiellement d'intervenir pour les droits de l'homme contre le génocide ou le nettoyage ethnique, alors qu'aujourd'hui, il est surtout question de combattre le terrorisme et de répandre la démocratie.

Au-delà de leurs divergences, tous les auteurs se retrouvent pour constater les difficultés politiques et les contradictions juridiques auxquelles se heurte la définition du terrorisme et celle de la lutte à mener contre lui. La réflexion éthique qui nous intéresse plus particulièrement dans ce chapitre est confrontée au même dilemme, celui de la réciprocité : ceux qui ne respectent pas les autres ont-ils droit à être respectés ? Ou sont-ils à considérer comme des « ennemis de l'humanité » envers lesquels tout est permis ? Répondre oui à la seconde option obligerait à questionner les dangers que cette affirmation ferait courir aux droits et à la vie morale des communautés qui pratiqueraient cette approche. Et comment prendre en considération les tiers – peuples ou États – qui sont à la fois enjeux, victimes et arbitres de la lutte entre les terroristes et ceux qui leur font face ?

---

13. *Voir le rapport de la Commission internationale sur les Balkans dirigée par Giuliano Amato,* The Balkans in Europe's Future, *Sofia, Secrétariat, Center for Liberal Strategies, avril 2005.*

Promouvoir la démocratie ?

Depuis la réélection de George W. Bush et son deuxième discours inaugural, la promotion de la démocratie tend à prendre le pas sur la lutte contre le terrorisme pour devenir le thème dominant de la politique et de la rhétorique américaines ainsi que celui du dialogue mondial suscité par celles-ci. Les réactions, tout en restant méfiantes à l'égard des intentions et des méthodes américaines, semblent beaucoup plus favorables qu'au discours précédent. Qui, à part Al Zarkawi et le président iranien Ahmadinejad, peut s'affirmer hostile à la démocratie ?

Faut-il en conclure que la promotion de la démocratie est en train de devenir un objectif presque universellement accepté, y compris par ceux qui refusent les actions américaines entreprises en son nom[14] ? Existe-t-il, comme certains l'affirment, un droit émergent à la démocratie[15] ? Ou faut-il préférer la formulation de Gareth Evans et Mohammed Sahnoun, selon laquelle l'État a la responsabilité de protéger ses citoyens mais, s'il ne s'acquitte pas de cette tâche, ou, à plus forte raison, si c'est lui qui menace ses citoyens, la responsabilité de les protéger, y compris contre lui, passe à la communauté internationale[16] ? Si oui, cela implique que l'on parte des droits de l'individu et non de ceux de la communauté ou de l'État.

---

14. Cf. Michael McFaul, « Democracy Promotion as a World Value », The Washington Quarterly, hiver 2004-2005.

15. Thomas Franck, « The Emerging Right of Democratic Governance », American Journal of International Law, 86 (1), 1992, p. 46-91.

16. Gareth Evans et Mohammed Sannoun, La Responsabilité de protéger, rapport de la Commission internationale de l'intervention et de la souveraineté des États, Ottawa, Centre de recherches pour le développement international, décembre 2001.

Existe-t-il une définition universelle de la démocratie, et celle que l'Occident veut promouvoir est-elle connotée socialement, comme l'affirment les intégristes marxistes ou musulmans, ou les tenants des « valeurs asiatiques » ? L'émancipation et l'égalité des femmes sont-elles une exigence de nature politique, culturelle ou religieuse ? On peut en discuter indéfiniment.

Qu'il nous suffise, pour montrer la difficulté des relations entre buts et conséquences, entre évolution intérieure et relations internationales, d'illustrer par cette dernière question une remarque sur les relations entre l'Occident et le monde islamique. À George W. Bush déclarant, pour expliquer l'attentat du 11 septembre, « Ils détestent nos libertés », il est juste de répondre comme on l'a fait un peu partout : ce qu'Al-Qaida déteste, c'est la politique des États-Unis[17]. Mais comme le rappelle Coral Bell, l'évolution intérieure des sociétés occidentales en matière de mœurs, notamment en matière d'émancipation des femmes, pénètre inévitablement le reste du monde par la globalisation ; elle est vécue par les fondamentalistes religieux et autres traditionalistes comme un élément d'une politique délibérée d'agression[18].

Quelques règles provisoires semblent émerger pour éviter que la promotion de la démocratie ne provoque la même réaction de rejet. Elles convergent avec les leçons qu'Éric Chevallier tire de l'expérience de l'« après-intervention[19] » : 1) ne pas imposer les institutions démocratiques aux peuples qui n'en veulent pas, mais

---

17. *Voir, par exemple, Anonymous,* Imperial Hubris. Why the West is losing the War on Terror ?, *Washington (D. C.), Brassey's, 2004.*

18. *Coral Bell, « Normative Shift »,* The National Interest, *hiver 2003-2004, p. 44-54.*

19. *Éric Chevallier, « Leçons d'après-guerres et légitimité ex-post », dans ce volume, chap. 5.*

soutenir ceux – dissidents ou électeurs comme en Ukraine et en Géorgie – qui en sont privés et qui la réclament ; 2) éviter autant que possible de heurter les sentiments d'identité ou de fierté nationale, culturelle ou religieuse, et favoriser les synthèses ou les compromis *ad hoc* entre les principes démocratiques et les traditions des peuples concernés ; 3) surtout, donner le plus tôt possible la parole – et les responsabilités – à ces derniers. C'est l'« intégration respectueuse » ou l'« intervention modeste » dont parle Sandrine Tolloti[20]. Les États-Unis s'efforcent de la pratiquer en Irak, après plus d'un an d'erreurs, en acceptant les élections demandées par l'Ayatollah Sistani et en le reconnaissant comme interlocuteur principal. Mais ils continuent à faire face aux dilemmes de la lutte anti-terroriste et ils payent la méfiance et le ressentiment qu'a suscité leur comportement passé.

On ne peut que préférer, quant aux moyens, le bilan de l'Union européenne pratiquant auprès de ses voisins l'ingérence par la conditionnalité de l'aide et de l'adhésion. Certes, l'Europe ne peut, elle non plus, renoncer à l'emploi de la force, devant une menace directe ou un génocide ; elle ne peut guère non plus en remontrer aux États-Unis en matière de *soft power*. Ceux-ci ont fait bien plus qu'elle, par leurs organisations gouvernementales et non-gouver-nementales (souvent hostiles au gouvernement actuel, comme le travail omniprésent de la Fondation pour une société ouverte créée par George Soros, financier farouchement hostile à George W. Bush), pour soutenir la démocratie dans nombre de pays, à commencer par la Géorgie et l'Ukraine. L'Europe a plus agi par sa force d'attraction que par une politique active. Mais l'important est que la conception européenne de l'emploi de la force réserve celui-

---

20. *Sandrine Tolloti, « Pour une ingérence respectueuse »,* Alternatives internationales, *novembre 2004, p. 69.*

ci aux cas extrêmes et lui donne une place subordonnée à l'intérieur d'un ensemble politique, économique et juridique.

Ni les États-Unis ni l'Union européenne n'ont résolu le problème de l'articulation optimale entre le droit et la force, pas plus qu'entre la morale et la politique. Sans doute parce qu'ils ne sauraient être résolus de manière permanente ni vraiment satisfaisante. Un certain rapprochement ou un certain équilibre dans la complémentarité pourrait cependant s'esquisser entre leurs approches, à condition d'éviter les clichés faciles (une Amérique impériale et unilatérale ne croyant qu'à la force, une Europe pacifiste et multilatéraliste ne croyant qu'au droit) pour une véritable réflexion sur les conditions et les dimensions de la légitimité dans l'ordre international.

Cette réflexion nous paraît esquissée dans ce volume, à partir, notamment, des exposés de Ward Thomas[21], de Michael J. Glennon, déjà cité, et de Pierre Buhler[22] sur les normes, de Mats Berdal, Adam Roberts, Antoine Garapon sur les institutions. Les leçons qu'en tire l'auteur de ces lignes se résument en trois propositions :

1. Entre la force et la loi, il y a *la norme*, la coutume, la délibération et la négociation.

2. Entre la domination et la gouvernance, entre la monarchie universelle et l'égalité des États, entre la liberté d'action de ceux-ci et les contraintes dues à l'interdépendance économique et sociale, il y a place *pour un régime semi-constitutionnel mixte*, qui organiserait un équilibre entre inégalité et réciprocité, pluralisme et solidarité.

---

21. *Ward Thomas, « La légitimité dans les relations internationales : dix propositions », dans ce volume, chap. 14.*

22. *Pierre Buhler, « Le dilemme de la légalité et de la légitimité », dans ce volume, chap. 11.*

3. Entre la rigidité des cadres juridiques et les bouleversements techniques, politiques et culturels, il y a place pour *l'adaptation réciproque d'institutions ambiguës et de changements contradictoires.*

La force, la loi, la norme

Le dialogue euro-américain a semblé prendre une étrange tournure ces dernières années, notamment à propos de la guerre d'Irak et de la dénonciation par le gouvernement Bush d'un certain nombre de traités multilatéraux. Du côté européen, on semble considérer l'ONU comme l'arbitre unique ou du moins suprême, de l'usage de la force. Du côté américain, on s'étonne de la légitimité supérieure que les Européens semblent accorder à des principes abstraits et à des organisations imparfaites, créées par les États, alors que les Américains ne reconnaîtraient d'autre légitimité que celle qui vient de leur Constitution et de leur peuple. Comme le remarque Francis Fukuyama[23], ils ont néanmoins parfois tendance à refuser aux autres États ce même privilège de n'obéir qu'à leurs propres lois et à considérer que les principes américains s'appliquent au monde entier. D'où le droit qu'ils s'arrogent de juger les autres, et d'exécuter leur sentence sans être jugés eux-mêmes, d'être ultra-souverainistes pour eux-mêmes et ultra-interventionistes chez autrui. C'est une position proprement impériale qui, pour certains, dont Charles Krauthammer, quand ils opposent

---

23. Francis Fukuyama, « Does the West Still Exist ? », dans *Anne-Marie Le Gloannec et Aleksander Smolar (dir.),* Entre Kant et Kosovo. Études offertes à Pierre Hassner, *Paris, Presses de Sciences Po, 2003, p. 11-42.*

« ceux qui croient à la puissance et ceux qui croient au papier[24] » s'apparente au droit du plus fort ou à la position des Athéniens de Thucydide, pour qui « la justice ne vaut qu'entre égaux, les forts font ce qu'ils peuvent et les faibles subissent ce qu'ils doivent[25] ».

Les uns et les autres oublient que la légitimité internationale n'est, selon l'expression de Ward Thomas, « ni objective ni subjective, mais inter-subjective », autrement dit, qu'elle suppose un élément de réciprocité ou de dialogue. Aux uns, on peut rappeler, avec Rousseau, que « le plus fort n'est jamais assez fort pour rester toujours le maître s'il ne transforme la force en droit et l'obéissance en devoir[26] ». Aux autres, on peut rappeler une partie de l'argumentation de Michael J. Glennon. Après avoir démontré qu'aucun État n'applique vraiment l'article 51 de la Charte des Nations unies et ne renonce à employer la force unilatéralement, il répond à ceux pour qui le fait que la loi soit violée ne l'empêche pas d'être loi, qu'en matière internationale, les contrevenants sont les mêmes que ceux dont l'accord est à l'origine de la loi. Le droit international est fondé non sur une autorité supérieure mais sur l'accord des États qui peuvent à tout instant défaire ce qu'ils ont fait. Les accords internationaux se feraient et se déferaient de manière purement pragmatique, par essais et erreurs. Il néglige ce faisant le volet normatif qui, à une époque donnée, est considéré comme un comportement acceptable ou inacceptable[27], et qui contribue au respect des lois et à la stabilité des accords.

---

24. *Charles Krauthammer, « The Clinton Paper Chase »,* The Washington Post, *25 octobre 2002.*

25. *Thucydide,* Guerre du Péloponnèse, *V, 84-116.*

26. *Jean-Jacques Rousseau,* Le Contrat social, *Livre I, chap. 3.*

27. *Coral Bell, art. cité.*

Quelle est l'origine de ces normes et de leur autorité ? La question est bien illustrée, sur le plan philosophique, par les positions antithétiques mais paradoxales l'une et l'autre de Rousseau et de Pascal. Rousseau pour qui la légitimité de la loi repose justement sur le contrat social, c'est-à-dire sur le fait que les citoyens soient en même temps les législateurs, n'en éprouve pas moins le besoin de recourir à un « grand législateur » qui lui-même s'efforce de façonner l'opinion et les mœurs, d'accroître « le sentiment de sociabilité », et, pour cela, « d'honorer les dieux de sa propre sagesse ». De même, Pascal, qui part d'une position purement positiviste quant au fondement des lois (« ce qui est juste est ce qui est établi, il faut obéir aux lois non parce qu'elles sont justes mais parce qu'elles sont lois ») s'empresse d'ajouter que, subjectivement, il faut leur obéir parce qu'on croit qu'elles sont bonnes. Mais sa célèbre formule, « Ne pouvant faire que ce qui était juste soit fort, on a fait que ce qui est fort soit juste[28] », peut s'interpréter de deux manières. Il faut, de toute façon, partir de ce qui est fort, donc des rapports de puissance. Mais, s'il faut présenter ce qui est fort comme étant juste pour le faire accepter, cela peut aussi vouloir dire qu'il faut le rendre effectivement plus juste, conformément à des critères qui sont en très grande partie variables et conventionnels, mais qui n'en renvoient pas moins à une idée de la justice dont l'exigence au moins, comme celle de la vérité, a une portée universelle : « Nous avons une impuissance de prouver, invincible à tout le dogmatisme. Nous avons une idée de la vérité, invincible à tout le pyrrhonisme[29] ». Pour Pascal comme pour Rousseau, les lois concrètes sont conventionnelles mais ne peuvent éviter de se

---

28. *Blaise Pascal*, Pensées, *Livre 5, Éditions Bruschvicg,* n° *293, 298, 312.*

29. Ibid., *Livre 6, n° 395.*

référer à quelque chose qui les dépasse. Ni une légitimité fondée sur le respect de l'ordre établi ni une légitimité fondée sur le contrat ne peuvent se passer d'une part de mythe et d'une aspiration à l'universel. Pourquoi en irait-il autrement dans l'ordre international ?

Sur le plan empirique, Ward Thomas montre comment les normes internationales concernant l'emploi de la force sont déterminées par l'interaction des intérêts nationaux, des rapports de force – les plus puissants étant évidemment mieux placés pour déterminer les règles du jeu –, mais aussi par des considérations juridiques et morales. Il souligne le rôle des traditions et de l'opinion, qui s'imposent parfois aux plus puissants et qui, de manière certes sélective et en partie arbitraire, autorisent ou interdisent certains comportements. Ainsi, sous la monarchie absolue, le souverain se trouvait-il dans l'« heureuse impuissance[30] » de contrevenir à certaines coutumes.

Entre États, c'est ce que l'école anglaise a élaboré sous le nom de « société internationale[31] » (et la science politique américaine a élaboré sous le nom de « régimes ») ; elle résulte d'accords, implicites ou explicites, sur des valeurs et des intérêts communs, mais aussi d'influences réciproques et de négociations. Il convient de ne pas oublier ce que Michael Foessel, cité par Julie Allard et Antoine Garapon, appelle le « cosmopolitisme par le bas », produit du « commerce des cours »[32] (c'est-à-dire des contacts et de l'influence réciproque des juges appartenant à des traditions différentes) et, plus généralement, de l'interpénétration des sociétés.

---

30. *Cf. Bertrand de Jouvenel,* De la souveraineté, *Paris, Éditions Marie Thérèse Génin, 1955, p. 259-262.*

31. *Cf. la note 8.*

32. *Cf. Julie Allard et Antoine Garapon,* Les Juges dans la mondialisation, *Paris, Le Seuil, coll. « La République des Idées », 2005.*

Au même titre que la justice internationale, l'ONU, y compris le Conseil de sécurité, devrait beaucoup plus organiser la délibération et la négociation pour donner corps à ce consensus partiel ou virtuel que constituer une autorité suprême s'imposant aux États.

Sur le plan de la théorie juridico-politique, la discussion devrait s'inspirer du remarquable effort de Jean Cohen pour repenser les rapports entre souveraineté, intervention et droit international, à la lumière de l'évolution des trois termes[33].

Système et régime

C'est pourquoi notre deuxième proposition évoque un *régime mixte semi-constitutionnel*, selon l'expression employée indépendamment par David Calleo[34], et par William Odom et Robert Dujarric[35]. *Constitutionnel* à cause de cette exigence de normes consensuelles et de limitation de l'arbitraire. *Semi* car certains États le refusent pour s'attacher à une souveraineté inconditionnelle ou se réclamer d'un autre consensus, et parce qu'un État révolutionnaire ou plus puissant que les autres peut, par une sorte de coup d'État, s'affranchir des règles acceptées ou chercher à en imposer d'autres. *Régime* parce que la légitimité repose aujourd'hui, du moins dans la conception occidentale, moins sur l'identité de ceux

---

33. Jean L. Cohen, « *What Sovereignty ? Empire versus International Law*", Ethics and International Affairs, *18 (3),* hiver 2004-2005.

34. *David Calleo, « The Broken West », Survival, été 2004.*

35. *William Odom et Robert Dujarric,* America's Inadvertent Empire, *New Haven (Conn.), Yale University Press, 2004, p. 61. Ils parlent d'un « quasi-constitutionalisme fondé sur la retenue ».*

qui gouvernent ou sur leur origine que sur la manière dont ils exercent leur puissance.

Si l'on admet, au départ, malgré les différences structurelles qui distinguent l'ordre international de l'ordre intérieur, que le premier n'est pas régi uniquement par le conflit ni le deuxième par la loi, on peut s'inspirer de la classification aristotélicienne des régimes politiques. Celle-ci comporte deux critères : celui du nombre de détenteurs du pouvoir et celui de la manière dont ce dernier est exercé : de manière arbitraire ou réglée par la loi ou encore dans le seul intérêt des gouvernants ou dans celui de l'ensemble des citoyens. D'où les couples monarchie-tyrannie, aristocratie-oligarchie, république-démocratie. Il serait possible de distinguer entre les systèmes internationaux fondés sur le primat du conflit, potentiel ou réel, et des purs rapports de force (première colonne), et ceux qui reposent sur la coopération, plus ou moins organisée (deuxième colonne). On aurait donc une série de couples :

Empire	Fédération mondiale
Bipolarité	Condominium
Équilibre multipolaire	Concert
Anarchie (« Unit Veto System[36] » : chacun seul contre tous)	Sécurité collective (un pour tous, tous pour un)

---

36. *Il s'agit d'un système imaginé par Morton Kaplan dans* System and Process in International Politics *(1957) dans lequel chaque État pourrait se défendre contre tous les autres, voire détruire la planète. Il n'y aurait plus d'alliances ni d'inégalités de puissance : chacun pour soi et la bombe pour tous.*

Autre emprunt à la théorie classique des régimes, l'idée de *régime mixte*. Pour Cicéron et bon nombre des anciens, comme, à sa manière, pour Hegel, il est préférable, dans un cas, parce qu'il repose sur un équilibre entre l'aristocratie et le peuple, dans l'autre, parce que le gouvernement exige une unité de décision au sommet, des institutions qui représentent la sagesse ou la compétence, et d'autres qui permettent à l'opinion populaire de se faire entendre[37].

Sur le plan international, le primat des États-Unis est incontestable pour la période actuelle, et il a des avantages – même pour la menace, voire l'emploi, de la force, car la dissuasion est plus crédible si elle est unilatérale, l'action dans l'urgence ne peut pas toujours attendre une décision multilatérale et, au stade actuel, cette dernière ne peut guère être exécutée, dans les cas les plus graves, sans les États-Unis. Mais leur hégémonie relative ne peut être acceptable que si elle comporte des éléments de concert, si les alliés jouissent d'une influence réelle, si des règles de réciprocité sont établies avec les autres grandes puissances. Cependant, on ne peut s'arrêter là. Le temps n'est plus où le concert européen pouvait, à son gré, décider de l'indépendance et des frontières des petits pays. La révolution des communications, la mobilisation des populations, la « démocratisation de la violence » imposent une composante démocratique beaucoup plus importante. L'égalité des États n'a de sens qu'au point de vue juridique, mais au-delà même de l'égalité des droits, la possibilité pour les petits États de s'exprimer et la nécessité pour les grandes puissances de leur rendre des comptes est l'un des principaux avantages de la diplomatie parlementaire internationale.

---

37. Principes de la philosophie du droit, *en particulier les paragraphes 272 à 320 : « La Constitution sous son aspect purement interne ».*

Encore ne devrait-elle pas s'arrêter aux États. Le système international est également mixte en ce sens que sa logique et ses équilibres sont constamment modifiés par d'autres logiques et d'autres équilibres, ceux des circuits commerciaux ou financiers, mais aussi des mouvements d'opinion internationaux ou des organisations qui constituent un embryon de société civile transnationale.

La querelle de l'*unilatéralisme* et du *multilatéralisme* est un autre faux débat auquel on pourrait appliquer avec fruit la notion de système mixte, avec ses distinctions de rôles et de phases. L'action, nous l'avons dit, est souvent unilatérale, mais la gestion et, encore plus, la légitimation sont inévitablement multilatérales. Pour assurer que ce multilatéralisme ne soit pas de façade, il faut un minimum de multipolarité dans les alliances et dans les organisations internationales. Bien sûr, tout l'art de la politique internationale est dans la combinaison d'une *inégalité* incomplète et d'une *réciprocité* imparfaite. Le plus fort n'est jamais tout-puissant, le plus faible n'est jamais totalement dénué de pouvoir. Mais quand l'écart est trop grand, la réciprocité tend à disparaître. La norme « internalisée » de la modération et du respect doit restreindre les tentations de l'excès de puissance, mais il est bon qu'un certain équilibre vienne la garantir.

Le multilatéralisme et la multipolarité ne sont pas synonymes (ils sont même parfois antinomiques, par exemple dans l'opposition wilsonienne de la sécurité collective et de l'équilibre des puissances ou dans les formules d'organisation du commerce international où le libre-échange généralisé s'oppose à la constitution de blocs régionaux) ; ils peuvent être complémentaires sous réserve de ne pas considérer l'un comme un système de règles abstraites et l'autre comme l'équilibre et la rivalité d'unités approximativement égales, équidistantes et interchangeables.

Il en va de même pour la tension entre *hétérogénéité et interdépendance*. Elle est gérable et féconde quand l'écart n'est pas trop grand, elle devient explosive quand l'hétérogénéité est telle qu'elle exclut toute compréhension réciproque ou quand l'interdépendance est telle qu'elle exclut toute autonomie.

Que se passe-t-il, à plus forte raison, quand l'hétérogénéité augmente de façon radicale en même temps que l'interdépendance, l'interconnexion ou l'interpénétration, quand nous sommes de plus en plus en relation avec des sociétés et des cultures, des groupes et des individus avec lesquels nous ne nous sentons rien de commun mais auxquels nous ne pouvons échapper et au contact desquels nous craignons de perdre notre identité ? C'est là une des sources de la violence actuelle et des réactions qu'elle suscite, points de départ de ce volume. Des sociétés subissent directement ou indirectement une violence dont elles ne comprennent pas l'origine, la coexistence contradictoire de conflits asymétriques ou d'efforts pour se détourner des pires catastrophes morales ou physiques, tant que nous n'en sommes pas affectés de manière évidente, avec le risque de réactions incontrôlées lorsqu'elles finissent par nous atteindre.

Tous ces dangers sont multipliés quand les évolutions (ou plutôt les révolutions) se précipitent et sont contradictoires. Tous nos appels au compromis et à la modération, tous nos plaidoyers en faveur de systèmes mixtes ont quelque chose de statique ou d'optimiste. Ils font, en tout cas, le pari de la possibilité du changement pacifique comme solution de rechange à l'alternative du *statu quo* et de la guerre. Mais ceux-là même qui, comme Coral Bell, attirent notre attention sur l'importance des normes, soulignent, nous l'avons vu, que nous vivons une époque de « changement normatif », où des consensus immémoriaux éclatent et où nous ne sommes pas maîtres des conséquences extérieures induites involontairement par nos propres changements. C'est le cas pour l'égalité des sexes, l'évolution des mœurs, la promotion des droits de l'homme aux dépens de la souveraineté, ou la sécularisation. C'est le cas, aussi, pour les flux migratoires et les fantasmes qu'ils suscitent.

Institutions et changement

Que faire, en ce cas, sinon parer au plus pressé ? C'est le sens de notre troisième et dernière proposition. Nous ne pouvons pas nous passer d'institutions visant à limiter les tensions et le désordre et nous ne disposons pas d'une formule générale permettant de réguler les transformations et de les rendre compatibles. Tout ce que nous pouvons faire, c'est ce que Julie Allard et Antoine Garapon appellent du « bricolage institutionnel[38] ». Autrement dit, essayer d'arrêter les fuites là où elles se produisent, de favoriser des îlots de paix et de droit et d'élargir les interstices de paix et de modération entre les conflits, de poser à la hâte des barrières, d'allumer des contre-feux. Peu importe si ces efforts institutionnels sont parfois dérisoires, et souvent redondants. Ils reflètent, qu'il s'agisse de la justice internationale dans ses différentes juridictions[39] ou de l'ONU, les incohérences d'un monde en transition dans ses diffé-rents rôles et organes, d'une époque qu'Auguste Comte aurait appelée « critique » par opposition à « organique ». Est-elle destinée à faire place à un nouvel ordre, à un nouveau consensus ? Ou sommes-nous désormais condamnés à une transition permanente,

---

38. *Art. cité, note 32.*

39. *Cf.* « *The Proliferation of International Tribunals :
Piecing Together the Puzzle* », Journal of International Low
and Politics, *numéro spécial, 31 (4), 1999.*

que certains appelleraient « post-moderne », caractérisée par la prolifération des problèmes sans solution et des contradictions sans synthèse ?

Nous n'en savons rien. Mais nous savons qu'il nous faut une morale provisoire pour temps de crise, et des institutions suffisamment flexibles pour pouvoir s'y adapter, suffisamment stables pour avoir une chance de modérer la violence ici et là.

L'historien Michael Howard parlait de l'invention de la paix et de la ré-invention de la guerre[40]. Celle-ci revient, sous des masques différents, que nous avons passés en revue. Si la guerre, comme le dit Clausewitz, est un caméléon, la paix doit l'être aussi. Sous de multiples formes et en de multiples lieux, la paix est, elle aussi, à réinventer.

---

40. *Michael Howard,* The Invention of Peace and the Reinvention of War, *Londres, Profile Books, 2000.*

Annexes

Le groupe de recherche
« Éthique et relations internationales »

Avec le soutien du Centre d'analyse et de prévision (CAP) du ministère français des Affaires étrangères et du German Marshall Fund of United States (GMF), le Centre d'études et de recherches internationales (CERI) a organisé en février 2003 un groupe de recherche sur le thème « Éthique et relations internationales : un regard croisé transatlantique ». La direction scientifique est assurée par Pierre Hassner, directeur de recherche émérite au CERI, en collaboration avec Ariel Colonomos, chargé de recherche CNRS au CERI et Joël Hubrecht, assistant de recherche au CERI. Aux côtés de Gilles Andréani, directeur du CAP de 2002 à fin 2004 et initiateur du projet, puis de son nouveau directeur depuis janvier 2005, Pierre Lévy, ce groupe réunit une quinzaine de participants réguliers et des invités occasionnels en fonction des sujets traités. Parmi les premiers, Patrick Allard (CAP), Amaya Bloch-Lainé (GMF), Monique Canto-Sperber (Centre Raymond-Aron de philosophie politique), Thibaut Delort-Laval (CAP), Philippe Errera (CAP), Antoine Garapon (Institut des hautes études sur la justice), Ninon Grangé (Université Paris VIII), Jean-Yves Haine (Institut d'études de sécurité de l'Union européenne), Nathalie La Balme (GMF), Christian Mellon (Commission des évêques « Justice et Paix »), Olivier Mongin (revue *Esprit*), Myriam Revault d'Allonnes (Ecole pratique des hautes études), Valérie Rosoux (Université de Louvain), Jacques Rupnik (CERI), Jacques Semelin (CNRS/CERI), Roberto Toscano (ambassadeur d'Italie en Iran), Daniel Vernet (*Le Monde*).

—— Les travaux du groupe de recherche ont porté sur les thèmes suivants :

- L'évolution des débats politiques sur éthique et diplomatie dans les différents pays de l'Europe de l'Ouest et de l'Est, et aux États-Unis.
- Réflexion comparative sur la guerre au Kosovo et la guerre en Irak : « intervention humanitaire » et « guerre préventive ».
- L'intervention militaire au Kosovo et en Irak.
- Terrorisme et contre-terrorisme.
- Le *jus in bello* : l'autre versant de la guerre.
- Les sanctions internationales sont elles morales... et efficaces ?
- Responsabilités individuelles et collectives.
- La morale et l'économie des réparations internationales.
- Colloque « Les dilemmes moraux de l'intervention militaire ».
- L'ordre international vu du Nord et du Sud.
- Les nouveaux dangers de la prolifération nucléaire.
- Leçons de l'après-guerre en Afghanistan et en Irak.
- Système international et société mondiale.
- Le temps des Empires est-il revenu ?
- Le massacre comme phénomène politique dans le contexte international.
- Darfour : le débat sur l'intervention.
- Nation et *state-building* : les institutions démocratiques libérales sont-elles exportables ?
- L'usage de la torture et le dilemme permanent des « situations extrêmes » dans la lutte anti-terroriste.
- La morale dans les relations internationales.
- Gouvernements, ONG, opinion publique devant le Tsunami. Solidarités, rivalités et dilemmes.
- ONU entre crise et réforme.
- Migrations, frontières, européanisation.
- Le journaliste et le politique : temps de paix, temps de guerre.
- Europe : concurrence des mémoires et fondation plurielle.

Le colloque a été organisé par le Centre d'études et de recherches internationales (Fondation nationale des sciences politiques), le Centre d'analyse et de prévision du ministère des Affaires étrangères et le German Marshall Fund of the United States, les 15 et 16 janvier 2004 au Centre d'études et de recherches internationales.

I - Jeudi 15 janvier (après-midi)
La moralité du recours à la force
    Présidence : Pierre Hassner (Centre d'études et de recherches internationales)
    1) 14h30 – 16h00 : *Jus ad bellum* et *jus in bello* : pourquoi et comment intervenir ?
    Introduction : Sir Adam Roberts (Université d'Oxford)
    Discutants : Christian Mellon (Commission des évêques « Justice et Paix ») ; contre-amiral Jean Dufourcq (représentant militaire adjoint de la France au Comité militaire de l'Union européenne, Bruxelles) ; général Valentin (gouverneur militaire de Paris, ancien commandant de la KFOR au Kosovo) ; Tod Lindberg (*Policy Review*)
    2) 16h30 – 18h00 : *Jus ante bellum* et *jus post bellum* : avant et après l'intervention
    Introduction : Mats Berdal (King's College, Londres)
    Discutants : Ariel Colonomos (CNRS/CERI) ; Éric Chevallier (ancien conseiller principal du représentant de l'ONU au Kosovo) ; général de Saqui de Sannes (commandement de la Doctrine et de l'enseignement supérieur de l'Armée de terre, ancien commandant pour la zone Nord du Kosovo) ; Alain Le Roy (ancien représentant de l'Union européenne en Macedoine)

II - Vendredi 16 janvier (matin)
La guerre : pour l'humanitaire et contre le terrorisme ?
    Présidence : Gilles Andréani (Centre d'analyse et de prospective du ministère des Affaires étrangères)

3) 9h30 – 11h00 : Guerre et intervention

Introduction : Quentin Peel (*Financial Times*)

Discutants : Jean-Hervé Bradol (Médecins sans frontières) ; Éric Chevallier ; Daniel Vernet (*Le Monde*)

4) 11h30 – 13h00 : Guerre et lutte antiterroriste

Introduction : Gilles Andréani

Discutants : Christoph Bertram (Stiftung Wissenschaft und Politik, Berlin) ; Michael J. Glennon (Tufts University, Medford, Mass.) ; Adam Roberts

III - Vendredi 16 janvier (après-midi)

Légitimité et autorité

Présidence : Myriam Revault d'Allonnes (École pratique des hautes études)

5) 14h30 – 16h00 : Sources de légitimité

Introduction : Michael J. Glennon

Discutants : Pierre Buhler (Institut d'études politiques, Paris) ; Monique Canto-Sperber (Centre Raymond-Aron de philosophie politique) ; Marc Guillaume (ministère de la Justice) ; Ward Thomas (Holy Cross College, Worcester, Mass.)

6) 16h30 – 18h00 : Organisations multilatérales et système international

Introduction : Mats Berdal

Discutants : Antoine Garapon (Institut des hautes études sur la justice) ; Pierre Hassner ; Hans Maull (Université de Trier, Allemagne) ; Hubert Védrine (ancien ministre des Affaires étrangères)

En marge du colloque, un dîner-conférence a été organisé le jeudi 15 janvier 2004 : le Professeur Hans Küng, qui a codirigé avec Dieter Senghaas, *Friedenspolitik. Ethische Grundlagen internationaler Beziehungen* (Munich, Piper, 2003), y a fait un discours sur son projet pour une « éthique globale ».

Collection **Nouveaux Débats**

La nouvelle collection Poche des Presses de Sciences Po

Dernières parutions

1. Un nouveau contrat mondial
Pour une gouvernance social-démocrate
David Held
2005 / ISBN 2-7246-0956-5

2. La Constitution européenne
Que faut-il savoir ?
Florence Deloche-Gaudez
2005 / ISBN 2-7246-0950-6

3. La norme sans la force
L'énigme de la puissance européenne
Zaki Laïdi
2005 / ISBN 2-7246-0982-4

4. Droits d'ingérence
Dans un monde post-2001
Philippe Moreau Defarges
ISBN 2-7246-0980-8 (nov. 2005)

5. Des Français comme les autres ?
Enquête sur les Français issus de l'immigration africaine et turque
Sylvain Brouard et Vincent Tiberj
ISBN 2-7246-0976-X (nov. 2005)

Domaine **Mondes**

Dirigé par Alain Dieckhoff et Karoline Postel-Vinay

Comment s'organise la scène mondiale ? Quels sont les acteurs, les logiques, les dynamiques qui l'animent ? Ce domaine recouvre l'ensemble des questions liées à la compréhension des faits internationaux et de l'espace mondial dans ses multiples dimensions : articulation du local et du global, évolution propre aux différentes aires culturelles, transformation des notions fondamentales de puissance, de sécurité, de coopération ou de développement.

Dernières parutions

Monarchies et sociétés d'Arabie
Le temps des confrontations
Fatiha Dazi-Héni
Collection Académique
ISBN 2-7246-0902-6 (oct. 2005)

Les Codes de l'exclusion
Religion, race et origines – France, Allemagne, États-Unis
Riva Kastoryano (dir.)
Collection Académique
ISBN 2-7246-0961-1 (oct. 2005)

Justifier la guerre ?
De l'humanitaire au contre-terrorisme
Gilles Andréani et Pierre Hassner (dir.)
Collection Académique
ISBN 2-7246-0967-0 (oct. 2005)

La Chine en quête de ses frontières
La confrontation Chine/Taiwan
Jean-Pierre Cabestan et Benoît Vermander
Collection Académique
2005 / ISBN 2-7246-0977-8

Les Réseaux marocains du développement
Géographie du transnational et politiques du territorial
Thomas Lacroix
Collection Académique
2005 / ISBN 2-7246-0955-7

Quelle identité pour l'Europe ?
Le multiculturalisme à l'épreuve
Riva Kastoryano (dir.)
Collection Références
2005 / ISBN 2-7246-0962-X

Ils nous avaient promis la paix.
Opérations de l'ONU et populations locales
Béatrice Pouligny
Collection Académique
2004 / ISBN 2-7246-0947-6

Domaine Économie

Dirigé par Jean-Paul Fitoussi, Jacques Le Cacheux et Éloi Laurent

En créant ce nouveau champ éditorial, l'ambition est de réunir exigence scientifique et diversité intellectuelle pour actualiser la connaissance et la compréhension de la science économique et pour éclairer ses débats et ses enjeux réels aux yeux du public français et européen.

Dernières parutions

Rapport sur l'état de l'Union européenne 2005
Constitution, élargissement, Turquie
Jean-Paul Fitoussi et Jacques Le Cacheux (dir.)
Collection Annuaires
2005 / Coédition Fayard

Domaine Fait politique

Dirigé par Pascal Perrineau et Janine Mossuz-Lavau

Comprendre ce qui fonde le lien politique, réfléchir à l'évolution des institutions et des organisations, mettre au jour les logiques des comportements et des attitudes, analyser les grands enjeux qui structurent le débat politique.

Dernières parutions

Épistémologie du politique
Ou que comprendre du monde pour pouvoir le changer
Pierre Favre
Collection Références
ISBN 2-7246-0970-0 (oct. 2005)

Le Vote européen 2004-2005
De l'élargissement au référendum français
Pascal Perrineau (dir.)
Collection Chroniques électorales
2005 / ISBN 2-7246-965-4

Tocqueville et l'esprit de la démocratie
The Tocqueville Review / La Revue Tocqueville
Laurence Guellec (textes réunis par)
Collection Références
2005 / ISBN 2-7246-0963-8

Votez tous pour moi !
Les campagnes électorales de Jacques Blanc en Languedoc-Roussillon (1986-2004)
Yves Pourcher
Collection Académique
2004 / ISBN 2-7246-0952-2

Domaine **Gouvernances**

Dirigé par Patrick Le Galès, Denis Segrestin et Michael Storper

Qui pilote les sociétés contemporaines ? Comment et pour quels résultats ? Que devient l'État ? Comment se recomposent les institutions ? Comment fonctionnent différents marchés ? Comment peut-on définir l'intérêt général ? Comment penser les organisations publiques, les marchés, les acteurs collectifs, les entreprises, les mouvements sociaux impliqués dans les politiques publiques et l'enchevêtrement des régulations sociales, politiques et économiques ?

Dernières parutions

L'Union fait la force
L'Union européenne dans les négociations commerciales internationales
Sophie Meunier
Collection Académique
ISBN 2-7246-0974-3 (oct. 2005)

L'Europe du médicament
Expertise – intérêts privés – politique
Boris Hauray
Collection Académique
ISBN 2-7246-0977-8 (oct. 2005)

Le Recrutement des universitaires
France – Allemagne – États-Unis
Christine Musselin
Collection Académique
ISBN 2-7246-0960-3 (oct. 2005)

Qui gouverne l'entreprise en réseau ?
Fabien Mariotti
Collection Académique
2005 / ISBN 2-7246-0959-X

Gouverner par les instruments
Pierre Lascoumes et Patrick Le Galès (dir.)
Collection Académique
2005 / ISBN 2-7246-0949-2

Dictionnaire des politiques publiques
Laurie Boussaguet, Sophie Jacquot et Pauline Ravinet (dir.)
Collection Références
2004 / ISBN 2-7246-0948-4

L'Intégration européenne
Entre émergence institutionnelle et recomposition de l'État
Christian Lequesne et Yves Surel (dir.)
Collection Académique
2004 / ISBN 2-7246-0934-4

Polices entre État et marché
Frédéric Ocqueteau
Collection Académique
2004 / ISBN 2-7246-0943-3

Domaine **Histoire**

Dirigé par Claire Andrieu, Serge Berstein et Guillaume Piketty

Ce domaine traite du vingtième siècle et se concentre sur les domaines de recherche qui renouvellent aujourd'hui notre perception du monde contemporain : histoire politique (histoire des partis, des régimes et des idées politiques), histoire culturelle, histoire économique, histoire sociale, histoire des relations internationales et histoire des conflits.

Dernières parutions

Paul Delouvrier, un grand commis de l'État
Sébastien Laurent et Jean-Eudes Roullier (dir.)
Collection Colloque
ISBN 2-7246-0964-6 (sept. 2005)

Histoire et droit des États
La souveraineté dans le temps et l'espace européens
Jean Picq
Collection Les Manuels de Sciences Po
2005 / ISBN 2-7246-0953-0

Pouvoir civil et commandement militaire
Du roi connétable aux leaders du 20ᵉ siècle
Pierre Barral
Collection Académique
2005 / ISBN 2-7246-0946-8

Mussolini
Didier Musiedlak
Collection Facettes
2005 / ISBN 2-7246-0806-2

Domaine **Sociétés** en mouvement

Dirigé par Nonna Mayer et Edmond Preteceille

Quelles sont les transformations sociales et culturelles des sociétés contemporaines. Qu'est-ce qui change dans la famille, à l'école, au travail, dans les relations entre les sexes et entre les générations ? Comment évoluent les inégalités et les classes sociales, le rapport au religieux, les modes de sociabilité, les formes de conflits et d'action collective ?

Dernières parutions

Act Up, les homosexuels et le sida
La mort et l'engagement politique
Christophe Broqua
Collection Académique
ISBN 2-7246-0981-6 (nov. 2005)

La police des foules
Maintien de l'ordre et gestion des conflits collectifs
Donatella Della Porta et Olivier Fillieule (dir.)
Collection Académique
ISBN 2-7246-0969-7 (oct. 2005)

*Achevé d'imprimer
sur Roto-Page
par l'Imprimerie Floch
à Mayenne, en octobre 2005.
Dépôt légal : octobre 2005.
Numéro d'imprimeur : 63977.
Imprimé en France*